인생을 바꾸는
자기혁명

이 책을 소중한

_____님에게 선물합니다.

_____ 드림

인생을 바꾸는 자기혁명

일과 결혼, 재테크까지 최고로 이룬 김태광의 자기경영 특강

김태광 지음

추월차선

인생을 바꾸는 자기혁명을 하라

요즘 직장인들의 화두는 '잘리지 않고 오래 버티기'다. 평생직장이라는 개념이 사라진지 오래다. 그래서 대부분 지금 다니는 직장의 환경이 그다지 나쁘지 않다면 어떻게든 자리를 유지하고자 한다. 그들은 월급 마약을 맞으며 소중한 '세월'을 낭비하고 있는 것이다.

나는 사람들에게 "직장생활을 하면서 미래를 준비해야 한다."고 말한다. 직장인은 '직장'이라는 파이프라인이 끊어지게 되면 수입은 제로가 되어 안락한 생활에서 지옥생활이 시작된다. 이런 일을 겪지 않으려면 그나마 안정적인 생활을 하는 지금 미래에 대한 대책을 마련해야 한다.

지금 내가 하는 일은 사람들에게 지식과 경험, 삶의 깨달음을 '돈으로 바꾸는 기술'을 가르치는 일이다. 사람은 나이가 적건 많건 간에 누구나 나름의 보이지 않는 지적 자산을 갖고 있다. 그 지적 자산을 저서와 강연, 코칭, 컨설팅의 형식으로 필요로 하는 사람들에게 제공하고 대가로 돈을 받으면 된다. 나는 이런 사람을 '메신저'라고 정의한다. 나는 어디에도 얽매어 있지 않으면서 자신의 지적 자산을 팔면서 만족감을 느끼는 메신저야말로 최고의 직업이라고 말한다.

현재 나에게 붙는 수식어는 다양하다. 천재 작가, 천재 코치, 천재 사업가, 시인, 소설가, 동화 작가, 자기계발 작가, 책 쓰기 기네스북 공식 기록 보유자, 대한민국 대표 책쓰기 코치, 성공학 사상가, 람보르기니 타는 작가 등 지금의 내 인생을 만들어 준 것은 부단한 자기계발이었다. 자기계발은 과거 보잘 것 없었던 내가 지금처럼 서른여덟 살에 200권의 책을 출간하고, 해외 저작권 수출, 초중고 교과서 6권에 글이 수록되었는가 하면, 다양한 사람들을 대상으로 코칭과 컨설팅을 하며 이보다 더 행복할 수 없는 인생을 선물했다. 내가 18년간 지속적으로 해온 것은 독서와 책 쓰기였다. 그래서 나는 사람들에게 성공하고 싶다면 반드시 독서와 함께 책을 쓰라고 말한다.

그동안 내가 운영 중인 〈한국 책쓰기 성공학 코칭협회〉에서 배출한 작가가 300여 명이 된다. 베스트셀러가 된 책들 역시 헤아릴 수 없이 많다. 그들은 평범한 삶에서 벗어나 남들이 부러워하는 특별한 삶을 살아가고 있다. 분당서울대병원 중환자실에서 간호사로 일하다 사표를 내고 《하루 10분 독서의 힘》을 펴낸 임원화 대표. 그녀는 월 천만 원 가량의 수입을 올리는 1인 기업가로 성공했다. 이해원 작가는 10여 년 전 무작정 300만 원을 들고 제주도에서 플라워몰을 창업하여 빌딩까지 세운 성공 스토리를《300만 원으로 꽃집 창업, 10년 만에 빌딩 짓다》에 담았다. 권동희 대표의 여자상업고등학교 졸업 후 호주, 필리핀, 뉴질랜드로 워킹홀리데이를 다녀온 경험을《당신은 드림워커입니까》에 실었다. 이 외에도 김우선 대표의《어떻게 나를 차별화할 것인가》, 오지혜 대표의《그들은 어떻게 강남부자가 되었는가》,《나는 미래의 나를 응원하다》,《천 번의 이력서》,《하루 10분 하루 한 뼘》,《관점을 바꾸면 인생이 달라진다》,《어떻게 나를 차별화할 것인가》,《기적의 부모수업》등이 있다. 이들 가운데《내가 상상하면 꿈이 현실이 된다》를 쓴 김새해 작가와 이지윤 작가는 KBS〈아침마당〉에 출연하기도 했다. 이들은 모두 평생 책 한 번 써보지 않았지만 나를 만나 작가, 강연가, 코치, 컨설턴트가 되어 새로운 인생을 살고 있다.

마지막으로 당신에게 이 말을 해주고 싶다. 꼭 실현하고 싶은 꿈, 가슴이 시키는 일이 있다면 주저하지 말고 행동하라는 것! 우주는 당신의 성공을 돕기 위해 만반의 준비를 마치고 대기 중이다. 당신이 바라는 것

을 단기간에 성취하고자 한다면 당신의 이름 석 자가 들어간 책을 써내
야 한다. 책을 펴내게 되면 세상은 당신을 주목하게 되고 당신의 편이
된다. 결국 스토리가 스펙을 이기는 법이다.

　나는 이 책이 당신의 인생을 바꾸는 자기혁명으로 가는 도화선이 되
기를 바란다.

2015년 9월

천재코치 김태광

C·o·n·t·e·n·t·s

첫 번째 자기혁명

운명은
정해져 있지
않다

인생을 바꾸는 자기혁명

01
믿는 대로 된다

성공을 확신하는 것이 성공에의 첫걸음이다.
— 로버트 슐러(미국의 목사)

사람은 자신이 믿는 대로 된다는 말이 있다. 나는 이를 '신념의 마력'이라고 표현한다. 사실 어떤 일에 도전하기 전에 '분명 실패할 거야'라고 생각하면 정말 실패하게 된다. 반면에 '나는 잘할 수 있어'라고 마음먹으면 보란 듯이 성공하게 된다. 그래서 성공과 실패의 키는 신념에 따라 좌우된다고 해도 과언이 아니다.

자신이 믿는 대로 된다는 것을 생생하게 보여준 인물이 있다. 바로 빌 게이츠와 아널드 슈워제네거다. 컴퓨터가 상용화되지 않았던 시절, 빌 게이츠는 '모든 책상 위에 컴퓨터를, 모든 가정에 컴퓨터를'이라는 원대한 꿈을 꾸었다. 그 결과 오늘날 모든 가정과 사무실의 책상마다 컴퓨터가 놓여 있게 된 것이다. 아널드 슈워제네거는 어떨까? 그는 가난한 어린 시절을 보냈는데, 항상 책상머리에 세 가지 목표를 적어놓았다고 한다.

첫째, 영화배우가 되겠다.
둘째, 케네디가의 여인과 결혼하겠다.
셋째, 2005년에 캘리포니아 주지사가 되겠다.

영화배우가 되겠다는 목표와 케네디가의 여인과 결혼하겠다는 목표는 이미 벌써 실현되었다. 그리고 세 번째 목표인 2005년에 캘리포니아 주지사가 되겠다는 목표 역시 놀랍게도 보궐선거로 2년 앞당겨 이루었다.

예전에 백만장자들을 대상으로 부자가 된 비결을 물은 적이 있다. 그들이 공통적으로 꼽은 비결이 무엇인지 아는가? 바로 자기 믿음이었다. 따라서 지금보다 더 나아지고 싶고 성공하고 싶다면 분명 그렇게 된다는 믿음을 가져야 한다. 마음속에서 '내 운명은 원래 이렇게 가난하게 살도록 정해져 있어', '아무리 노력해도 성공하지 못할 거야' 이런 불신을 가지면 밑바닥 인생에서 벗어날 수 없게 된다.

꿈을 실현하는 것도 마찬가지다. 꿈은 반드시 실현된다고 믿어야 한다. 그래야 그 꿈을 향해 최선의 노력을 쏟을 수 있게 된다. 인간은 자신이 할 수 있다고 믿는 것에만 열정을 쏟을 수 있기 때문이다.

독자들 가운데 집이 가난하거나 지방대 출신이라는 이유로, 내세울 만한 스펙이 없거나 자신의 외모에 콤플렉스가 있어서 고민하는 사람들이 있을 것이다. 만약 그렇다면 고민만 하지 말고 자신의 운명을 바꾸기 위해 노력해야 한다. 비록 지금의 처지는 초라하고 힘들더라도 확고한 꿈을 품고 그것을 이루기 위해 열심히 노력해야 한다. 만약 스펙이 부족하다면 필요한 스펙을 쌓으면 된다. 외모의 콤플렉스 역시 마찬가지다. 자꾸만 콤플렉스를 떠올리면 의기소침해지고 자신감이 떨어질 뿐이다. 그래서 콤플렉스보다 자신의 장점을 자꾸 떠올릴 필요가 있다. 그러다 보면 자신에게 단점보다 장점이 더 많다는 것을 깨닫게 되고 자신감을 가질 수 있다.

지금의 초라함과 고통은 훗날 꿈이 실현되는 순간 안개처럼 사라지게 마련이다. 명예, 부가 저절로 따라오기 때문이다. 지금 가지지 못한 것들을 모두 누리게 된다는 뜻이다.

운명은 정해져 있지 않다. 지금 하는 생각과 행동이 운명을 만든다. 만약에 운명이 정해져 있었다면 칭기즈칸은 결코 역사에 이름을 남기지 못했을 것이다.

세계를 제패했던 최고의 전략가 칭기즈칸은 다음과 같은 말을 남겼다.

"집안이 나쁘다고 탓하지 마라. 나는 아홉 살 때 아버지를 잃고 마을에서 쫓겨났다.

가난하다고 말하지 마라. 나는 들쥐를 잡아먹으며 연명했고, 목숨을 건 전쟁이 내 직업이고 내 일이었다.

작은 나라에서 태어났다고 말하지 마라. 그림자 말고는 친구도 없고 병사 10만 명에 나의 백성은 어린애, 노인까지 합쳐 200만 명도 되지 않았다.

배운 게 없다고 힘이 없다고 탓하지 마라. 나는 내 이름자도 쓸 줄 몰랐으나 남의 말에 귀 기울이면서 현명해지는 법을 배웠다.

너무 막막하다고, 그래서 포기해야겠다고 말하지 마라. 나는 목에 칼을 쓰고도 탈출했고, 뺨에 화살을 맞고 죽었다 살아나기도 했다.

적은 밖에 있는 것이 아니라 내 안에 있었다. 나는 내게 거추장스러운 것은 깡그리 쓸어버렸다. 나를 극복하는 그 순간 나는 칭기즈칸이 되었다."

어린 시절 칭기즈칸의 삶은 너무나 비참했다. 그가 속했던 부족은 작고 나약했으며, 자신은 아버지 없이 자라 글도 배우지 못했다. 그러나 그는 원대한 꿈을 품고 있었다. 미래를 예측할 수 없는 끊임없는 전쟁과 약탈 속에서도 절망하지 않았던 것은 꿈 때문이었다. 그것은 몽골을 통일하고 타국의 침략을 받지 않는 위대한 국가로 만들겠다는 것이었다. 훗날 그 꿈은 그의 강한 리더십과 진정한 용기를 통해 실현되었다.

당시 몽골 인구는 100만 명 정도에 불과했다. 또, 변변한 문자도 없었던 야만 국가였지만 주변의 2억여 명 인구의 국가들을 무려 150여 년 동안 거느렸다. 그가 지배했던 땅은 777만 평방킬로미터로 알렉산더 대왕과 나폴레옹과 히틀러가 차지한 땅을 합친 것보다 넓었다고 한다. 정말 대단하지 않은가. 그의 성공 스토리는 사람은 자신의 믿음대로 된다는 진리를 깨닫게 한다.

나는 종종 어깨를 구부정하게 하고 걷거나 자신감이 없는 청춘들을 보곤 한다. 그런 사람들을 보면 정말 안타깝다는 생각이 앞선다. 현재 어떤 생각과 행동을 하느냐에 따라 미래가 결정되기 때문이다. 자신의 인생이 더 나아질 가망이 낮거나 없다고 생각하기에 자신감이나 패기가 없는 것이다. 운명은 자신의 믿음대로 만들어진다. 따라서 이런 사람들은 자신의 믿음대로 무기력한 인생을 살아가게 된다.

나는 강연을 통해 자주 사람들에게 꿈 실현에 대한 확신, 자기 자신에 대한 믿음을 가져야 한다고 조언한다. 얼마든지 자신의 노력으로 운명을 바꿀 수 있다. 과거의 나는 누구보다 힘들고 고통스러운 20대를 보냈다. 때로 좌절도 하고 절망도 했지만 이내 정신을 차렸다. 좌절하고 절망해보아야 아무것도 달라지지 않는다는 것을 깨달았기 때문이다. 그리고 나 자신에게 이렇게 말했다.

"세상의 중심은 그 누구도 아닌 나 자신이다. 나는 무엇이든 해낼 수 있다. 나는 반드시 내가 꿈꾸는 인생을 창조하겠다."

좌절하거나 시련에 처할 때마다 세상의 중심은 나 자신이라는 것을 기억했다. 그리고 이 악물고 죽을힘을 다해 노력했다. 그 결과 간절한 꿈이었던 작가가 되었고 강연가가 될 수 있었다.

나는 종종 중·고등학교에서 특강을 진행한다. 특강이 끝난 뒤 학생들과 잠깐 대화를 나누어보면 그들이 너무나 무기력하다는 것을 느낀다. 그들에게 꿈이 있는지, 어떤 인생을 살고 싶은지 물어보면 대부분 한참 고민하거나 꿀 먹은 벙어리가 된다. 나는 무엇이 그들을 무기력하게 만들었는지 알고 있다. 바로 공부만 잘하면 성공한다고 믿는 부모의 그릇된 생각이다.

사실 대부분의 부모들은 요즘 세상에 공부만 잘해선 결코 성공할 수 없다는 것을 잘 알고 있다. 설사 좋은 성적으로 학교를 졸업하고 좋은 기업에 들어가더라도 대부분 45세 이전에 은퇴해야 한다. 그럼에도 자식에게 공부를 강요하는 것은 자신들이 과거 학창시절에 공부를 제대로 하지 못한 데서 비롯된 콤플렉스 때문이다. 톡 까놓고 이야기하면 자식들을 통해 대리만족을 하고 싶은 것이다.

이 지면을 빌려 부모들에게 제발 공부만 잘하면 성공한다는 말을 자녀들에게 하지 않기를 바란다. 그 대신 확고한 꿈을 설정한 뒤 열심히 공부하면 성공한다고 말해보라. 자신의 꿈을 찾은 10대는 제발 공부하지 말라고 뜯어말려도 공부하게 될 테니까.

과거의 나는 성공하려면 공부를 잘해야 하고, 부자부모를 두어야 한다고 생각했다. 그러나 서른 후반인 지금 이와 같은 생각이 틀렸다는 것을 알았다. 물론 성적이 좋고 부모가 경제적으로 여유롭다면 좋은 대학에 들어가고 스펙을 쌓는 데 유리하다. 하지만 그것만으로는 부족하다. 성공이라는 정상까지 올라가기 위해선 확고한 꿈과 노력, 인내, 그리고 무엇보다 자신이 그런 성공하는 인생을 살 수 있다는 믿음을 가져야 한다. 믿음은 성공의 씨앗이기 때문이다.

하루하루가 힘들고 고단하게 느껴지는 사람들이 있다. 나는 그들이 고단한 이유는 자신의 눈부신 미래에 초점을 맞추기보다 고달픈 현재에 초점을 맞추기 때문이라고 생각한다. 자신의 꿈이 실현되는 미래를 자주 떠올리면 지금의 힘든 현실은 충분히 극복할 수 있다. 따라서 진창길 같은 힘든 현실을 걷더라도 눈부신 밤하늘을 바라보아야 한다. 그래야 자신이 꿈꾸는 인생을 살 수 있다.

누구나 지금보다 더 나아질 수 있고 성공할 수 있다. 물론 그렇게 되기 위해선 운명은 정해져 있지 않다는 확신을 가져야 한다. 그런 확신을 가질 때 진정한 자기혁명을 실현할 수 있다.

몽골 제국의 황제 칭기즈칸은 운명은 자신이 하기 나름이라는 것을 잘 알고 있었다. 그래서 그는 다음과 같은 명언을 남기지 않았을까.

"자연은 신이 만들었지만 운명은 각자의 의지에 따라 달라진다."
"신은 종종 역경을 주지만 동시에 그것을 이길 힘도 주신다."

02

미래는 자기 하기 나름이다

성공하지 못할 거라는 그릇된 믿음을 버리는 것이 성공을 향한 첫걸음이다.
– 앤드루 매슈스(베스트셀러 작가)

며칠 전 18세 소녀로부터 다음과 같은 메일을 받았다. 메일에는 학업 문제로 많이 힘들어하는 소녀의 고충이 잘 나타나 있었다.

"저는 열일곱 살 때 예술고등학교에 진학했다가 자퇴를 하곤 검정고시를 준비했습니다. 검정고시에 합격해서 대학 진학을 준비하겠다는 저의 바람과 달리, 두 번이나 시험에서 떨어지고 나서 아무런 의욕도 없는 백수 생활을 하고 있습니다. 그러다 선생님이 쓰신 책을 읽고 인생을 제대로 의미 있게 살고 싶다는 생각이 들었습니다. 또, 대학에 가고 싶은 마음도 생겼습니다.

이런 저에게 고민이 있습니다. 저는 예전부터 고등학교에 복학하고 싶었습니다. 하지만 복학을 한다고 해도 또 다른 걱정거리가 있습니다. 이제 곧 열아홉 살인데, 복학을 하면 저보다 두 살이 어린 동생들과 같이 공부를 하게 됩니다. 과연 제가 잘 적응할 수 있을지도 의문이고, 괜한 시간낭비가 아닌가 하는 생각도 듭니다.

저의 친구들은 수능을 준비하고 대학교를 가지만 저는 고등학교 생활을 다시 시작해야 하기에 열등감이 생겨서 또다시 고등학교 생활을 망치는 건 아닐까, 라는 생각도 듭니다. 하지만 지금 이대로 검정고시를 준비한다면, 평범한 고등학교 생활을 하지 못한 것이 평생 후회로 남을 것 같습니다.

어떤 선택을 하는 것이 더 나은 인생을 위한 현명한 선택인지 조언을 부탁드립니다."

나는 그 소녀의 메일을 읽으면서 그녀가 무엇을 원하는지 알 수 있었다. 그녀는 비록 나이가 다른 학생들보다 두 살 많지만 고등학교에 복학해 다시 고등학교 생활을 시작하고 싶어 하는 것이었다. 그래서 나는 소녀에게 가슴이 시키는 대로 하라고 조언했다. 함께 공부하는 친구들보다 두 살이 많다고 해서 창피하게 여기거나 자존심이 상할 이유가 없기 때문이다.

만약 이런 이유 때문에 고등학교 복학을 포기하게 된다면 훗날 이때의 선택을 뼈저리게 후회하게 될 것이다. 나이를 먹으면서 인생은 도전하고 노력한 만큼만 달라진다는 것을 깨닫기 때문이다.

성공한 사람들은 긍정적인 사고를 지닌 사람들이다. 그들은 어떤 어려움에 내몰려도 절대 포기나 실패라는 단어를 떠올리지 않았다. 오히려 그런 어려움 속에서도 반드시 희망은 있게 마련이라고 생각하며 어려움을 극복하려 애썼다. 그들이 성공할 수 있었던 것은 바위 같은 난관을 뚫는 긍정적인 사고를 가졌기 때문이었다.

지금 당신은 척박한 환경으로 힘겨워하고 있을지도 모른다. 어쩌면 그래서 서점에서 이 책을 집어 들었을 것이다. 나는 그런 당신에게 힘들수록 자신의 꿈과 성공에 대한 확신을 갖고 용기를 가지고 나아가라고 말하고 싶다. 운명은 정해져 있지 않다. 지금 어떤 처지에 있더라도, 어떤 모습을 하고 있더라도 자신의 노력 여하에 따라 얼마든지 눈부신 인생을 살 수 있다. 살아보니, 그동안 내가 걸어온 발자취를 보니 정말 미래는 자기 하기 나름이다.

성공하는 인생을 살기 위해선 확고한 꿈 설정과 함께 긍정적인 사고를 지녀야 한다. 긍정적인 사고는 마음속에 희망을 품게 하기 때문이다. '난 반드시 할 수 있어', '내가 아니면 누가 하겠어?'라는 긍정적인 생각은 자신감을 갖게 한다. 자신감은 성공을 막는 장애물을 극복하고 바라는 것을 실현하게 해주는 마법이다.

반면에 부정적인 사고는 어떨까? 성공으로 나아가는 길을 가로막는 장애물을 생산해내는 공장이다. 따라서 부정적인 사고를 하면 할수록 힘든 인생을 살 수밖에 없다. 백해무익하다. 부정적인 사고는 충분히 할 수 있는 일조차 포기하게 만든다. 부정적인 사고 속에는 실패에 대한 불안과 두려움이 도사리고 있기 때문이다. '혹시 이번에 실패하면 어쩌지?', '괜히 나섰다가 창피만 당할지 몰라' 이런 생각은 부정적인 생각에서 비롯된다. 그래서 더 잘되고 싶고, 더 잘하고 싶다면 반드시 부정적인 생각을 머릿속에서 몰아내야 한다.

어느 유명한 신발 회사에서 아프리카에 판매 사원을 파견해 그곳에서의 신발 판매 가능성 여부를 조사했다. 처음으로 파견된 판매 사원이 도착해보니 놀랍게도 아프리카 사람들은 아무도 신발을 신지 않은 채 맨발로 생활하고 있었다. 이것을 본 사원은 즉시 본사로 연락을 취했다.

'구두 판매 계획 취소를 부탁드립니다. 이곳 사람들은 모두 신발을 신고 있지 않으며 구두를 판매하는 상점조차 전혀 없기 때문입니다.'

그 후 회사에서는 다른 판매 사원을 그곳에 보냈다. 항상 긍정적인 사고를 가진 사원은 그곳의 형편을 살핀 뒤 본사에 다음과 같은 전보를 보냈다.

'구두 판매 계획은 반드시 필요하다고 판단됩니다. 이곳 사람들은 아무도 신발을 신고 있지 않기에 얼마든지 신발을 팔 수 있습니다. 구두 상점 또한 얼마든지 세울 수 있다고 생각합니다.'

신발 회사는 고민 끝에 두 번째 판매 사원의 의견을 받아들였다. 그리고 그곳에 신발 공장을 세워 큰 수익을 올릴 수 있었다.

첫 번째 사원은 부정적인 사고를 지닌 사람이었다. 그는 부정적인 사고 때문에 아프리카의 무한한 시장성을 놓치고 말았다. 사람들이 맨발로 다니는 모습에만 초점을 맞춘 나머지 그 사람들이 신발을 신게 된다면 엄청난 수익을 낼 수 있다는 것을 간과했던 것이다.

그러나 두 번째 사원은 달랐다. 긍정적인 사고로 무장한 그는 그곳에 신발 공장을 세우면 큰 수익을 올릴 수 있을 거라고 생각했다. 이처럼 똑같은 상황에서도 문제를 어떤 사고로 바라보느냐에 따라 결과는 엄청나게 달라진다.

발명왕 토머스 에디슨은 어린 시절부터 '구제불능', '바보'라는 소리를 들으며 자랐다. 알베르트 아인슈타인의 중학시절 수학성적은 낙제점이었다. 농구천재 마이클 조던은 고등학교 때 후보 선수를 전전하다가 결국 팀에서 쫓겨나는 수모를 겪었다. 소설가 알렉스 헤일리는 직접 쓴 소설《뿌리》의 원고를 들고 4년 동안이나 출판사를 찾아다녀야 했다. 그럼에도 거듭 출판사로부터 거절당한 그는 충격을 받아 자살까지 떠올렸다. 디즈니랜드를 설립한 월트 디즈니는 무려 다섯 번이나 파산하는 아픔을 겪었다. 잭 캔필드의 베스트셀러《내 영혼의 닭고기 수프》는 무려 33군데의 출판사로부터 퇴짜를 맞아야 했다. 팝의 여왕인 다이애나 로스는 9집 앨범을 낼 때까지 단 하나의 히트곡도 없었다. 링컨은 51세에 대통령이 되기까지 여덟 번의 실패를 맛보아야 했다. 7전8기가 아니라 8전9기였던 것이다.

어느 날 한 기자가 링컨 대통령에게 이렇게 물었다.

"당신의 놀라운 성공과 존경받는 삶의 비결은 무엇입니까?"

그러자 링컨은 다음과 같이 대답했다.

"그것은 너무도 간단합니다. 많은 실패 경험이 지금의 저를 있게 했습니다."

에디슨, 알베르트 아인슈타인, 마이클 조던, 알렉스 헤일리, 월트 디즈니, 잭 캔필드, 다이애나 로스, 링컨. 이들은 누구보다 많은 좌절과 절망으로 점철된 인생을 살았던 사람들이다. 그러나 지금은 어떤 인물로 기억되고 있을까?

모두 하나같이 꿈을 이룬 성공자들로 사람들의 뇌리에 각인되어 있다. 그들이 성공할 수 있었던 것은 힘든 과거나 현실이 미래에까지 영향력을 미치지 못하게 했기 때문이다. 쉽게 말해 힘든 처지나 실패에도 좌절하거나 절망하지 않았다는 것이다. 오히려 도전과 노력의 강도를 더해 꿈꾸는 미래를 창조하려 애썼다. 그들은 지금 현실이 힘들다고 해서 미래마저 힘든 법은 없다는 것을 잘 알고 있었던 것이다.

혹자는 인생살이는 "정말 장난이 아니다."라고 말한다. 인생에는 치열한 경쟁에다 예기치 못한 변수도 많아 자주 깨어지고 넘어지기 때문이다. 그러면서도 그래도 인생은 한번 살아볼 만하다고 한다. 왜 이처럼 모순적인 말을 하는 걸까?

그 이유는 지금의 힘겨움이 영원히 지속되지 않는다는 것을 알기 때문이다. 그래서 인생이 주는 고통을 감내하면서도 잘살기 위해, 성공하기 위해 분투하는 것이다.

인생은 마음먹기에 달렸다. 내가 어떻게 하느냐에 따라 충분히 인생은 달라질 수 있다. 따라서 겉으로 보이는 힘든 환경적 요소에 좌절해선 안 된다. 미래는 나 하기 나름이라는 긍정적인 생각으로 이 순간을 최선을 다해 살아야 한다.

03

도전, 실패, 노력은
성공의 보증수표다

끊임없이 실패의 위험을 감수하는 사람만이 진짜 예술가다.
밥 딜런과 피카소는 언제나 실패의 위험을 감수했다.
– 스티브 잡스(애플의 창업자)

자신이 바라는 운명을 창조하는 자기혁명은 꿈을 향한 도전에서 시작된다고 할 수 있다. 사람들 중에 지금보다 더 잘되고 싶어 하면서도 도전하지 않는 사람이 있다. 이런 사람은 시간이 지나도 절대 더 나아지지 않는다. 더 나아지기 위한 노력, 즉 도전을 하지 않기 때문이다.

어떤 일에 도전한다는 말은 제자리에 머물러 있지 않고 앞을 향해 거침없이 나아간다는 뜻이다. 물론 도전에는 실패에 대한 불안이나 두려움, 시련과 역경이 따른다. 그렇다고 해서 도전을 포기해선 안 된다. 도전을 포기하는 순간 힘든 인생을 살겠다고 선언하는 것과 같기 때문이다.

"여러분이 할 수 있는 가장 큰 모험은 바로 여러분이 꿈꿔 오던 삶을 사는 것입니다."

토크쇼의 여왕 오프라 윈프리의 말이다. 그녀는 사람마다 꿈꾸는 인생의 모습은 다르지만 그런 인생의 시작점은 모험, 즉 도전에서 비롯된다고 말했다. 이런 말을 그녀가 할 수 있는 것은 그녀 역시 강한 도전정신으로 실패자에서 성공자로 거듭날 수 있었던 산증인이기 때문이다.

과거에 한 일간지에서 등반 중의 사고로 열 손가락을 모두 잃은 장애인 김홍빈 씨가 스키를 타고 해발 7천28미터의 고봉인 코스클락에 도전한다는 기사를 본 적이 있다. 해발 7천 미터의 코스클락은 사실 비장애인인 산악인들도 쉽게 도전할 수 없는 고지대로 알려져 있다.

빙하의 표면에 깊게 갈라진 틈인 크레바스가 곳곳에 숨어 있는가 하면, 몸이 날릴 정도로 심한 강풍이 불어 서 있기도 힘들 정도다. 또, 어느 순간 날씨가 급변하면서 영하 20~30℃ 이하로 기온이 떨어지기도 한다. 여기에다 고소증세가 더해져 정말 인간의 한계를 시험하는 지옥 같은 곳이라고 할 수 있다. 이런 죽음의 고지대를 손가락이 없는 김홍빈 씨가 스키를 타고 정상에 오르기로 결심했던 것이다.

당시 그는 이렇게 말했다.

"꼭 해보고 싶은 등반이었습니다. 해발 7천 미터대의 고산에서 손가락이 없는 상태로 어떻게 지낼 수 있나, 또 폴이 없이 스키를 타고 등·하산이 가능한가, 늘 궁금했습니다. 이번 등반에서 꼭 방법을 찾아내겠습니다."

과거 그는 산에서 손가락을 잃는 사고를 당했다. 1991년 매킨리 등반 중 해발 5천700 미터대의 캠프에서 고소증과 탈진증세로 무의식 상태에 빠졌다가 가까스로 미국 등반대에 의해 구조되었다. 그러나 열흘 만에 깨어났을 때는 동상으로 열 손가락이 모두 잘려나간 뒤였다.

귀국 후 그에게 찾아온 것은 고통스런 현실이었다. 혼자 힘으로는 먹을 수도, 옷을 입을 수도 없었기 때문이다. 그는 비참한 현실에 몇 번이나 자살을 기도했다. 그럼에도 그는 산을 원망하지는 않았다. 오히려 그 반대였다. 그에게 위안이 되고 용기를 준 존재가 바로 산이었다.

1997년 백수 신세로 지내며 좌절에 빠져 있던 어느 날, 그는 산을 올랐다. 그가 힘겹게 산을 오르고 있을 때 한 등산객이 그를 가리키며 "저렇게 장애를 가진 사람도 열심히 살아가지 않느냐."라고 아들을 격려하는 말을 듣게 되었다. 그런데 그는 기분이 나쁘기보다 오히려 위안이 되었고, 앞으로 어떤 일을 하며 살아야 하는지 깨닫게 되었다. 순간 그는 '앞으로의 삶은 나 자신처럼 어려운 상황에 있는 사람들에게 용기를 주기 위해 살아야겠구나'라는 생각이 들었다. 그는 5대륙 최고봉 등정을 계획했다. 과거에 가슴에 품었던, 8천 미터급 14개 거봉 완등의 꿈 대신 장애인으로서 가능한 계획을 세운 것이다. 그리고 자신의 계획을 즉각 행동으로 옮겼다. 많은 시련과 역경들이 있었지만 강한 용기와 도전 정신으로 극복해냈다.

그는 2009년 7대륙 최고봉을 완등 했는가 하면, 8천 미터급 6개 산의 등정을 마칠 수 있었다. 사람들에게 '희망 전도사'라고 불리는 그는 현재도 자신의 꿈을 향해 도전을 멈추지 않는다.

나는 동상으로 열 손가락을 잃은 상태에서도 자신의 꿈을 향해 도전을 포기하지 않는 김홍빈 씨를 보며 많은 자극을 받았다. 때로 힘든 일이 찾아오거나 나 자신이 지니고 있는 능력이 보잘것없다고 여겨질 때 극한 상황에서도 포기하지 않았던 그를 떠올리며 용기를 가질 수 있었다.

힘든 상황 속에서도 꿈을 향해 우직하게 나아갈 때 자신이 바라는 운명을 창조할 수 있다.

물론 꿈을 향해 도전한다고 해서 무조건 성공한다는 보장은 없다. 도전하는 과정에서 누구나 실패하게 되어 있다. 그래서일까, 성공자들은 유독 실패에 대한 많은 명언을 남겼다. 영화배우 데이비드 켈리는 "빨리 실패하라. 그러면 더 빨리 성공할 것이다."라는 말을, 영국의 전 총리 윈스턴 처칠은 "성공하려면 실패를 거듭해도 잃지 않는 열정이 있어야 한다."라는 말을 남겼다.

그러나 대다수의 사람들은 실패에 직면하는 순간 좌절하거나 포기하게 된다. 스스로 자신의 역량이 거기까지라고 오판하게 되는 것이다. 그러고는 현실과 타협해 쉽고 편한 길을 찾게 된다. 그 결과 아무런 발전이 없는, 시간이 지날수록 비참해지는 인생으로 전락하게 되는 것이다.

제임스 다이슨 다이슨사 회장은 "계속해서 실패하라. 그것이 성공에 이르는 길이다."라고 말했다. 그는 지금의 다이슨사를 있게 한 진공청소기를 개발하기까지 5년 동안 5천127개의 모형을 만들어야 했다. 완성품 이전의 제품들을 모두 실패로 본다면 5천126번의 실패를 했다고 볼 수도 있다. 아마 보통사람들 같았으면 중도에 포기했을 것이다. 그러나 실패를 바라보는 그의 패러다임은 보통사람과는 달랐다.

그는 실패에 대해 이렇게 말했다.

"실패는 발견에 한 발짝씩 다가가는 과정이므로 성공만큼 값지다. 내가 새내기 개발자들에게 '계속해서 실패해라, 그것이 성공에 이르는 길이다. 나는 실패를 사랑한다', 라고 한 이유다."

자신의 분야에서 일가를 이룬 사람들은 모두 도전을 두려워하거나 실패 앞에서 좌절하지 않고, 끊임없는 노력을 아끼지 않은 사람들이다. 그들을 보면 실패를 즐기는 사람들이 아닐까, 하는 생각마저 든다. 사실 그들은 실패를 두려워하지 않기에 그들이 실패를 즐긴다는 말은 옳은 표현일 것이다.

어떤 일을 할 때 실패를 두려워하지 않는다면 그 무엇도 장애가 되지 않는다. 실패하더라도 될 때까지 계속 도전할 것이기 때문이다. 세상에서 가장 두렵고 위대한 사람이 바로 도전을 멈추지 않는 사람이다. 이런 사람이 마침내 꿈을 실현하고, 성공하고, 눈부신 운명을 창조하는 법이다.

나는 평소 성공한 사람들의 성공 스토리를 즐겨 읽는다. 그들의 성공 스토리보다 더 드라마틱한 것은 없다고 생각한다. 사실 내가 지금 하는 일에서 도전정신과 실패를 실패로 여기지 않는 자세와 더불어 끊임없이 노력을 견지할 수 있는 것 역시 그들의 모습을 통해서 배웠기 때문이다.

잘살거나 성공하기 위해선 노력하는 자세가 전제되지 않으면 안 된다. 오죽하면 "하늘도 스스로 돕는 자를 돕는다."라는 말까지 생겨났을까. 성공한 사람치고 편하게 놀면서 성공한 사람은 단 한 사람도 없다. 치열한 노력의 과정이 있었기에 성공이라는 과실이 주어진 것이다.

자동차 판매왕 조 지라드가 있다. 그는 세계 제일의 판매 실적으로 기네스북에까지 이름이 오른 인물이다. 그러나 그에게도 한때는 판매 실적이 최하위에 머물렀던 시절이 있었다. 그런 그가 판매왕에 오르게 된 어떤 계기가 있었다.

신입사원 시절 부진한 판매 실적에 의욕이 떨어진 그는 좌절에 빠져 있었다. 그러던 어느 날 그는 머리를 식힐 겸 근처 놀이공원으로 가게 되었다. 그곳에서 그는 허니문카를 타며 시간을 보내기 위해 줄을 서서 차례를 기다리고 있었다. 그런데 그때 자신 앞에서 한 아이가 어머니에게 떼를 쓰며 울고 있는 모습을 보게 되었다.

어머니는 떼를 쓰며 우는 아이에게 이렇게 말했다.

"얘야, 허니문카는 지난번에도 탔는데 오늘은 다른 것을 타지 그러니?"

그러나 아이는 막무가내로 울음을 그치지 않았다. 그리고 어떤 일이 있어도 허니문카를 타고 싶다고 고집을 부렸다. 결국 어머니가 손을 들고 말았다.

아이는 허니문카를 타자 그제야 울음을 그치는 것이었다. 이런 광경을 지켜보고 있던 조 지라드에게 문득 한 가지 생각이 떠올랐다.

'아하, 자동차를 판매하는 일에도 똑같은 이치를 적용할 수 있겠어. 대부분 한 번 자동차를 산 사람이 다시 자동차를 구입해. 허니문카를 한 번 탄 사람이 다시 타듯이 자동차를 산 사람들이 다시 자동차를 사는 거야.'

그는 그날부터 고객들을 만날 때면 최대한 고객의 입장에서 생각하고 배려했다. 그리고 고객에게 최선을 다했다. 그러자 시간이 지나면서 놀랍게도 부진하던 판매 실적이 향상되기 시작했다. 그에게 자동차를 구입한 사람들은 모두 그의 단골 고객이 되었고 지인들을 소개시켜주기까지 했다.

그 크기가 어떻든 간에 모든 성공에는 실패라는 과정이 따르게 마련이다. 물론 어떤 사람은 실패 없이 쉽게 성공하기도 한다. 그러나 이런 사람은 자만심에 빠져 얼마 못 가 혹독한 대가를 치르게 된다.

가끔 뉴스나 신문에 천문학적인 액수의 복권에 당첨된 뒤 흥청망청 돈을 쓰다가 극빈층으로 전락했다는 기사가 소개되기도 한다. 쉽게 얻는 것은 그만큼 쉽게 잃어버리게 되어 있다.

실패를 겪는 것은 자신의 부족한 점을 깨닫고 안 되는 이유를 얻기 위해서다. 사실 우리는 실패를 통해 더욱 다음에는 잘할 수 있는 방법을 찾게 된다. 그리하여 지금껏 기울였던 노력보다 더 강도 높은 노력을 쏟게 된다. 이것이 성공에 실패가 따르는 이유다.

당신은 성공하기 위해 태어났다. 나는 여러분이 누구보다 눈부신 인생을 살 것이라고 확신한다. 다만 그러기 위해선 앞에서 언급한 세 가지의 성공 요소가 필요하다.

첫째, 꿈을 향한 끊임없는 도전정신

둘째, 실패를 실패로 여기지 않는 자세

셋째, 치열한 노력

이 세 가지 성공 요소를 갖춘다면 운명은 당신의 편이다.

04

절망이 아닌 희망의 편에 서라

성공은 성공지향적인 사람에게만 온다. 실패는 스스로 실패할 수밖에 없다고
체념해버리는 사람에게 온다. – 나폴레온 힐(성공학 컨설턴트)

인류는 숱한 시련과 역경을 통해 지금과 같은 문명을 이룩
했다. 처음부터 높은 빌딩숲과 최첨단 의료기술, 비행기,
열차가 있었던 것은 아니었다. 좀 더 안전하고 편리하게 살고자 하는 갈
망에서 끊임없는 혁신이 이루어졌고, 그런 과정을 통해 지금과 같은 현
대문명이 창조되었다.

지금보다 더 나아지기 위해선 반드시 실패라는 시련을 겪게 되어 있
다. 실패 속에 문제의 답이 감추어져 있기 때문이다. 그래서 실패를 거
듭하는 횟수가 많을수록 더 나아지고 성공할 확률이 높아지게 된다.

그런데 사람들 중에 실패를 두려워하는 사람이 있다. 이는 실패 때문
에 현재보다 더 나아지거나 성공하기를 포기하는 것과 같다. 성공하는

사람들은 세상의 어떤 성공도 실패 없이 그냥 이루어지는 법은 없다는 것을 잘 알고 있다. 그래서 그들은 실패를 자신의 능력을 좀 더 갈고닦을 수 있도록 채찍질하는 트레이닝으로 여긴다.

실패가 성공으로 이어진다는 사실은 수많은 사례가 증명하고 있다. 미국의 코미디 배우 잭 레먼이 있다. 웨이터 등 수많은 고생 끝에 할리우드 스타가 된 사람이기도 하다. 그는 실패 자체보다 실패를 두려워해 아무것도 하지 않는 태도가 사람의 인생을 망친다고 말했다. 미국의 자동차왕 헨리 포드도 "실패는 좀 더 나은 방법으로 재도전할 수 있는 좋은 기회를 준다."라는 말을 남겼다.

실패와 성공은 빛과 그림자처럼 떨어질 수 없는 관계다. 성공이 값지고 아름다운 것은 그것을 이루는 과정 속에 따르는 실패들 때문이라고 할 수 있다. 물론 그 실패들을 감내하고 계속 나아가기란 쉽지 않은 일이다. 때문에 세상에는 성공자들보다 그렇지 않은 사람들이 더 많은 것이다.

실패를 시련으로 여기는 사람들에게 한 가지 공통점이 있다. 실패를 자신의 한계로 여긴다는 것이다. '나는 도저히 할 수 없어', '나 같은 평범한 사람이 무얼 한다고' 이렇게 생각하는 순간 정말 한계 속에 갇히게 된다. 스스로 한계를 긋는 어리석은 벼룩이 된다. 그 결과 실패를 통해 교훈을 얻고 좀 더 나은 방법을 모색할 수 있는 기회를 영영 잃어버리고 만다.

그러나 실패를 기회로 여기면 어떨까? 실패가 주는 교훈을 통해 문제의 답을 발견할 수 있다. '아, 이 부분이 잘못되었구나', '내가 너무 쉽게 생각한 것이 실패의 원인이야' 이런 생각은 더 잘할 수 있게 할 뿐 아니라 똑같은 실패를 반복하지 않게 해준다. 따라서 실패를 절망이 아닌 성공으로 나아가는 또 다른 기회라고 생각해야 한다.

미국에 홈리스 출신으로 직업훈련을 통해 용접공으로 취업하고 소속 회사 광고 모델로 발탁된 베티 조 페인이라는 여성이 있다. 그녀는 과거 마약·알코올 중독자였다. 그녀는 교회에 찾아가 하루에 한 끼씩 무료 급식을 받으며 배고픔을 해결했고, 잠은 교회에서 자고 아침 6시에 빠져나오는 생활을 했다. 그런 절망 속에 빠져 있던 그녀는 두마스 웨슬리 커뮤니티 센터가 운영하는 노숙인 쉼터에 머물면서 꿈을 가지기 시작했다.

그녀는 이 쉼터에서 머물며 새로운 미래를 위한 계획을 세웠다. 그녀가 꿈을 꾸기 시작하자 그녀의 가슴도 뛰기 시작했다. 그녀는 자신의 미래를 위해 앨라배마산업개발훈련에서 운영하는 직업교육프로그램에 등록해 용접 기술을 배우기 시작했다.

노숙인 쉼터에서 나온 이후에도 그녀는 장기 노숙인 보호 프로그램으로 숙소를 해결하고 오스탈 USA가 운영하는 직업훈련프로그램에서 용접 기술을 갈고닦았다. 그리고 마침내 이 회사에 용접공으로 정식 입사했고, 광고 모델로도 발탁되는 감격을 누렸다.

이 회사의 업무최고책임자는 그녀를 채용한 이유에 대해 이렇게 말했다.

"우리는 페인의 인생 스토리 때문에 그녀를 채용한 것이 아니라, 페인이 이룩한 성과들 때문에 그녀를 채용했다."

그녀가 등장하는 광고는 방산업체 잡지, 미시시피 주·플로리다 주·앨라배마 주 등의 광고판에 게재되었다. 깊은 인생의 절망에서 헤어 나와 눈부신 미래를 창조해나가는 페인에게는 첫 여성 현장감독이 되고 싶은 열망이 생겼다.

그리고 자신이 그토록 바라 왔던 아파트를 구입한 그녀는 현재 이 세상 누구보다도 행복한 인생을 살고 있다.

우리는 페인의 성공 스토리를 통해 그 어떤 절망 속에 있더라도 희망을 잃지 않으면 얼마든지 희망찬 인생을 창조할 수 있다는 확신을 가지게 된다. 사실 많은 사람들이 힘들게 살아가고 성공하지 못하는 것은 절망이라는 프레임에 갇혀 자신에게 기회를 주지 못하기 때문이다. 지금보다 더 잘되고 싶고, 잘살고 싶다면 절망이 아닌 희망의 편에 서야 한다.

제1차 세계대전 당시 발견된 페니실린은 만병통치약으로서 사람들에게 큰 환영을 받았다. 그런데 인류 최대의 발견이라고 하는 페니실린 역시 실패의 과정을 통해 탄생했다.

영국의 세균학자 플레밍은 1928년 포도상구균 계통의 화농균을 배양하다가 우연히 한 개의 배양접시에서 세균 무리가 죽어 있는 것을 발견하게 되었다. 그리고 이것이 배양접시에 곰팡이가 자라면서 세균이 자라지 못한 결과라는 참담한 사실을 깨닫게 되었다.

그러나 그는 포기하지 않고 650여 종의 곰팡이로 실험을 계속했다. 그 과정에서 페니실리움속에 속하는 곰팡이가 생산하는 물질이 여러 종류의 세균에 대해 항균 작용을 나타낸다는 것을 알 수 있었다. 그리고 그는 이 물질에 페니실린이라는 이름을 붙였다.

페니실린은 제2차 세계대전 중 부상자들에게 투여되어 수많은 목숨을 살렸다. 페니실린을 발견하기 전 큰 수술환자의 생존율은 30%에 불과했지만 페니실린 사용 후 생존율은 80% 이상으로 증가했다. 플레밍은 '기적의 약'으로 불리는 페니실린의 발견 공로로 1944년 영국 왕실로부터 나이트 작위를 받았다. 그리고 그 이듬해인 1945년에는 노벨의학상을 수상하는 기쁨을 안았다.

종종 장밋빛 인생으로 변화시켜주는 번뜩이는 아이디어들은 절망 속에서 얻는 경우가 많다. 3M의 포스트잇도, 듀폰의 나일론도, 캘로그의 시리얼도 마찬가지다. 절대로 시련과 역경을 두려워해선 안 된다.

오히려 그런 힘겨운 시간들을 성공을 향해 나아가고 있다는 것을 알려주는 신호라고 여겨야 한다. 여기에다 실패 속에 감추어져 있는 교훈을 잊지 않는다면 시행착오를 줄여 보다 빠르게 성공을 이룰 수 있다.

때로 인생은 여러분에게 한 치 앞도 보이지 않는 동굴과 같은 절망을 안겨주기도 한다. 그렇다고 해서 절대 낙담하거나 절망해선 안 된다. 자신의 분야에서 성공한 사람들은 모두가 이런 힘든 시간들을 견뎌냈기 때문이다.

글을 쓰는 나 역시도 과거 누구보다 절망적인 상황에 놓인 적이 많았다. 가진 돈이 없어 사흘 동안 라면 2개로 버틴 적도 있었고 버스비를 아끼기 위해 다섯 정거장이나 되는 거리를 걸어 다니곤 했다. 평일에는 잡지사에서 기자로 근무하고 주말에는 쉬지도 못한 채 막노동을 해야 하는 힘든 삶을 살았다. 그때 내가 썼던 시가 있다. '시련을 피하지 말고 즐겨라'라는 제목의 시다.

인생을 살아가다 넘어질 때

시련을 피하지 말고 즐겨라.

거친 파도를 피하지 않고

그 파도의 흐름을 즐기는 윈드서핑을 보라.

파도는 그대를 더 빨리,

더 먼 곳으로 데려다줄 것이다.

때로 살아가면서 주위 사람들로부터 듣게 되는

푸른 멍 같은 말 한마디에 좌절하지 마라.

자신을 움직이는 힘은

자신의 내부에 있음을 망각하지 마라.

대신 방향키 없이 바다 위에 떠 있는 배처럼

목표 없이 인생의 바다에 아무렇게나 떠 있는

자신을 부끄러워하라.

시간은 냇물처럼 쉬지 않고 흘러간다.

지금 그대가 헛되이 흘려보내는 시간 속에

인생을 빛나게 해줄

성공의 열쇠들이 함께 흘러가고 있음을 깨달아라.

이 시를 쓰면서 좌절과 절망에 빠지게 하는 어려움이 닥쳐도 절대 피하지 말자고 다짐했다. 피할 수 없다면 차라리 즐기기로 사고를 전환한 것이다.

세상을 살면서 단 한 번도 절망을 경험해보지 않은 사람은 없다. 모든 사람들은 나름대로 크고 작은 어려움을 겪게 마련이다. 그러나 당신이 기억해야 할 것은 신은 절대로 당신이 감당하지 못할 시련은 주지 않는다는 것이다. 이 말은 시련과 역경을 피하지 않고 맞서 싸운다면 충분히 극복할 수 있다는 뜻이다.

당신은 인생이라는 영화의 조연이 아닌 주인공이다. 때로 시련과 역경이 닥치더라도 긍정적인 사고로 바라보고 이겨내야 한다. 당신이 절망이 아닌 희망의 편에 설 때 인생은 당신에게 깜짝 놀랄 만한 기회들을 안겨줄 것이다.

05

내 인생의 롤모델을 찾아라

자기 꿈을 향해 자신감을 가지고 나아가면, 예기치 않은 때 성공과 마주친다.
자신의 꿈을 황금과 은으로 해석하는 것보다 더 낮은 수준으로
몰락할 수 있는 인간은 아무도 없다. – 칼릴 지브란(레바논의 작가)

성공한 사람들에게는 두 가지 공통점이 있다. 자신이 이루
고자 하는 꿈을 향해 쉬지 않고 도전한다는 것과 롤모델을
정해 그를 좇아 정진한다는 것이다. 롤모델은 '자신이 마땅히 해야 할 직
책이나 임무 따위의 본보기가 되는 대상이나 모범'을 말한다.

롤모델이 있는 사람은 그 사람처럼 되기 위해 그가 걸어왔던 과정을
그대로 답습하게 된다. 그래서 롤모델이 있는 사람과 없는 사람은 시간
이 지날수록 그 간극이 하늘과 땅 차이로 벌어지게 되는 것이다. 롤모델
은 자신이 원하는 것을 가장 쉽고 빨리 실현시켜주는 시크릿과 같다. 그
래서 성공하고 싶다면 먼저 롤모델을 정해야 한다.

얼마 전 어떤 단체에서 조사한 '가장 닮고 싶은 롤모델' 설문조사에서 국내 인물로는 안철수 의원이 1위로 뽑혔었다. 그리고 응답자들은 안철수 의원에 이어 소설가 이외수, 유엔 중앙긴급대응기금 자문위원 한비야, 유엔 사무총장 반기문 등을 차례로 꼽았다. 해외 인물로는 애플의 최고경영자였던 스티브 잡스에 이어 전 마이크로소프트 회장 빌 게이츠, 《해리 포터》의 작가 조앤 K. 롤링, 워렌 버핏, 미국 대통령 버락 오바마, 토크쇼의 여왕 오프라 윈프리 등이 뽑혔다.

롤모델이 있으면 이미 절반은 성공한 거나 진배없다. 왜냐하면 롤모델을 통해 인생의 목적과 성취 동기뿐만 아니라 자신의 꿈을 향해 나아가는 길을 발견하기 때문이다. 그리고 자신이 왜 꿈을 가지고 최선을 다해 살아야 하는지에 대한 답을 찾을 수 있기 때문이다.

학생들 역시 자신이 꿈꾸는 성공을 이룬 롤모델을 설정할 때 즐겁게 공부할 수 있는 법이다. 그래서 나는 어머니들에게 공부하라는 백 마디 잔소리보다 아이의 롤모델을 찾아주는 것이 공신으로 만드는 지름길이라고 조언한다.

골프의 황제 타이거 우즈. 그가 세계적인 프로 골퍼가 된 것은 롤모델이었던 그의 아버지 얼 우즈가 있었기에 가능했다. 타이거 우즈는 자신의 홈페이지에 다음과 같은 글을 올렸다.

"아버지는 나의 가장 친한 친구이자 가장 훌륭한 롤모델이었다. 아버지가 많이 그리울 것이다. 아버지가 자신의 삶에서 이룩한 위대한 일들을 생각하면 깊은 감명을 받는다. 당신은 훌륭한 아버지이자 코치였고, 멘토이자 친구였다. 당신이 없었다면 오늘의 나는 없었을 것이다."

얼 우즈는 타이거 우즈의 훌륭한 롤모델이자 멘토였다. 그는 누구보다 일찍 아들의 재능을 찾곤 아들에게 방향성과 비전을 제시해주었다.
얼 우즈는 이렇게 말했다.

"나는 타이거 우즈가 원치 않는 것을 강요한 적이 한 번도 없다. 스스로 필요성을 느끼고, 자발적으로 필요한 것을 하도록 하는 것이 중요하다. 꿈을 이룰 수 있도록 방향성과 비전을 제시하는 것이 내 역할이다."

보통 롤모델이라고 하면 왠지 모르게 어렵게 여겨지고 거리감이 느껴진다. 왜냐하면 롤모델은 이미 성공한 인물이지만 자신은 아직 아무것도 아닌 존재이기 때문이다. 그러나 타이거 우즈와 얼 우즈는 누구보다 친밀한 관계였다. 청소년 시절 타이거 우즈가 대회에 참가할 때면 얼은 멀리 떨어진 곳에 캠프를 치고 간이식 의자에 앉아 워크맨으로 재즈 음악을 들으면서 시가를 피우곤 했다. 그 정도로 스스럼없는 사이였다.
얼 우즈가 쓴 《타이거 우즈》라는 책에서 타이거 우즈는 "아버지와 골프 연습을 하는 것은 항상 재미있었다."라고 밝혔다. 누구보다 훌륭한 롤모델을 둔 그가 성공한 것은 어쩌면 당연한 것이 아닐까, 라는 생각이 든다.

지인 가운데 S사에서 과장으로 근무하는 후배가 있다. 그가 고등학교 3학년 때 아버지께서 한비야의 저서《바람의 딸 걸어서 지구 세 바퀴 반》을 사다 주셨다. 그는 그 책에 자극받아 이스라엘로 배낭여행을 떠났다. 그는 학교를 졸업한 뒤 취직을 하고 결혼을 하는 틀에 박힌 공식에서 벗어나 자유롭게 사는 한비야를 동경하면서 대리만족을 느끼곤 했다. 현재 그는 1년에 한 번씩 휴가를 내어 한비야처럼 해외로 배낭여행을 다니는가 하면, 국제구호단체를 후원하면서 그녀의 뒤를 좇고 있다.

포털사이트 N사에서 차장으로 근무하는 후배도 있다. 그녀는 언론인 손석희 아나운서를 본받고 싶어 한다. 모순되고 불합리한 사회에 맞서 일침을 가하는 자신감과 용기, 그리고 아나운서, 교수 등 직업이 무엇이건 어느 자리에 있건 간에 하고 싶은 얘기를 당당히 하는 그를 보며 그녀 역시 자신감을 얻는다. 현재 그녀는 어느 자리에 있더라도 손석희 아나운서처럼 자신의 목소리를 당당하게 내는 사람이 되기 위해 최선을 다하고 있다.

성공자들은 성공 비결로 "롤모델을 정해서 그대로 따라 하라."라고 조언한다. 롤모델을 따라 하다 보면 혼자 맨땅에 헤딩할 때보다 시행착오를 줄일 수 있다. 따라서 롤모델 없이 혼자서 전전긍긍하는 것보다 쉽고 빠르게 꿈을 실현할 수 있다.

그리고 롤모델을 닮기 위해 노력하다 보면 자신도 모르게 어느새 그 사람처럼 변해 있는 자신의 모습을 보게 된다. 이를 '피그말리온 효과'라고 한다. 피그말리온 효과는 바로, 타인의 기대나 관심으로 인해 성과가 오르거나 결과가 좋아지는 현상을 말한다. 즉 누군가에 대한 사람들의 믿음이나 기대가 그 대상에게 영향을 미쳐 그대로 실현되는 현상을 뜻하는 것이다. 만약 상대방에 대해 긍정적으로 기대하면 상대방은 그 기대에 부응하기 위해 노력을 기울이게 되고 결과적으로 기대를 충족시키는 결과가 나오게 된다.

그렇다면 피그말리온 효과는 어디에서 유래된 걸까? 피그말리온 효과의 '피그말리온'이라는 명칭은 그리스 신화에 나오는 조각가 피그말리온의 이름에서 유래한 심리학적 용어다. 피그말리온 효과를 자세히 알기 위해선 먼저 피그말리온에 관련한 신화부터 알 필요가 있다.

그리스 신화에 등장하는 키프로스의 왕 피그말리온은 여성들의 결점을 너무 많이 알고 있었던 탓에 여성을 혐오했다. 그래서 그는 결혼을 하지 않고 한평생 독신으로 살기로 결심했다. 그러나 외로움과 여성에 대한 그리움이 그를 괴롭혔다. 때문에 그는 자신의 이상에 맞는, 아무런 결점이 없는 완벽하고 아름다운 여인을 조각해 함께 지내기로 마음먹었다.

그는 자신이 만든 조각상에게 옷을 입히고 목걸이를 걸어 주며 매일 어루만지고 보듬어주었다. 마치 자신의 아내인 것처럼 온갖 정성을 다해 대했다.

어느 날 아프로디테 제전에서 일을 마친 피그말리온은 신들에게 자신의 조각상과 같은 여인을 아내로 맞이하도록 해달라고 간절히 기도를 올렸다. 그의 사랑에 감동한 아프로디테 여신은 피그말리온의 조각상을 사람으로 환생시켜주었는데, 이 이야기에서 간절히 바라면 이루어진다는 피그말리온 효과가 유래되었다.

피그말리온 효과를 입증해주는 연구 사례가 있다. 1968년 하버드 대학교 사회심리학과 교수였던 로젠탈 교수의 실험 사례다. 로젠탈 교수는 미국에서 20년 이상 초등학교 교장을 지낸 레노어 제이콥슨과 함께 한 가지 실험을 진행했다. 그들은 먼저 미국 샌프란시스코의 한 초등학교에 다니는 전교생을 대상으로 지능검사를 했다. 그리고 지능검사 결과와 상관없이 무작위로 한 반에서 20% 정도의 학생을 뽑았다. 그 학생들의 명단을 교사에게 주면서 이 학생들이 '지적 능력이나 학업 성취의 향상 가능성이 높은 학생들'이라고 믿게 했다. 그리고 로젠탈 교수와 제이콥슨은 8개월 후 이전과 같은 지능검사를 다시 실시했다. 과연 어떤 결과가 나왔을까?

정말 놀랍게도 8개월 전 명단에 올랐던 20% 정도의 학생들이 나머지 80%의 학생들보다 점수가 높게 나왔다. 또, 학교 성적도 크게 향상

되었다. 명단에 오른 학생들에 대한 교사의 기대와 격려가 중요한 요인으로 작용한 것이다. 결과적으로 이 연구는 교사가 학생에게 거는 기대가 실제로 학생의 성적 향상에 큰 영향을 미친다는 것을 입증한 사례로 잘 알려져 있다.

성공적인 인생을 살고 싶다면 먼저 롤모델을 정해야 한다. 이때 평범한 사람보다 온갖 어려움들을 극복하고 자신의 꿈을 실현한 사람이 좋다. 그런 사람을 보면 '나도 저 사람처럼 되고 싶다', '나도 저렇게 성공하고 싶다'는 강한 의욕이 생겨나게 된다. 그러면서 자신도 그 사람이 했던 것처럼 치열하게 노력하게 된다.

롤모델은 성공을 꿈꾸는 사람이라면 반드시 지녀야 할 꿈 지도와 같다. 롤모델이 있다면 당신이 가고자 하는 목적지까지 좀 더 수월하고 빠르게 갈 수 있다. 혼자 노력할 때 겪게 될 시행착오를 줄일 수 있기 때문이다.

지금 당장 롤모델을 설정하라. 그리고 그가 거쳐 온 과정을 통해 그가 어떻게 꿈을 실현할 수 있었는지 살펴보라. 그의 성공 비결을 자신의 것으로 만들어야 한다. 이제 남은 것은 고·군·분·투하는 일 뿐이다.

그가 해냈다면 당신 역시 해낼 수 있다.

두 번째 자기혁명

가슴 뛰는
꿈을
가져라

인생을 바꾸는 **자기혁명**

01

가짜 꿈, 진짜 꿈

나는 내가 찾는 길을 발견했다. 앞으로 나아갈 수 있는 결단력을
끌어내는 길도 알았다. 그리고 마음으로 몸에 기적을 일으킬 수 있음도
배웠다. 바로 이렇게 말하면 된다. "난 할 수 있어. 난 정말 해낼 수 있어."
― 욘 에릭슨(스웨덴의 발명가)

향기롭고 예쁜 꽃도 하루아침에 꽃을 피우지 않는다. 거친
땅을 뚫고 올라와 줄기를 말아 올리기까지 숱한 시련을 견
뎌내야 한다. 또, 가지에 꽃봉오리가 맺혀도 뜨거운 햇볕과 세찬 비바람
을 인내해야 비로소 아름다운 꽃을 피울 수 있다.

모든 사람들의 입에서 감탄사를 연발하게 하는 멋있는 집도 하루아침
에 지을 수 없다. 먼저 건축설계도면을 그려야 하고, 그 설계도면에 맞
추어 벽돌공이 한 장 한 장 벽돌을 쌓는 정성을 기울여야 한다. 이런 과
정을 거쳐 멋있는 집이 완성된다.

당신이 가슴에 품고 있는 꿈도 이와 다르지 않다. 사람에 따라 거창한
꿈을 가진 사람도 있을 테고, 작고 소박한 꿈을 가진 사람도 있을 것이

다. 그러나 중요한 것은 꿈을 설정한다고 해서 그 꿈이 하루아침에 이루어지지는 않는다는 것이다. 먼저 꿈을 실현하기 위해 세세한 목표부터 세워야 한다. 그리고 목표 달성에 필요한 세부적인 계획을 세우는 것도 빠뜨려선 안 된다. 세부적인 계획을 충실히 실천했을 때 세세한 목표들을 이룰 수 있을 뿐 아니라 나아가 꿈을 실현할 수 있다.

간혹 사람들 가운데 꿈과 목표를 혼동하는 사람들이 있다. 그래서 대학이나 기업체 등에서 강연할 때면 사람들에게 꿈과 목표의 차이에 대해 물어보곤 한다. 성공하기 위해선 먼저 꿈과 목표에 대한 개념부터 알 필요가 있기 때문이다. 꿈은 자신이 하고 싶은 일, 되고 싶은 사람을 뜻한다. 과거 나는 작가의 꿈을 가졌고 그 꿈을 이루었다. 목표는 꿈을 이루기 위한 세부적인 계획으로 생각하면 쉽다. 나는 작가의 꿈을 실현하기 위해 한 달에 30권의 책을 읽고 하루에 원고지 25매가량의 글을 썼다. 이런 목표들을 꾸준히 실천해나가자 어느 순간 작가가 된 나 자신을 발견할 수 있었다.

세상에는 성공자들보다 그렇지 못한 사람들이 더 많다. 나는 그 이유가 가짜 꿈을 마치 진짜 꿈으로 착각하기 때문이 아닐까, 라고 생각한다. 사실 많은 사람들이 자신의 가슴을 뛰게 하는 꿈을 찾기보다 타인의 성공을 보며 동류의 꿈을 가진다. 이는 진짜 꿈이 아니다. 진짜 꿈은 그것이 꽃필 때까지 계속하게 하는 힘이 있지만 가짜 꿈은 뒷심이 없다.

그래서 한두 번 실패를 겪게 되면 쉽게 좌절하고 만다.

며칠 전 나는 대구의 한 고등학교에서 '꿈'과 '진로'에 관해 특강을 진행했다. 이날 학생들에게 꿈에 대해 질문을 던졌다. 그런데 대부분이 진짜 꿈이 아닌 가짜 꿈을 품고 있다는 것을 알 수 있었다. 한 학생은 친한 친구가 의사가 되고 싶다는 말에 깊이 생각도 하지 않고 자신도 의사가 되겠다는 꿈을 정했는가 하면, 또 다른 학생은 TV에 나오는 연예인들이 멋있다는 이유로 자신도 연예인이 되기로 결심했다고 답했다. 그런데 안타깝게도 이들의 꿈이 실현될 가능성은 제로에 가깝다. 왜냐고? 진짜 꿈이 아닌 가짜 꿈이기 때문이다.

소프라노 목소리를 지닌 한 소년이 있었다.

'난 꼭 가수가 될 거야. 사람들이 내 노래를 들으며 행복했으면 좋겠어.'

소년은 음악학원에 다니며 열심히 노래를 배웠다. 자신의 꿈을 이루기 위해 노력하는 것이라. 소년은 힘들기보다 하루하루가 즐거웠다.

가족모임이 있는 어느 날이었다. 친척들은 소년에게 노래 한 곡을 청했다. 소년은 잠시 머뭇거리다 앞으로 나갔다.

'여기 모인 사람들에게 내 노래 실력을 보여주겠어.'

잠시 후 소년은 노래를 부르기 시작했다. 그러나 아직 변성기가 지나지 않았던 탓에 그의 목소리는 이내 쉬고 갈라지고 말았다. 그 순간 소년은 너무 창피해서 얼굴이 상기되었다. 쥐구멍에라도 숨고 싶은 심정이었다.

여기저기서 소년을 향한 웃음소리가 끊이지 않았다.

이내 집 안은 웃음바다가 되어버렸다. 친척들이 모두 가고 난 뒤 소년은 한참 동안이나 고민에 빠졌다.

'내 노력 실력이 부족한 것일까. 아니면 나에게 음악적 재능이 없는 것일까.'

그러나 소년은 이내 고민을 멈추고 거울을 보며 빙그레 웃음을 지었다. 그 순간 자신이 진정으로 되고 싶은 꿈이 떠올랐기 때문이다.

'아, 내게 음악적인 재능보다 사람을 웃게 만드는 재능이 있구나.'

소년은 가수의 꿈을 버리고 코미디언이 되기로 마음먹었다. 그리고 지독한 노력 끝에 훗날 자신이 꿈꾸던 코미디언이 되었다.

이 소년이 바로 '미국 코미디의 황제' 밥 호프다.

밥 호프가 자신의 꿈을 실현할 수 있었던 것은 가슴에 품었던 코미디언이라는 꿈이 '진짜 꿈'이었기 때문이다. 앞서 말했듯이 진짜 꿈은 그 어떤 힘든 일이 닥치더라도 그 꿈을 향해 나아가게 하는 힘이 있다. 그래서 절대 중도에 포기하는 법이 없다. 만약에 그가 코미디언이 아닌 다른 꿈, 즉 가짜 꿈을 가졌었다고 가정해보라. 분명 그는 중도에 좌절하거나 포기하고 말았을 것이다. 가짜 꿈은 시간이 지날수록 미래에 대한 확신보다는 불안과 의심이 들게 하게 마련이니까.

아래에 보면 8명의 인물과 함께 그들의 진짜 꿈과 가짜 꿈이 나열되어 있다.

	진짜 꿈	가짜 꿈
김연아	국가대표 피겨선수	탤런트
유재석	개그맨	운동선수
스티브 잡스	컴퓨터 개발	교사
정주영	기업가	변호사
짐 캐리	영화배우	회계사
진보라	재즈 피아니스트	교수
김태광	작가	기업가
김태희	탤런트	유치원 선생님

어린 시절, 김연아가 국가대표 피겨선수라는 꿈보다 탤런트라는 꿈을 설정했다고 생각해보라. 지금쯤 그녀는 어떤 삶을 살고 있을까? 분명한 것은 그녀가 지금과 같이 성공적인 인생을 살지 못했을 것이라는 것이다. 김연아에게 있어 국가대표 피겨선수는 꼭 실현하고 싶은 진짜 꿈이었다. 그래서 그녀는 수천 번의 엉덩방아를 찧으면서도 포기하지 않았고, 마침내 자신의 꿈을 이룰 수 있었다.

유재석, 스티브 잡스도 마찬가지다. 유재석이 개그맨이 아닌 의사라는 꿈을 가졌다고 생각해보자. 학창시절 그는 공부를 소홀히 했을지도 모른다. 의사라는 가짜 꿈이 그의 심장을 뛰게 하지 않았을 것이고 당연히 공부는 해도 그만, 안 해도 그만이었을 테니까. 그랬다면 그는 의대에 진학하지 못했을 것이고, 꿈은 물 건너간 것이나 다름없다.

스티브 잡스가 리드 대학을 한 한기만 다니고 자퇴했던 것은 진짜 꿈을 찾았기 때문이다. 그는 우주를 놀라게 할 만한 대단한 제품을 만들겠다는 확고한 꿈을 가지고 있었다. 그리고 자신의 꿈을 실현하기 위해 고군분투했고, 그 결과 아이팟, 아이폰, 아이패드 등 혁신적인 제품들을 세상에 내놓을 수 있었다.

모든 사람은 꿈을 가지고 살아간다. 그런데 왜 극히 소수만이 성공하는 인생을 살아가는 것일까? 진짜 꿈이 아닌 가짜 꿈을 가졌기 때문이다. 정말 성공하고 싶다면 가짜 꿈을 던져버리고 진짜 꿈을 가져야 한다. 진짜 꿈은 우리의 심장을 뛰게 하고 피를 끓게 한다. 장애물을 피하기보다 오히려 그것을 디딤돌로 활용하게 한다. 반면에 가짜 꿈은 심장을 뛰게 하지도, 피를 끓게 만들지도 못한다. 그리고 장애물이 나타나면 포기하거나 다른 길로 돌아가도록 이끈다.

인생에는 절대 공짜가 없다. 무언가를 얻기 위해선 거기에 합당한 대가를 치러야 한다. 꿈 실현이나 성공도 마찬가지다. 숨이 턱에 차오르는 고통을 이겨내는 사람만이 산 정상에 오르듯이, 온갖 시련과 역경을 견뎌낼 때 꿈을 실현할 수 있고 성공자가 될 수 있다.

나는 당신의 가슴에 어떤 꿈이 깃들어 있는지 알지 못한다. 그러나 그 꿈이 진짜 꿈이라면 크기에 상관없이 반드시 이루어지리라 확신한다. 진짜 꿈이 당신으로 하여금 끝까지 포기하지 않게 할 것이기 때문이다.

02

꿈 설정이 노력보다 우선이다

성공적인 모든 사람들은 가슴속에 큰 꿈을 품은 사람들이었으며, 그들은
항상 더 나은 미래를 상상하고 모든 방법을 동원해 자신의 이상 실현에
철저히 매달린 사람들이다. − 브라이언 트레이시(성공 컨설턴트)

과거의 나는 그저 열심히 살면 남들보다 더 잘살 줄 알았
다. 그래서 남들보다 일찍 직장에 나갔고 열심히 일한 덕분
에 상사로부터 자주 칭찬도 들었다. 그런데 그게 다였다. 시간이 흘러도
내 인생은 나아지기는커녕 오히려 더욱 나빠졌다. 빠듯한 월급에 여기
저기 빠져나가는 돈은 늘어났기 때문이다.

어느 날 문득 '열심히 사는데도 왜 내 형편은 좀처럼 피지 않을까?'라
는 의문이 들었다. 나는 이 의문에 대한 답을 찾기 위해 골몰했다. 그때
거리에서 분주하게 오가는 퀵서비스, 택배기사, 택시기사, 버스기사, 우
편배달부의 모습이 보였다. 그들은 하나같이 점심을 먹을 시간도 없이
일에 매달렸다. 그런데 그들 가운데 그 누구도 얼굴 표정이 밝아 보이지

않았다. 사실 그들은 그 어떤 분야의 사람들보다 업무 강도뿐만 아니라 업무량이 많다. 그런데도 그들 가운데 "열심히 일했더니 이제 여유롭게 살 수 있을 만큼 돈이 모였다."라는 말을 하는 사람은 본 적이 없다. 그들은 모두 힘든 생활을 하며 피로가 축적되어 얼굴에 '단 하루만이라도 푹 쉴 수 있었으면 얼마나 좋을까' 하는 표정을 짓고 있었다.

나는 성공과 '노력'의 연결고리를 찾기 위해 골몰했다. 여러 분야에서 성공한 사람들의 성공 스토리를 읽었는가 하면 직접 그들을 찾아가 성공 스토리를 육성으로 듣기도 했다.

그 결과 나는 그저 '노력'만으로는 절대 성공할 수 없다는 것을 절실히 깨달았다. 중요한 한 가지가 결여된 것이다. 그래서 아무리 노력하고 열심히 살아도 자기 몸만 고달프고 골병들 뿐 형편은 나아지지 않는다. 그 한 가지는 바로 '꿈 설정'이다. 자신이 이루고자 하는 꿈을 설정하고 치열한 노력이 뒤따를 때 비로소 상황이 조금씩 개선되기 시작한다. 꿈을 설정하고서 노력하는 것과 그냥 노력하는 것에는 분명한 차이가 있기 때문이다. 꿈을 설정한 뒤 기울이는 노력은 생산적인 노력이지만 그렇지 않은 경우에는 한 달 벌어 한 달 먹고사는 신세가 될 뿐이다.

성공한 사람들은 그냥 열심히만 해서 성공한 것이 아니다. 물론 그들은 언론과 인터뷰하거나 사람들에게 이야기할 때 "그저 운이 좋았을 뿐입니다."라고 겸손하게 말한다. 하지만 그것은 그저 겸손일 뿐이다. 곧이곧대로 받아들여선 안 된다. 그들은 마치 짜고 치는 고스톱처럼 하나같이 확고한 꿈을 설정한 뒤에 고군분투했다. 그리고 어떤 어려움이 닥쳐도 꿈을 손에서 놓지 않았다. 때로 시련과 역경으로 인한 좌절과 절망의 시간들도 있었지만 꿈이 있었기에 우직하게 버틸 수 있었다. 그 결과 "그저 운이 좋았습니다."라고 말할 수 있을 만큼 성공자가 된 것이다.

무일푼으로 성공한 전형적인 자수성가형 백만장자이자 세계적인 성공 컨설턴트인 브라이언 트레이시. 과거 그는 누구보다 비참한 생활을 했다. 힘든 가정환경과 고등학교 중퇴자의 신세에 지나지 않았던 그는 접시닦이, 벌목공, 주유소 주유원, 화물선 잡역부 등을 전전하며 낡은 중고차를 보금자리 삼아 추운 겨울을 보내기도 했다.

그러나 그는 세일즈를 시작한 뒤 꿈과 목표를 설정하면서 다른 인생을 살기 시작했다. 그는 A4용지에 자신조차 믿을 수 없는 꿈과 목표를 적었다. 처음에 그가 적었던 목표는 방문 판매를 통해 매달 1천 달러를 번다는 것이었다. 물론 30일 후 거짓말처럼 그의 인생은 송두리째 뒤바뀌었다. 판매 실적을 비약적으로 높인 실력을 인정받아 매달 1천 달러의 월급을 받고 판매사원들을 교육하게 된 것이다.

그 후로도 그는 꾸준히 '세계적인 성공 컨설턴트', '베스트셀러 작가', '동기부여가', '회사 설립' 등과 같은 꿈과 목표를 종이에 적었다. 때로 실패를 경험하기도 했지만 그는 그때마다 자리에 앉아 구체적인 실천 방안을 모색하곤 했다. 이렇게 해서 세계적인 '브라이언 트레이시 목표

설정 기법'이 탄생할 수 있었다.

전 세계의 수많은 경영인과 성공을 꿈꾸는 사람들이 그의 '성공학'에 열광하고 있다. 그 이유는 누구보다도 많은 실패를 경험한 그가 자신의 실패 경험을 분석하고 해부해 성공 공식으로 정립했기 때문이다. 한마디로 그의 인생 자체가 인생 역전 드라마이자 성공학의 교재다.

브라이언 트레이시는 이렇게 말했다.

"성공도 우연이 아니고, 실패도 우연이 아니다. 성공하는 사람은 성공에 이르는 일을 하는 사람이고, 실패한 사람은 그런 일을 하는 데 실패한 사람이다."

연목구어緣木求魚라는 고사성어가 있다. 나무에 올라 물고기를 구한다는 뜻으로 잘못된 방향을 바로잡기를 기대하는 글이다. 물고기를 잡으려면 강이나 바다로 가야 한다. 나무 위에선 제아무리 실력이 좋은 어부라고 해도 물고기를 잡을 수 없다. 따라서 성공하려면 성공에 이르는 일을 해야 한다. 먼저 명확한 꿈을 설정한 뒤 그것을 실현하기 위해 사력을 다한 도전과 노력, 노력과 도전의 과정을 수반해야 한다. 그렇게 하지 않고서 성공하고 잘살기를 바라는 사람은 '연목구어'에 나오는 어리석은 사람에 지나지 않는다.

세계적인 자기계발의 대가 앤서니 라빈스. 그는 1997년 국제상공회의소가 뽑은 '세계에서 가장 뛰어난 인물'에 선정되어 이 시대에 가장 영향력 있는 사람으로 평가받은 바 있다.

앤서니 라빈스는 대통령과 왕족, 일류 스포츠 스타와 기업체 회장들을 개인적으로 지도했으며, 많은 사람들이 수천 달러에 달하는 비용을 감수하며 그의 주말 세미나에 참석한다. 그의 세미나 '네 안에 잠든 거인을 깨워라'는 개인용 제트헬기를 타고 자신의 세미나 장*으로 향하는 앤서니 라빈스의 모습으로 시작된다.

그러나 그는 불과 십수 년 전만 하더라도 빌딩 청소를 하던 아무런 존재감 없는 사람이었다. 가난한 탓에 대학교에 진학하지 못했고, 멋있는 정장을 차려입은 사람들이 근무하는 최신식 빌딩에서 냄새나는 작업복을 입고 하루 종일 걸레질을 해야 했다.

당시 그는 아무런 꿈도, 희망도 갖지 못한 채 캘리포니아에 있는 10여 평의 독신자 아파트에서 살고 있었다. 비만에다 가난하고 못 배운 그는 자신에게 있어 사랑은 '사치'라고 여기며 절망했다. 그는 퇴근 후 누구도 만나지 않은 채 방 안에만 틀어박혀 슬픈 음악을 들으며 시간을 보냈다.

어느 날 그는 '어떻게 해야 지금보다 나은 인생을 살 수 있을까?'라는 의문을 가지게 되었다. 생각에 생각을 거듭한 그는 마침내 자신이 지금처럼 비참하게 사는 것은 이루고 싶은 꿈이 없기 때문이라는 것을 깨달았다. 뿐만 아니라 그는 자신이 실패하는 인생을 살 수밖에 없었던 이유

역시 찾을 수 있었다. 그동안 자신이 가졌던 대부분의 생각들은 좌절과 실패를 부르는 것들이었다.

'왜 나는 성공할 수 없는 걸까?'
'사람들은 왜 내 마음을 몰라주는 거야?'
'왜 하필 나란 말이야?'

이런 생각은 어김없이 "가난하고 못 배우고 뚱뚱하고 못생겼기 때문이야."라는 부정적인 답으로 이어졌다. 그 결과 그는 하고 싶은 일이 있어도 도전에 앞서 주저하다가 포기했다. 그런 일들이 반복되면서 자신의 내면에 잠들어 있는 잠재력을 깨닫지도 못한 채 극빈자의 삶을 살게 된 것이다.

그는 이런 깨달음을 얻은 뒤 자신이 원하는 꿈을 설정했고 그것을 실현하기 위해 치열하게 살았다. 그러자 얼마 후 그는 마침내 비참한 인생에 종지부를 찍을 수 있었다.

과거의 그는 못생기고 뚱뚱한 빌딩 청소부였지만, 지금은 최상의 성과를 내도록 컨설턴트 하는 미국의 가장 유명한 인사가 되었다. 〈포춘〉지 선정 500대 기업 CEO들과 미국의 상·하원의원과 미군 장성들, 마이클 잭슨 같은 정상급 연예인, 프로 운동선수들, 빌 클린턴과 조지 부시 등의 대통령들까지 찾는 강력한 조언자가 되었다.

그는 자신이 진정으로 꿈꾸던 삶을 누리고 있다는 사실을 깨닫게 된 날을 다음과 같이 회상했다.

"내가 진정으로 꿈꾸던 삶을 누리고 있다는 사실을 깨닫게 된 날을 나는 결코 잊을 수 없다. 어느 날 로스앤젤레스에서 회의를 마친 나는 자가용 헬리콥터를 타고 세미나가 열릴 오렌지카운티를 향해 날아가고 있었다. 헬리콥터가 글렌데일 시 상공을 지나갈 때 문득 눈에 익은 대형 빌딩이 보였다. 나는 잠시 동안 헬리콥터가 그 건물 위를 선회하도록 했다. 헬기에서 내려다보니 그 건물은 불과 12년 전에 내가 청소부로 일했던 바로 그 빌딩이었다!

그 시절 나는 출근하는 30분 동안만이라도 출퇴근용으로 타고 다니던 1960년형 고물 폭스바겐 자동차가 고장 나지 않게 해달라고 빌었다. 나는 어떻게 살아남느냐 하는 문제에서 벗어날 수 없었다. 그만큼 하루하루를 사는 게 두렵고 외로웠다.

그러나 지금의 나는 자가용 헬리콥터로 그 건물 위를 날고 있지 않은가! 그 시절에도 나는 꿈을 가지고 있었지만 실현될 가능성은 없어 보였다. 하지만 돌이켜보면 과거 내가 경험한 모든 실패와 좌절이 한 차원 다른 삶을 살고 있는 지금의 나를 있게 한 지혜의 기초가 되었다."

미국의 예일대에서 학생들을 대상으로 '당신은 10년 뒤 무엇을 하고 있을 것 같습니까?'라는 설문조사를 진행했다. 조사 결과 97%는 그냥 막연하게 잘 살고 있을 것이다, 라고 대답했고, 나머지 3%만 구체적인 자신의 미래를 제시했다. 10년 뒤 이들의 삶을 추적 조사해보니 자신의 미래를 구체적으로 제시한 3%가 나머지 97%보다 더 많은 수입을 올리고 있었을 뿐 아니라 훨씬 행복한 인생을 살고 있었다.

힘든 인생을 사는 사람들 중에 꿈 설정은 하지 않은 채 무작정 열심히 사는 사람들이 많다. 그들은 가고자 하는 목적지 없이 무작정 발걸음을 옮기는 방랑자와 같다. 아무리 열심히 걷고 또 걸어도 목적지가 없으니 아무 데나 가게 되는 것이다. 마찬가지로 확고한 꿈 설정 없이 기울이는 노력은 소중한 시간과 노력을 허비하는 것에 지나지 않는다.

꿈 설정이 노력보다 우선이다. 과녁을 보지 않고 활시위를 당기는 어리석은 궁수가 되어선 안 된다. 그러면 명사수라 해도 무조건 빗나가게 되어 있다. 꼭 이루고 싶은 꿈 없이 그저 열심히 살고 있다면 지금 당장 꿈을 설정해보자. 꿈을 설정하는 순간 자신이 가진 모든 역량을 어디에 쏟아부어야 할지 알게 된다.

브라이언 트레이시의 말을 기억해보라.

"성공을 위한 가장 중요한 기술은 누구보다 명확하고 구체적인 목표를 세우고 이를 실현할 수 있는 세부 계획을 짜는 것이다. 자신이 원하는 것을 정확히 파악해 A4용지에 또박또박 적고, 현실적인 데드라인을 설정해 매일 이를 실현하기 위해 땀이 나도록 뛸 필요가 있다. 그러나 가장 중요한 건 어떠한 일이 있어도 눈 하나 깜짝하지 않는 '고집'이다. 모든 성공은 끔찍한 실패를 바탕으로 한다. 따라서 이를 견딜 수 있는 고집과 끈기가 필요하다."

03

매일 상상하면 꿈이 현실이 된다

무엇을 하고 싶은지를 마음속에 확실히 심어두라. 그리고 나서는 옆길로
새지 말고 목표를 향해 곧장 전진해나가라. 당신이 하고 싶은
위대하고 찬란한 일들에 대해 생각하라. 보이지 않는 과녁은 맞힐 수 없으며,
이미 존재하지 않는 목표는 볼 수 없다. – 지그 지글러(대중연설가)

세상에는 성공한 사람들보다 그렇지 못한 사람들이 더 많
다. 나는 한동안 그 이유가 무엇일까, 하고 고민해보았다.
그러던 중에 여러 분야에서 성공한 사람들을 직접 만날 기회가 있어 그
들에게 성공 비결에 대해 물었다. 그들 가운데 음식업으로 크게 성공한
K 사장의 말씀이 아직도 귓가에 생생하다.

"그동안 제가 품고 있었던 꿈을 단 한순간도 잊은 적이 없었습니다.
그만 포기하고 싶은 순간들도 많았지만 꿈 때문에 그럴 수 없었어요.
제가 실현하고자 하는 꿈을 생생하게 떠올리면 가슴이 뛰면서 어떻게
든 빨리 그 꿈을 이루고 싶은 마음이 강했기 때문이지요. 그래서 밤에

잠자리에 누우면 얼른 일을 할 수 있는 아침이 왔으면 좋겠다, 라는 생각이 들곤 했습니다. 지금 제가 성공할 수 있었던 것은 꿈을 잊지 않았기 때문입니다."

대부분의 성공자들은 매일 자신의 꿈을 생생하게 상상한다. 어떻게 보면 좀 유치해 보이기까지 하는 이런 습관을 가지게 된 이유는 무엇일까? 상상이 바로 자기암시 효과를 유발하기 때문이다. 자기암시는 일종의 자기최면이라고 할 수 있다. 그런데 흥미로운 것은 자기암시는 자신의 생각이나 소원을 의식적으로 잠재의식에 주입함으로써 인생을 새롭게 변화시키는 위대한 힘을 가지고 있다는 것이다.

자기암시와 관련된 다양한 사례들을 한번 살펴보자.

1976년 몬트리올 올림픽에 앞서 구소련의 선수들은 경기에서 우승하기 위해 한 가지 아이디어를 생각해냈다. 그것은 몬트리올 시의 사진을 보면서 거기에서 경기를 어떻게 풀어나갈 것인지를 날마다 상상하는 것이었다. 그들은 몬트리올에 한 번도 가본 적이 없었지만 사진 속의 경기장에서 시합하는 모습들을 마음대로 상상할 수 있었다. 이런 상상을 통해 선수들은 몬트리올의 경기장에 도착했을 때 마치 평소에 자신이 자주 들렀던 곳 같은 편안함을 느낄 수 있었다. 그 결과 그들은 몬트리올 올림픽에서 좋은 성적을 거둘 수 있었다.

레오나르도 다빈치, 아인슈타인, 에디슨, 퀴리 부인과 같은, 자기 분야에서 최고가 된 사람들도 자기암시를 통해 뛰어난 상상력과 통찰력을 얻었다. 과학자들은 레오나르도 다빈치의 천재적인 창조성은 선천적인 것이 아니라 후천적 노력에 기인한 것이라고 말한다. 특히 그가 즐겨 사용한 사유 도구가 바로 상상이었다.

나폴레옹 황제 역시 머릿속에서 항상 군대를 조련하거나 전술을 구상했다고 알려져 있다. 또, 그는 이미지를 사령관으로 삼아 고향인 코르시카 섬의 지도에 방어 병력을 배치할 곳을 정확하게 표시해두었다. 그가 수많은 전투를 승리로 이끌 수 있었던 비결 중 하나는 자기암시였다고 할 수 있다.

아테네 올림픽에서 첫 금메달을 안긴 이원희 선수가 있다. 그는 승리 비결 중 하나로 자기암시를 꼽았다. 그는 우승 후 인터뷰에서 이렇게 말했다.

"침대 매트리스를 유도매트로 상상하며 잠을 자면서도 훈련했어요."

베트남 포로수용소에 갇혀 있는 7년 내내 골프경기를 상상한 네스멧 소령. 그가 포로수용소에서 석방된 뒤 실제 골프채를 잡았을 때 평소보다 타수를 20타 줄였다는 일화는 널리 알려져 있다.

성공한 사람과 그렇지 않은 사람 사이에는 확연한 차이점들이 있다. 그 가운데 하나를 꼽는다면 매일 매 순간 꿈을 생생하게 상상하느냐를 들 수 있다. 성공자들은 정말 절박하게 꿈을 갈망하기에 단 한순간도 꿈을 잊지 않는다. 그래서 매 순간 꿈을 생생하게 상상하면서 실현할 수 있는 방법을 찾기 위해 고민하게 된다. 사실 갈망하는 만큼 최선의 방법을 생각해내고 행동하고 노력하게 되어 있다.

꿈을 실현하기 위해선 자주 미래의 성공한 자신의 모습을 그려보는 습관을 가져야 한다. 누구나 성공한 자신의 모습을 상상해보면 마치 지금 그 꿈을 이룬 것처럼 마음이 들뜨고 행복해지는 것을 느끼게 된다. 그런 감정을 느끼다 보면 더욱더 꿈을 향해 노력하게 되어 있다. 뿐만 아니라 쾌감을 좋아하는 뇌는 그와 같은 기분 좋은 감정을 맛보려 무의식 속에서도 꿈을 실현할 방법을 찾기 위해 분주하게 활동하게 된다.

독자들 중에 이렇게 반문하는 사람도 있을 것이다.

"꿈이 실현될지, 실현되지 않을지 알 수도 없는데 생생하게 꿈꾸는 것은 정말 바보 같은 짓 아닐까요?

"아직 꿈을 이루지 않았는데 어떻게 그런 상상을 할 수 있나요?"

물론 공감하는 의문이다. 매일 상상하면 꿈이 현실이 된다는 것을 알지 못했던 과거의 나 역시 그러한 의문을 가졌었기 때문이다. 그러나 성공한 사람들이 생생한 상상을 통해 꿈을 현실로 만들어냈다는 것을 알고는 이런 생각은 쓰레기통에 던져버렸다. 그리고 내가 이루고자 하는 것들을 매일같이 습관처럼 생생하게 상상하면서 꿈꾸었다. 이런 상상은 나를 더욱더 노력하게 만들었고 그 결과 나는 내가 원하는 인생을 살 수 있게 되었다.

세상의 많은 사람들은 아직 꿈을 이루지 못했다. 아니, 이루지 못한 것이 아니라 그 꿈을 향해 나아가는 과정에 있다고 말하는 것이 적확한 표현이다. 그러나 확실한 것은 꿈을 향한 날갯짓을 멈추지 않는다면 반드시 꿈을 이루게 된다는 것이다.

그런데 안타깝게도 많은 사람들이 꿈을 향해 나아가는 과정에서 좌절하고 포기한다. 그 이유는 사고와 관련이 있다. 우리의 행동을 이끄는 것은 사고이기 때문이다. 시련과 역경에 처하다 보면 자신도 모르게 의지가 약해져 '불가능하다'는 부정적인 사고에 젖게 된다. 부정적인 사고는 '내가 어떻게?', '분명 실패하고 말 거야'처럼 사람을 좌절하고 포기하게 만든다. 그래서 자주 성공한 자신의 모습을 상상하는 노력이 필요한 것이다. 이런 습관은 부정적인 사고를 긍정적인 사고로 전환시켜주기 때문이다.

당신은 끊임없이 주위 환경으로부터 암시를 받고 있다. 그런데 암시에는 긍정적인 암시와 부정적인 암시가 있다. 긍정적인 암시를 많이 받는 사람은 그만큼 성공할 확률이 높아지지만 반대로 부정적인 암시를 많이 받는 사람은 그만큼 성공할 확률이 낮아지게 된다. 당신에게 와 닿는 암시, 즉 듣고, 보고, 생각한 모든 것은 무의식중에 예언이 되어 잠재의식에 그대로 전달된다. 그리고 당신은 그 암시에 적합한 행동을 하게 된다. 그래서 어떤 말을 많이 듣고 어떤 말을 많이 하고 어떤 생각을 많이 하느냐는 성공에 있어 대단히 중요한 문제라고 할 수 있다.

힘든 인생을 사는 사람들 가운데 어릴 때부터 부모로부터 다음과 같은 부정적인 말을 듣고 자란 사람들이 많다.

"그렇게 해선 안 돼."

"넌 왜 그 모양이니?"

"넌 누굴 닮아서 그런 거니?"

"그러면 그렇지? 네가 뭘 하겠다고."

이런 부정적인 암시는 자신도 모르게 자신의 잠재의식 속에 깃들게 된다. 이런 사람은 차츰 부정적인 사고를 가지게 되어 어떤 일을 하더라도 진취적이고 적극적으로 행동하지 못한다. 이미 무의식 속에 '나는 잘할 수 없어', '실패하게 될 거야'와 같은 생각으로 가득 차 있기 때문이다. 그래서 충분히 할 수 있는 일조차 실패에 대한 불안 때문에 주저하게 되고 결국 일을 그르치게 된다.

반면에 부모로부터 "잘해낼 수 있어.", "네가 아니면 누가 하겠니?",

"네가 생각하는 것보다 더 잘할 수 있단다." 이런 격려와 칭찬을 많이 듣고 자란 사람은 어떨까? 격려와 칭찬은 긍정적인 암시를 주게 된다. 이런 사람은 언제나 긍정적인 생각을 하게 되고 늘 자신감으로 가득 차 있다. 그래서 다른 사람들이 주저하는 일조차 선뜻 나서서 해결하는 능력을 발휘하게 된다. 또, 시련에 처해도 결코 낙심하지 않고 위기를 기회로 만들기도 한다.

지금 당신은 인생에서 가장 중요한 시간을 보내고 있다. 지금 자신의 꿈을 얼마나 자주 생생하게 상상하느냐에 따라 미래가 달라진다고 할 수 있다. 이런 행동은 꿈을 실현하기 위해 분투하는 노력으로 이어지기 때문이다.

자신의 꿈에 대해 확신을 가지고 그 꿈을 이룬 모습을 상상하는 습관을 가져보라. 김영삼 전 대통령도 학창시절 때 책상 앞에다 '대통령이 꼭 되고 말 테다!'라고 써 붙여 놓았다고 한다. 그러곤 자주 대통령이 된 자신의 모습을 상상했다. 그리고 우리나라의 최연소 국회의원이 되었고, 결국 자신의 꿈이었던 대통령에 당선되었다.

당신도 할 수 있다. 지금부터 자신의 성공한 모습을 생생하게 떠올리면서 뜨겁게 노력해보라. 꿈은 반드시 이루어진다. 성공자들 역시 이런 과정을 통해 지금의 자리에 올랐다는 것을 잊어선 안 된다.

04

꿈이 있기에
지금의 불행은 축복이다

꿈을 계속 간직하고 있으면 반드시 실현할 때가 온다.
– 괴테(독일의 작가)

우리에게 꿈이 없다면 인생은 너무나 무미건조할 것이다.

꿈이 없다는 것은 무언가 간절히 이루고 싶은 것이 없다는 말과 같기 때문이다. 인간이 동물과 다른 점은 꿈을 가질 수 있다는 것이다. 따라서 꿈이 없다면 하등 동물과 다를 바 없다.

주위를 둘러보면 '그럭저럭 밥만 먹고 살면 그만'이라는 안일한 생각을 갖고 사는 사람들이 있다. 나는 이런 사람들을 볼 때면 염려스럽고 안타까운 마음이 든다. 왜냐하면 꿈이 없으면 더 나아지기 위한 어떠한 행동도 하지 않을 테고, 이들의 미래는 불행 그 자체라고 해도 과언이 아니기 때문이다.

나는 사람들에게 입버릇처럼 가슴 뛰는 꿈을 가져야 한다고 말한다. 꿈이 있는 사람과 그렇지 않은 사람의 차이는 행동에서 나타나게 마련이다. 전자는 긍정적인 마인드에 활기가 넘치고 자신감이 묻어난다.

반면에 후자는 부정적인 마인드에 마치 시든 꽃처럼 자신감 없는 행동을 하게 된다. 그 결과 10년이 흐른 뒤 두 사람의 인생은 하늘과 땅 차이로 격차가 벌어지게 되는 것이다.

그동안 성공 비결을 배우기 위해 다양한 분야에서 성공한 사람들을 많이 만났다. 내가 만난 그들은 대부분 가난한 집에서 태어난 탓에 젊은 시절 안 해본 일이 없을 만큼 숱한 고생을 해야 했다.

그러나 그들은 그런 고생을 고생으로 여기지 않았다. 오히려 자신이 꿈꾸는 미래를 위한 투자쯤으로 여겼다.

나는 성공한 사람들을 만나면 어김없이 성공 비결을 물어본다. 그런데 흥미로운 것은 그들에게서 가장 많이 듣는 대답이 지금 하는 일에서 최고가 되겠다는 '꿈'을 가지고 한 우물을 팠기에 성공할 수 있었다, 라는 것이다.

중견 건강식품 기업을 경영하는 H 회장은 이렇게 말했다.

"중학교 때 아버지가 돌아가신 뒤 가세가 기울었어요. 그때부터 저는 신문배달, 우유배달, 주유원 등 30여 가지의 일을 하면서 청춘을 보내야 했어요. 하지만 그때 저는 훗날 꼭 내 이름으로 된 회사를 차리겠다는 꿈을 가지고 있었습니다. 그래서 아무리 힘들어도 꿋꿋하게 버텨낼 수 있었지요. 제가 가장 힘들고 고달플 때 저를 위로해주고 일으켜 세웠던 것은 다름 아닌 꿈이었습니다."

사실 꿈보다 더 나에게 위로가 되고 힘이 되는 것은 없다고 생각한다. 꿈은 내가 간절히 무엇이 되고 싶다고 바라는 것이자 내가 살아가야 하는 이유와 같기 때문이다. 그래서 비록 지금 고달프고 고생스러워도 묵묵히 견뎌낼 수 있다. 힘들어도, 고통스러워도 견딜 수 있는 것은 꿈을 이룬다면 그동안의 힘겨웠던 과정들에 대한 보상이 수백 배, 수천 배가 되어 돌아온다는 것을 잘 알기 때문이다.

미국 미시건 주의 성 요셉 고아원에 문제 소년 한 명이 들어왔다. 그 소년은 자주 원생들과 싸움을 일삼았다.

그러나 베라다 선생님은 포기하지 않고, 인내심을 가지고 끊임없이 소년에게 용기를 주고 격려했다.

"얘야, 너는 싸움만 할 것이 아니라 미래의 큰 인물이 될 꿈을 가져라. 그러면 반드시 그렇게 될 수 있단다."

그러나 소년의 행동에는 별다른 변화가 없었고, 소년은 결국 퇴원을 당하고 말았다.

소년은 퇴원을 당한 뒤에야 비로소 베라다 선생님의 소중한 가르침을 깨닫게 되었다. 그리고 지금부터는 다른 모습으로 살겠다고 굳게 결심하고 피자가게에 취직해 열심히 일했다. 그 결과 소년은 피자 한 판을 11초에 반죽하는 탁월한 기술을 지니게 되었다.

소년은 다른 동료들보다 빠른 시간 안에 피자를 반죽할 수 있는 기술을 갖추었어도 결코 자만하지 않았다. 오히려 소년은 베라다 선생님의 말씀처럼 큰 인물이 되겠다는 의지로 가득 차 있었다.

소년은 자신의 꿈을 매일 조금씩 실현시켜나갔다. 그런 노력에 힘입어 어른이 되어 자신의 피자가게를 차릴 수 있었다. 그는 자신의 가게를 세계적인 피자가게로 성공시키겠다는 꿈을 품었다. 시간이 지나면서 이 가게는 급속도로 성장해 미국에서 두 번째 큰 피자 회사로 자리매김하게 되었다. 이 피자 회사가 바로 '도미노 피자'다

이 소년의 이름은 토머스 모나한으로, 그는 피자사업을 통해 벌어들인 돈으로 미국 프로야구 명문구단인 디트로이트를 경영하기도 했다. 또, 수많은 청소년들에게 장학금을 지급하며 공익사업에도 적극적으로 나서고 있다.

어느 날 어느 일간지 기자가 그에게 성공 비결을 물었다. 그러자 그는 자신이 사업에 성공할 수 있었던 것은 베라다 선생님의 가르침 덕분이었다고 말했다.

토머스 모나한은 꿈 없이 방황하는 사람들에게 이렇게 외친다.

"확고한 꿈을 가져라. 그러면 반드시 그렇게 될 수 있다."

성공자들은 하나같이 가슴 뛰는 꿈을 가져야 한다고 말한다. 왜? 가슴 뛰는 꿈을 가져야 하는 이유가 있기 때문이다. 가슴 뛰는 꿈이란 간절히 그렇게 되기를 바라는 꿈이다. 그래서 매일 매 순간 그 꿈에 대해 생각하게 된다. 꿈속에서조차 어떻게 하면 그 꿈을 실현할 수 있을지 고민하게 된다.

그래서 성공한 사람들은 모두 꿈쟁이들이다. 밥은 굶어도 생생하게 꿈을 떠올리는 일은 빠뜨리지 않았다. 꿈이 밥보다 더 중요하다고 생각했기 때문이다.

조선시대를 대표하는 화가 안견. 그는 세종, 문종, 단종, 세조, 예종의 시대를 모두 거치는 험난한 역사 속에서 예술활동을 하면서도 최고의 화가게 되겠다는 꿈을 한순간도 잊지 않았다. 그가 얼마나 꿈을 갈망했는지 심지어 꿈속에서조차 자신이 그리고 싶은 그림에 대해 생각할 정도였다.

그러자 어느 날 자신의 눈앞에 무릉도원의 풍경이 펼쳐졌다. 그는 급히 지필묵을 들어 자신이 본 신비스런 광경을 화선지에 그렸다. 이 그림이 바로 〈몽유도원도〉다. 이처럼 꿈을 향한 강렬한 열정은 꿈을 현실로 변화시켜주는 힘을 지니고 있다.

피겨여왕 김연아, 컴퓨터 황제 빌 게이츠나 자동차왕 헨리 포드, 혁신의 아이콘 스티브 잡스, 한국인 최초의 유엔총장 반기문 등 자신의 분야에서 성공을 이룬 사람들은 잘 알고 있다시피 꿈을 이루기 위해 노력했던 사람들이다. 그들이 자신의 분야에서 최고가 될 수 있었던 것은 확고한 꿈, 가슴 뛰는 꿈을 품었기 때문이다.

어쩌면 이 글을 읽는 당신은 다람쥐 쳇바퀴 도는 것 같은 하루하루가 지겹고 고단하게 느껴질 것이다. 그래서 만약 경제적인 여건이 허락한다면 다른 일에 도전해보고 싶은 열망을 가지고 있을지도 모른다. 그 이유는? 지금 하는 일에서 어떤 흥미나 즐거움, 성취욕을 느낄 수 없기 때문이다.

이런 당신에게 가장 필요한 것은 단 하나, '가슴 뛰는 꿈'이다. 가슴 뛰는 꿈을 가질 때 지겹고 고단한 하루하루가 신나고 즐거워진다. 힘든 일도 기꺼이 해낼 수 있는 에너지가 솟아나게 된다. 지금 하는 일을 꿈 실현을 위한 과정이라고 여기기 때문이다.

지금 간절히 이루고 싶거나 되고 싶은 꿈이 없다면 당장 꿈을 찾아보라. 5년 후, 10년 후의 미래를 좌우하는 것은 스펙이 아닌 꿈이라는 것을 기억하라.

꿈을 가진 사람은 지금 현실이 불행해도 자신의 본분에 최선을 다하게 된다. 자신에게 닥친 시련과 역경들을 꿈꾸는 미래를 위한 과제쯤으로 여기기 때문이다.

꽃이 아름다운 것은 향기가 있기 때문이다. 마찬가지로 우리의 인생이 아름답게 생각되고 기대되는 것은 이루고 싶은 꿈이 있기 때문이다.

05
꿈은 진화한다

모든 것은 꿈에서 시작된다. 꿈 없이 가능한 일은 없다.
먼저 꿈을 가져라. 오랫동안 꿈을 그리는 사람은 마침내 그 꿈을 닮아간다.
– 앙드레 말로(프랑스의 소설가)

세상은 갈수록 생존 경쟁이 치열해져 너 나 할 것 없이 '못 살겠다'며 아우성이다. 생존 경쟁이 치열한 만큼 청춘들은 '스펙 쌓기'에 여념이 없다. 물론 학점과 토익점수, 자격증을 비롯해 해외연수 등은 취업 준비생들이 갖추어야 할 필수조건으로 받아들여진다.

그래서 겨울방학에 들어가도 대학교 캠퍼스는 또 다른 학기가 시작된다는 말이 나돌 정도로 학생들이 스펙 쌓기에 나서면서 어학강좌와 취업캠프 열기로 달아오른다고 한다.

그러나 스펙 쌓기에 치중하고 있는 대부분의 대학생들이 정작 간과하는 중요한 것이 있다. 바로 '꿈'이다. 자신이 진정으로 무엇을 실현하고 싶은지, 어떤 인물이 되고 싶은지는 고민하지 않은 채 무작정 취업을 위한 스펙만 쌓고 있다. 이는 가고자 하는 목적지를 정하지 않은 채 무작정 내달리는 자동차와 다를 바 없다. 나중에는 막다른 곳에 도달한 뒤 자신이 가고자 했던 곳은 그곳이 아니었음을 깨닫고는 자괴감에 빠지게 된다.

학생, 직장인 할 것 없이 더 나은 인생, 성공하는 인생을 살고자 한다면 꿈부터 설정해야 한다. 미리 그 꿈이 실현될지, 안 될지 계산기를 두드려선 안 된다. 꿈을 성취하는 데는 여러 경로가 있기 때문이다. 때로 그 과정에서 시행착오를 겪기도 하면서 꿈을 좀 더 빨리 이루는 방법을 터득하게 된다.

꿈을 가져야 하는 중요한 이유가 있다. 꿈은 그 자리에 머물러 있는 것이 아니라 계속 진화하기 때문이다. 지금 당신이 어떤 꿈을 가졌다고 가정해보자. 그 꿈을 실현하고 나면 자신도 모르게 또 다른 꿈, 즉 업그레이드된 꿈을 설정하게 된다. 그리고 그 꿈을 이루기 위해 분투하게 된다. 이런 과정을 통해 당신이라는 인물의 그릇이 깊어지고 넓어지는 것이다.

지금의 나는 작가에다 강연가, 책 쓰기 코치로서 바쁘게 살고 있지만 불과 10여 년 전만 해도 아무런 존재감이 없는 사람이었다. 집이 가난했던 탓에 중학교 때부터 안 해본 일이 없을 만큼 다양한 경험을 해야 했다. 신문배달, 주유소 아르바이트, 막노동, 전단지 돌리기, 피자가게 아르바이트, 공장 생활 등 수십 가지의 직업을 거쳤다. 심지어 주유소에서 트럭에 휘발유를 주입하는 바람에 월급도 받지 못한 채 쫓겨나는 수모도 겪어야 했다.

대학을 졸업하고 수백 군데의 회사에 지원했다가 탈락한 뒤 심한 좌절감에 빠져 있었다. 그러던 어느 날 문득 마음속에 온통 부정적인 생각이 가득 차 있다는 것을 깨닫게 되었다. 그때부터 부정적인 사고를 긍정적인 사고로 전환시켜주는, 성공한 사람들의 저서들을 닥치는 대로 읽었다. 그들이 쓴 책은 긍정적인 사고를 가지는 데 많은 도움이 되었다.

당시 나는 '작가'라는 꿈을 정했다. 그리고 그 꿈을 이루기 위해 일부러 직업도 기자를 택했는가 하면, 3년 동안 직장 출근 전 두 시간, 퇴근후 두 시간 동안 책을 썼다. 그 후에도 수백 군데의 출판사로부터 원고를 퇴짜 맞아야 했다. 하지만 나는 포기하지 않았다. 계속 나의 원고를 인정해주는 출판사를 찾기 위해 노력했다. 그런 노력 끝에 원고가 책으로 출간되는 기쁨을 맛볼 수 있었다.

나는 '작가'의 꿈을 이룬 뒤 '베스트셀러 작가'라는 꿈을 꾸기 시작했다. 그리고 다시 치열하게 노력했다. 그 후에도 또 다른 꿈들이 새록새록 생겨났다. 나는 실현하고자 하는 것들을 적은 종이를 지갑과 가방에 넣어 다니며 수시로 들여다보면서 꿈을 실현한 모습을 상상했다. 이때 내가 습관적으로 했던 것이 있는데 바로 시각화, 즉 자기암시다. 아직 원하는 것들을 이루지 못했지만 마치 이룬 것처럼 생각하고 말하고 행동하면서 성공자의 사고를 갖출 수 있었다. 그리고 내가 바라는 것들을 실현하기 위해 최선을 다해 노력했다. 그 후 믿을 수 없는 기회들이 나를 찾아왔고, 조금씩 나의 잠재력과 가능성의 날개를 펼칠 수 있었다.

책을 쓴 지 10년이 지나자 나는 중국, 대만, 태국 등에 책을 수출하는 베스트셀러 작가가 되었다. 또, 초등학교 도덕 교과서에 나의 글이 등재되는 행운도 누릴 수 있었다. 2011년 경기도교육청에서 추천하는 '청소년에게 영향력 있는 작가'에 선정되었는가 하면, 같은 해 12월에 35세에 저서 100권을 집필한 공적을 인정받아 '제1회 대한민국기록문화대상' 개인부문 대상 수상 및 한국기록원으로부터 인증서를 받아 기네스북에 등재되는 감격을 맛보기도 했다. 지금은 문화·예술·경영 등 각계에서 성공한 사람들의 성공 요인을 분석해 책 집필과 강연을 통해 전하고 있다.

지금껏 내가 걸어온 길을 보면 모두 꿈과 관련이 있다.

작가 → 강연가 → TV·라디오 출연 → 해외에 저작권 수출 → 내가 쓴 글이 교과서에 등재 → 대기업 등의 사보에 칼럼 쓰기 → 책 쓰기 코치 → 35세에 100권의 책 출간 → 제1회 대한민국기록문화대상 수상 → 최단기간 최다집필 부문 한국기록원 기네스북 등재

여기서 내가 하고 싶은 말은 꿈은 진화한다는 것이다. 처음 내가 작

가의 꿈을 가졌기에 그 후에도 꿈 너머 꿈들을 이룰 수 있었다고 생각한다. 만약에 작가의 꿈을 가지지 않았다면 지금쯤 나는 어떤 인생을 살고 있을지 생각만 해도 아찔하다.

방송인 조혜련. 대한민국 사람 중에 모르는 사람이 없을 정도로 그녀는 유명하다. 그녀는 1992년 KBS 대학개그제를 통해 처음으로 국내 무대에 얼굴을 알렸다. 개그맨이 된 그녀는 어느 날 일본 진출을 선언하게 된다. 계기는 우연히 일본으로 가족여행을 갔다가 현지의 뜨거운 한류 열풍에 반해 '나도 한번 해볼까'라는 막연한 생각을 가진 데서 비롯되었다.

그러나 일본 진출은 생각처럼 쉽지 않았다. 일본 호리프로덕션 관계자를 만난 자리에서 "예능프로그램에 출연하려거든 말부터 배워라. 주어진 시간은 6개월이다."라는 말에 오기가 발동해 죽기 살기로 일본어 회화 연습에 매달려 6개월 만에 회화가 가능한 수준까지 일본어 실력을 끌어올렸다. 하루도 빠짐없이 일본어 수업을 세 시간 정도 받았으며, 수면시간을 네 시간으로 줄이면서 공부하고 또 공부했다. 그런 노력 끝에 그녀는 일본의 NHK 정규 프로그램 진행자로 활동하는 등 일본 진출 2년 만에 한류개그 선봉에 우뚝 설 수 있었다.

그리고 조혜련은 자신의 학습 노하우를 책으로 출간해 작가가 되었다. 《조혜련의 박살 일본어》라는 책이다. 그녀는 일본과 한국을 오가는

1년 6개월 동안의 바쁜 와중에 비행기 안에서 또는 일터에서 조금씩 책을 완성해갔다.

　그녀는 미국 진출을 꿈꾸기도 했다. 당시 그녀는 자신의 꿈에 대해 이렇게 공언했다.

　"내가 오프라 윈프리 쇼나 시트콤에 출연하는 상상을 하고 있다. 비를 보고 자극을 받았다. 얼마 전 비가 출연한 방송을 우연히 봤다. 비는 복부지방이 거의 없다고 하더라. 얼마나 피나는 노력을 했을까. 보아 역시 마찬가지다. 3~4년 후에는 미국에 진출하고 싶다."

　'바람의 딸' 한비야도 마찬가지다. 그녀는 어린 시절 아버지와 약속한 '세계일주'의 꿈을 이루기 위해 배낭여행을 떠났다. 그리고 그 여행담을 담아 책으로 펴냈고, 그 책이 베스트셀러가 되면서 유명 작가가 되었다. 그녀는 자신의 저서에다 국제구호단체에서 활동하고 싶다는 바람을 적었다. 얼마 후 그 저서를 읽은, 국제구호기구 월드비전의 한 관계자로부터 국제구호 팀장으로 활동해보지 않겠느냐는 제안을 받게 되었다. 그리하여 그녀의 꿈이 실현될 수 있었다. 그러곤 2011~2014년 임기에는 유엔 중앙긴급대응기금CERF 자문위원으로 활동하며 분주한 하루하루를 보내 왔다.

　앞에서 여러 성공한 사람들을 살펴보았다시피 꿈은 그 자체로 끝나지 않는다는 것을 알 수 있다. 하나의 꿈은 다른 꿈들과 이어져 있기 때문이다. 따라서 지금 자신이 어떤 꿈을 설정하느냐에 따라 훗날 미래까지 달라지게 된다.

지금 꿈이 없다면 반드시 꿈을 찾아야 한다. 일만 해선 절대 현재보다 더 나은 인생, 성공하는 인생을 살 수 없다. 꿈은 성공의 씨앗이다. 피를 끓게 하고 심장을 뛰게 하는 꿈을 가져야 한다. 그 꿈과 이어져 있는 또 다른 꿈들이 당신을 눈부신 미래로 인도해줄 테니까.

세 번째 자기혁명

책이
인생을
바꾼다

인생을 바꾸는 **자기혁명**

01

한 권의 책이 인생을 바꾼다

이 세상의 어떤 서적도 너에게 행복을 가져다주지는 않는다.
그러나 서적은 은밀히 너 자신 가운데의 너를 되돌아오게 한다.
– 헤르만 헤세(독일의 소설가)

세상에는 책을 통해 자신의 내면에 잠들어 있는 잠재력을 깨닫고, 성공을 향해 달려간 사람들이 많다. 나 역시 20대 중반까지만 해도 아무런 존재감이 없는 사람이었다. 가난한 부모님과 지방대학 졸업장, 내세울 것 하나 없는 스펙에 패배의식으로 가득 차 있었다.

그러던 중 어느 날 우연찮게 세계적인 성공 컨설턴트 나폴레온 힐의 책을 읽게 되었다. 그 책은 나에게 오아시스와 같았다. 나처럼 내세울 것 하나 없는 사람도 확고한 꿈을 품고 그것을 실현하기 위해 생생하게 꿈꾸면서 분투하면 반드시 성공할 수 있다는 확신과 믿음을 심어주었다. 그때부터 나는 가슴에 확고한 꿈을 품고 실현하기 위해 노력했다.

그러자 내 인생은 서서히 변화되기 시작했다.

나는 한 권의 책이 인생을 바꾼다는 진리를 믿는다. 성공자들 가운데 대다수가 책을 통해 꿈을 설정하고 꿈을 이루기 위해 지독한 노력을 쏟았다. 그 결과 어떤 시련과 역경이 닥쳐도 끝까지 버텨낼 수 있었다. 때로 포기하고 싶은 순간들도 있었지만 그때마다 책은 일어설 수 있는 힘이 되어주었다.

도시인을 위한 찻집 형태의 대중문화 공간 '민들레영토'가 있다. 20여 년 전 신촌의 기찻길 옆 10평의 카페에서 시작된 민들레영토는 현재 전국에 20여 개의 지점을 둘 정도로 성장했다. 이곳은 600명의 직원이 하루 1만 명이 넘는 손님을 맞는 곳으로 대학생들이 가장 일하고 싶어 하는 카페로 알려져 있다.

민들레영토의 창업자 지승룡 대표는 한때 목사였다. 그런데 가정적인 문제로 인해 교회에서 쫓겨나 3년 가까이 백수생활을 하게 되었다. 그는 그 시간에 도서관을 다니며 닥치는 대로 책을 읽기 시작했다. 그렇게 그는 몇 년간 2천 권에 가까운 책을 보게 되었는데, 그때 읽었던 책이 지금의 민들레영토를 만들게 된 계기가 되었다. 만일 지승룡 대표가 백수시절에 책을 읽지 않았다면 지금쯤 그는 어떤 인생을 살고 있을까?

이번에는 책을 통해 운명을 바꾼 한 흑인 소년의 이야기다.

초등학교도 제대로 졸업하지 못하고 빈민가에서 홀어머니와 함께 사는 한 흑인 소년이 있었다. 학교에서는 꼴찌를 도맡아 하는 열등생이었지만, 어머니는 그에게 늘 용기를 주며 격려했다. 그럼에도 소년에게 좀처럼 변화가 없자, 어머니는 작은 묘책을 생각해냈다.

어머니는 아들을 불러 말했다.

"무슨 책이든 일주일에 2권씩 읽고, 독후감을 써서 엄마에게 주렴. 그 책이 훗날 너의 발전에 밑거름이 될 거야."

처음에 소년은 어머니가 내준 과제가 귀찮게 여겨졌다. 그래도 어머니의 말씀이었기에 꾹 참고 할 수밖에 없었다. 그날부터 소년은 도서관에 가서 자신이 관심을 가지고 있는 주제의 책들을 읽기 시작했다. 평소 비버를 좋아하던 소년은 처음엔 동물 관련 책들을 읽었다. 그리고 식물, 암석 등으로 그 주제를 넓혀갔다. 특히 등하굣길에 널려 있는 풀과 꽃, 그리고 돌멩이들을 책에서 읽은 내용들과 비교하고 관찰하는 것을 취미로 삼았다.

그러던 어느 날, 담임선생님이 검은 돌조각 하나를 내놓으면서 말했다.

"이 돌의 이름을 아는 사람 있니?"

반 학생 모두 우물쭈물하며 대답하지 못할 때 소년이 주저하며 손을 들었다. 주위의 학생들은 키득키득 웃기 시작했다. 물론 선생님도 의아한 표정을 지었다.

"선생님, 그 돌은 흑요석이에요. 용암이 물에 닿자마자 급격하게 온도가 낮아지면서 만들어지는 암석입니다."

그렇게 말문을 연 뒤 소년은 돌에 관한 지식을 술술 풀어놓기 시작했다. 선생님은 감탄해 마지않으며 소년을 칭찬했다. 이 일로 소년은 자신감을 얻어 더욱 많은 책을 읽으며 지식을 넓혀갔다. 이 소년이 바로 세계 최초로 샴쌍둥이 분리 수술을 성공시킨 전설의 외과의사 벤 카슨이다.

독서를 통해 이룬 성공을 다시 사회에 환원한 인물이 있다. 그는 바로 '백화점의 왕'이라 불리는 존 워너메이커다. 그는 140여 년 전에 오늘날의 백화점을 구상했을 뿐 아니라 백화점에 최초로 엘리베이터를 설치했다. 뿐만 아니라 다양한 서비스와 직원복지 공간을 제안하는 등 백화점 역사에 큰 획을 그은 인물로 알려져 있다. 지금 종로에 있는 YMCA 건물은 100여년 전 워너메이커의 기부금으로 세워졌다.

그는 독서를 통해 자신의 나아갈 방향을 정하고 기업의 경영원칙을 정했다. 또, 질책이나 강압으로 직원들의 행동이나 습관을 바꾸려 하지 않았다. 그 대신 칭찬과 격려를 통해 직원들이 스스로 행동과 습관을 변화시켜나가도록 이끌었다. 그러자 직원들은 밤새워 일을 해도 지치지 않았고, 오히려 마음에 즐거움을 느꼈다.

그는 정규교육을 제대로 받지 않았던 탓에 종종 지식의 한계를 느끼곤 했다. 그때마다 다양한 독서를 통해 지식을 쌓았다.

젊은 시절 그는 어렵게 살면서도 늘 수입의 일부를 떼어 책을 사는 데 투자했다. 또, 자신 역시 가난한 처지였지만 도움이 필요한 사람에게는 과감히 베풀 줄 아는 사람이었다. 힘든 환경이었지만 불평하는 일이 없었고 매사에 긍정적이고 낙관적이었다. 가끔 시련이 닥쳐 곤경에 빠져도 책을 읽으며 감정을 다스렸다. 그리고 책 속에서 기회를 찾기도 했다.

그는 순간적으로 떠오르는 아이디어들을 놓치지 않기 위해 메모하는 습관을 들였다. 그렇게 그는 메모하는 습관을 통해 시간을 효율적으로 활용할 수 있었다. 그 결과 그는 성공한 기업인이 되었는가 하면, 백악관의 부름을 받아 체신부 장관을 지내기까지 했다. 워너메이커는 독서를 통해 성공한 삶을 산 사람들 중 한 사람으로 꼽힌다.

성공하는 사람이 되기 위해선 책을 가까이해야 한다. 그런데 안타깝게도 주변을 둘러보면 책을 가까이하는 사람을 보기가 힘들다. 가끔 지하철을 이용하다 보면 책을 보는 사람은 한두 명에 불과하고 대부분 스마트폰을 만지작거리거나 무가지 신문을 보고 있다. 나는 황금 같은 자투리 시간을 그렇게 허투루 보내는 사람들이 이해가 가지 않는다. 더욱더 안타까운 것은 그들은 그런 식으로 자신의 미래를 창조할 수 있는 소중한 시간을 낭비하고 있다는 것을 알지 못한다는 것이다.

책과 거리가 먼 사람들 가운데 지식이 없거나 지혜가 부족한 '무뇌'형 인간이 많다. 무뇌형 인간이라고까지 하지 않더라도 독서를 하지 않는 사람은 지식과 사고의 수준이 낮을 수밖에 없다. 지식이 모자라는 만큼 사고의 폭이 얕고 좁을 수밖에 없다. 이는 마치 우물 안이 전 세계라고 착각하는 어리석은 개구리와 다를 바 없다는 말이다. 항상 성장하고 발전하는 사람, 성공하는 사람이 되기 위해선 끊임없이 새로운 지식과 정보를 수혈해야 한다. 그런 과정 속에서 나의 사고력이 커지게 되고, 이는 나라는 그릇을 성장으로 이끌게 된다. 그리고 책을 통해 그동안 깨닫지 못했던 기회를 발견하기도 한다.

책을 읽으면 좋은 점은 손에 꼽을 수 없을 만큼 다양하다. 그중에 몇 가지를 꼽는다면 성공한 사람들에게서 배우는 교훈과 용기, 희망이 아닐까 생각한다. 무엇보다도 그들을 통해 받는 강한 동기부여를 빼놓을 수 없다. 많은 사람들이 이들의 성공 스토리를 통해 시련과 역경을 이겨내고 꿈을 향해 달려갈 수 있는 용기와 희망을 얻는다.

성공한 사람들은 모두 책을 가까이했던 사람들이다. 그들의 성공 키워드에는 언제나 독서가 있다. 오죽했으면 빌 게이츠가 이런 말을 했을까?

"지금의 나를 만든 것은 동네의 공립도서관이었다. 훌륭한 독서가가 되지 않고는 참다운 지식을 갖출 수 없다. 멀티미디어 시스템이 정보 전달과정에서 영상과 음향을 많이 사용하지만 문자 텍스트는 여전히 세부적인 내용을 전달하는 최선의 방법이다. 나는 평일에는 최소한 매일 밤 한 시간, 주말에는 3~4시간의 독서시간을 가지려고 노력한다. 이런 독서가 나의 안목을 넓혀준다."

그는 어린 시절부터 책벌레였고, 최고의 부자가 된 지금도 독서를 통해 성공을 이어가고 있다.

책은 어떤 음식보다도 맛있고 영양도 풍부하다. 음식이 육체에 피와 살을 제공한다면 책은 마음과 영혼을 더욱 향기롭고 풍요롭게 해준다. 뿐만 아니라 한 권의 좋은 책을 읽는다는 것은 한 분의 좋은 스승과 대화를 나누는 것과 같다.

나는 예전에는 일주일에 한 번꼴로 오프라인 서점에 들러 일주일가량 읽을 책을 무더기로 구입하곤 했다. 그러나 지금은 바쁜 일정 때문에 오프라인 서점 대신 인터넷 서점에서 30~40권의 책을 주문한다. 그렇게 수십 권의 책을 책상 위에 쌓아 놓고 읽는다. 나를 가장 즐겁고 행복하게 하는 일은 서점에서 책을 구입하는 것과 책을 읽는 것이다.

나는 책을 보물이라고 생각한다. 책 속에는 저자의 지식과 사상과 경험이 고스란히 담겨 있기 때문이다. 책을 통해 편하게 저자의 지식과 사상, 경험을 얻을 수 있다. 이것이 바로 독서가 우리에게 주는 값진 선물이다.

과거 아무것도 아니었던 내가 지금처럼 많은 책을 출간하고, 강연하고, 칼럼 기고 등 그나마 사람답게 살 수 있게 된 것도 모두 책 덕분이라고 할 수 있다. 그래서 나는 오늘도 사람들에게 성공하고 싶다면 책과 가까워지라고 말한다.

02

성공 스토리를 통해
슬럼프를 극복하라

당신에게 가장 필요한 책은 당신으로 하여금 가장 많이 생각하게 하는 책이다.
– 마크 트웨인(미국의 소설가)

꿈과 목표를 실현하기 위해 노력하는 과정에서 어김없이 맞닥뜨리는 것이 있다. 바로 슬럼프다. 슬럼프란, '운동이나 경기에서 자기 실력을 제대로 발휘하지 못하고 저조한 상태가 계속 이어지는 것'을 말한다. 따라서 슬럼프를 잘 극복해야 자신이 바라는 것을 이룰 수 있다.

자신의 분야에서 정상에 선 사람들은 모두가 슬럼프를 잘 극복한 사람들이다. 지금은 성공자라는 이름으로 불리지만 그들 역시 그동안 예상치 못한 슬럼프로 힘들었던 적이 많았다. 하지만 그들은 슬럼프로 인해 좌절하기보다 자신만의 방법으로 슬럼프를 잘 극복했다.

지금 이 책을 펴 든 사람들 가운데 슬럼프로 인해 힘들어하는 사람도 있을 것이다. 슬럼프로 인해 꿈에 대한 확신이 흔들리거나 자신의 목표를 실현하지 못해 좌절감을 느끼는 사람도 있을 것이다. 슬럼프는 나이를 떠나 사람이라면 누구나 겪는 성장통과 같다. 만약 슬럼프를 겪지 않는 사람이 있다면 그는 이미 심장이 멈춘 사람일 것이다.

예술고등학교에 다니는 한 고등학생이 다음과 같은 메일을 보내왔다.

"요즘 이상하게도 악기를 부는 게 귀찮게 여겨지고 그냥 하기 싫습니다. 얼마 전까지만 해도 '친구들보다 더 나은 실력을 갖춰야지'하는 생각으로 남들보다 연습을 더 열심히 했습니다. 그런데 며칠 전 선생님 앞에서 한 명씩 연습한 곡을 선보이는 자리가 있었는데요. 거기에서 실수하는 바람에 창피만 당했습니다. 그 일 이후로 의욕이 사라졌고 모든 것이 귀찮기만 합니다.

오늘 악기 레슨을 받았는데요. 레슨 선생님도 제가 다른 친구들보다 늦게 시작한 만큼 빨리 따라가야 된다며 더 열심히 하라고 하시지만 저는 어떤 의욕도 생기지 않습니다. 이제 곧 고2가 되는데 아직도 기초를 배우는 저 자신이 한심하게 생각되어 괴롭습니다. 지금 저의 이런 심정을 부모님과 레슨 선생님에게 말씀 드리는 것이 좋을까요? 아니면 혼자서 참고 이겨내야 하는 걸까요?"

나는 그 학생에게 같은 분야에서 성공한 사람들의 성공 스토리가 담긴 책을 읽어라, 라고 조언했다. 사실 대부분의 사람들이 꿈과 목표를 향해 나아가는 과정에서 좌절하는 것은 남들은 쉽게 꿈과 목표를 실현 하는 것 같은데, 바보처럼 자신만 힘들어한다고 여기기 때문이다. 따라 서 다른 사람들의 성공 스토리를 접하게 되면 자신의 생각이 틀렸다는 것을 깨닫게 된다. '아, 이 사람도 나처럼 똑같이 고생하며 성공했구나', '지금 내가 힘들어하는 건 이분에 비하면 아무것도 아니구나' 이런 생각 에 더욱더 의지를 불태우게 된다.

나 역시 내가 일하는 분야에서 최고가 되고 싶은 꿈이 있다. 그리고 그 꿈을 실현하기 위해 세운 세부적인 목표들과 계획들도 있다. 그러나 꿈을 이루기 위해 매일같이 고군분투하지만 때로 기대했던 것보다 성과 가 저조할 때가 있다. 이런 일이 이어지게 되면 나 또한 슬럼프에 빠지 게 된다. 과거에는 책을 쓰고 강연하는 일이 정말 내 적성에 맞을까, 라 는 어리석은 생각을 한 적도 있다. 물론 지금은 이런 위험한 생각은 하 지 않는다. 슬럼프가 찾아오면 나는 나보다 더 힘들게 고생한 사람들의 성공 스토리가 담겨 있는 책을 읽으며 용기를 얻는다.

고급 바구니를 만드는 회사 롱거버거사의 창업자 데이브 롱거버거의 저서 《롱거버거 스토리》가 있다. 내가 좌절할 때 많은 힘이 되었던 책이 다. 창업자 데이브 롱거버거는 어린 시절 간질과 난독증을 앓는 데다, 말까지 더듬었다. 때문에 그는 고등학교를 졸업하는 데 7년이나 걸렸을 정도로 열등생이었다. 그래서 마을에서 가장 성공할 가능성이 낮은 아이라는 별명이 따라다녔다.

그러나 롱거버거는 좌절하지 않고 고등학교 졸업 후 생필품 영업사원으로 간신히 사회에 첫발을 내딛었다. 그의 유년기와 청년기는 시련의 연속이었다. 하지만 그는 단 한 번도 자신의 처지를 비관하지 않고 성실과 신뢰를 밑거름 삼아 기회를 놓치지 않고 최선을 다했다.

그러다 어느 날 문득 자신이 잘하는 것이 무엇인지를 생각해보았다. 그러고는 바구니를 만드는 일만큼은 누구보다도 잘할 수 있다는 생각이 들었다. 그리하여 많은 사람들의 반대와 조롱에도 롱거버거사를 창업했다. 그 후 그에게 숱한 시련과 역경이 따랐지만 강한 열정과 인내로 극복할 수 있었다. 차츰 시간이 지나면서 사람들은 그가 만들어내는 아름다운 수공예 바구니에 열광했다. 바구니를 사기 위해 일부러 다른 지역에서 차를 몰고 올 정도였다. 그렇게 롱거버거는 회사를 세계 최고의 바구니 회사로 발돋움시킬 수 있었다.

롱거버거사는 2000년을 기준으로 바구니 기술자 3천 명을 포함해 8천700명의 직원과 7만 명의 세일즈맨, 그리고 수백만 명의 고정 수집가와 고객을 둔, 연 매출 10억 달러 이상의, 미국에서 가장 큰 바구니 생산회사로 성장했다. 이 회사가 판매한 바구니는 천만 개가 넘고 바구니 외에 도자기나 패브릭 관련 제품들도 거의 3천만 개 이상이나 팔려나갔다. 지금도 매일 4만 개의 바구니를 제작하고 있다고 한다.

생각만 해도 정말 엄청나지 않은가.

위지안의 저서 《오늘 내가 살아가는 이유》를 감명 깊게 읽었다. 이 책은 우리가 어떤 자세로 인생을 살아가야 하는지를 절실히 깨닫게 해준다. 그래서 나는 이 책을 내가 운영하는 연구소 홈페이지와 네이버 카페 〈한국 책쓰기·성공학 코칭협회^{이하 한책협}〉에서도 소개했다.

사실 나는 이 책을 읽으면서 여러 번 눈물, 콧물을 닦아야 했다. 인생의 정점에 선 순간 말기암 선고를 받은 위지안의 사연이 너무나 안타깝고 가슴이 아팠기 때문이다. 그러나 그녀는 얼마 되지 않는 남은 시간에 최선을 다했고, 나는 그런 그녀의 모습을 보면서 나 역시 어떤 상황에서도 최선을 다해 인생을 살아야겠다는 다짐을 하게 되었다.

아직도 책에서 찾은 그녀의 명언이 귓가에 생생하게 남아 있다.

"절대 포기하지 말 것. 우리에겐 오늘을 살아야만 하는 분명한 이유가 있으니까."

이외에도 나에게 힘이 되어준 책은 헤아릴 수 없을 정도로 많다. 나처럼 여러분도 힘이 들거나 좌절할 때 책을 통해 위안을 받고 용기를 찾기를 바란다. 세상에 나보다 더 힘든 상황에서도 꿋꿋하게 최선을 다해 사는 그들의 모습이 동기부여가 될 테니까.

슬럼프는 성공을 가로막는 가장 무서운 복병이다. 그래서 슬럼프를 잘 극복해야 한다. 나는 사람들에게 '슬럼프를 극복하는 방법'으로 다음 여섯 가지를 조언한다.

첫째, 꿈과 목표의 확인

나의 꿈과 목표를 재확인할 필요가 있다. 슬럼프가 오는 가장 큰 이유는 꿈과 목표의 부재 때문이다. 즉 꿈과 목표, 자신이 살아가는 이유를 잊는 순간에 좌절하게 되고 슬럼프가 찾아온다.

둘째, 계획의 수정

때로 기대했던 것에 못 미치는 결과가 자주 이어진다면 계획을 수정할 필요가 있다. 목표를 성취하는 방법은 다양하기 때문이다. 자신에게 맞는 방법을 찾는 것이 중요하다.

셋째, 긍정적인 사고

머릿속에 부정적인 사고가 팽배하면 어떤 일이든 자신 있게 할 수 없다. 좋은 결과를 얻기 위해선 먼저 긍정적인 사고를 가져야 한다. 에너지는 긍정적인 사고에서 비롯되기 때문이다.

넷째, 자신감을 가지기

자신감은 불안이나 두려움보다 힘이 세다. 그래서 자신감으로 가득 찬 사람은 어떤 일이건 척척 잘해내게 된다. 지금부터라도 매사에 자신감을 가지고 임하는 연습을 해보라. 자신감은 운동할수록 늘어나는 우리 몸의 근육과 같다. 자신감을 가질수록 더욱 강한 자신감이 솟게 된다.

다섯째, 부담감을 줄이기

놀이를 하면서 스트레스를 받는 사람은 없다. 왜냐하면 놀이에는 어떤 부담감도 없기 때문이다. 마찬가지로 지금 하는 일을 마지못해 하는 일이 아닌, 꿈과 성공을 위한 과정이라고 여겨보라. 그리고 사람들과 경쟁하기보다 오로지 내 꿈을 위해 쏟는 도전과 노력이라고 여기면 한결 부담감을 줄일 수 있다.

여섯째, 자신에게 휴식을 선물하라.

슬럼프는 그동안 치열하게 공부한 탓에 심신이 지쳐 있을 때 찾아오기도 한다. 이때 잠시 책을 내려놓고 가장 편안한 자세로 휴식을 취하길 바란다.

사람은 누구나 '슬럼프'라는 늪에 빠지게 된다. 따라서 자신에게 슬럼프가 찾아왔다고 해서 너무 예민하게, 심각하게 받아들일 필요는 없다. 슬럼프는 더 나은 내가 되기 위해 앓는 성장통과 같다. 따라서 슬럼프를 즐기면서 극복할 수 있는 나만의 방법을 찾아보면 어떨까?

Tip • 슬럼프 극복에 도움이 되는 책들

나폴레온 힐 《성공학 노트》

월터 아이작슨 《스티브 잡스》

오히라 미쓰요 《그러니까 당신도 살아》

빅터 프랭클 《죽음의 수용소에서》

김태광 《청춘아, 너만의 꿈의 지도를 그려라》

위지안 《오늘 내가 살아가는 이유》

이지성 《꿈꾸는 다락방》

강헌구 《가슴 뛰는 삶》

브라이언 트레이시 《백만 불짜리 습관》

백지연 《크리티컬 매스》

김난도 《아프니까 청춘이다》

박경철 《자기혁명》

양창순 《나는 까칠하게 살기로 했다》

말콤 글래드웰 《이웃라이어》

김상운 《왓칭》

에카르트 폰 히르슈하우젠 《행복은 혼자 오지 않는다》

낸스 길마틴 《당신, 잠시 멈춰도 괜찮아》

03

독서,
인생을 바꾸기 위한 필수조건이다

사람은 책을 만들고 책은 사람을 만든다. – 신용호(교보문고 설립자)

"내 인생은 왜 이리 안 풀리는 걸까?"

"좀 더 나은 인생을 살기 위해선 어떻게 해야 할까?"

"시행착오를 줄일 수 있는 비결은 무엇일까?"

이들을 위한 처방전이 있다. 바로 독서다. 그동안 수많은 사람들이 독서를 통해 인생을 변화시켰다. 고^故 이병철 삼성그룹 회장, 박성수 이랜드 회장, 안철수 국회의원과 같은 독서광들은 성공 비결로 독서를 꼽는다. 그들은 아무리 일정이 바쁘더라도 자투리 시간을 활용해 책을 읽는다. 그리하여 다양한 기회를 찾을 수 있었을 뿐 아니라 문제해결력을 키울 수 있었던 것이다.

이들 외에도 서경배 아모레퍼시픽그룹 회장, 손정의 소프트뱅크 회장, 배상면 국순당 회장 역시 독서의 중요성에 대해 누구보다 잘 알고 있다. 그래서 입버릇처럼 직원들에게 책을 읽어라, 라고 충고한다.

세계 최고의 브랜드 파워를 지닌 '흥행의 귀재' 스티븐 스필버그 영화감독. 그는 드림웍스 본사의 직원용 도서관을 웬만한 대학도서관 수준으로 운영할 만큼 지독한 독서광으로 알려져 있다. 독서의 중요성을 늘 직원들에게 강조하는 그는 스스로도 "나의 창조성과 상상력은 책이 없었다면 불가능했을 것."이라고 말할 정도다.

나 역시 지금껏 1만여 권의 책을 읽었다. 내가 1년에 많은 책을 쓸 수 있는 것 역시 다양한 분야의 책을 읽은 덕분이다. 책을 읽는 동안 다양한 아이디어들이 떠오르는데, 이때 쓰고 싶은 책의 콘셉트를 떠올리기도 한다. 그동안 내가 쓴 책 가운데 베스트셀러와 해외에 수출된 책들 모두 독서에서 비롯된 결과물이다.

그러나 무조건 책을 많이 읽는다고 해서 인생을 바꿀 수 있는 것은 아니다. 독서가 취미독서가 아닌 생존독서가 되어야 하는 이유다. 그저 책 읽기에 그친다면 진정한 독서라고 할 수 없다. 독서의 힘은 '책을 읽고 생각하고 실천하는 과정'에서 비롯되기 때문이다.

다음은 한 지인의 말이다.

"첫해에는 닥치는 대로 100권, 그다음 해에는 필요한 분야의 전공서적을 50권, 그다음 해에는 고전 50권과 전공서적 50권을 읽었더니 머리가 펑 뚫리는 느낌이었습니다. 그다음부터는 여러 분야의 사람들과 대화를 나누는 데 별 어려움을 느끼지 않게 되었습니다."

한 분야의 책을 100권 읽게 되면 전문가 이상의 지식을 갖추게 된다. 그 분야의 누군가와 대화를 나누어도 막히지 않고 술술 이어가게 된다. 여기에다 고전 등 다양한 분야의 책을 읽게 되면 그 어떤 분야의 사람들과도 대화가 통하게 된다. 이것이 바로 책의 힘이다.

그런데 안타깝게도 사람들 가운데 책과 담쌓은 사람들이 너무 많다. 2007년 우리나라 국민의 독서실태 조사에서 성인 4명 중 한 명은 1년에 단 한 권의 책도 읽지 않는 것으로 나타났다. 책을 가까이하지 않는 사람들은 책이 성공과 밀접한 관계가 있다는 것을 간과하기에 책을 가까이하지 않는 것이다.

몇 해 전 영국의 국립 독서재단에서 독서와 행복 간의 관계에 대해 흥미로운 조사 결과를 발표했다. 행복지수의 크기는 독서를 즐기는 남성 집단이 78%인 데 비해 독서를 즐기지 않는 남성 집단은 50%로 나타났다. 집 소유를 묻는 질문에는 독서를 즐기는 남성 집단 가운데 78%가 집을 소유하고 있다고 답했고, 독서를 즐기지 않는 남성 집단은 42%로 조사되었다. 이 조사를 통해 다음 두 가지 사실을 알 수 있었다.

첫째, 독서습관이 몸에 배어 있는 사람들은 그렇지 못한 사람들보다 흡연과 음주 빈도가 낮고 이성관계도 원만했으며 행복하다.

둘째, 독서습관을 가진 사람들은 성별을 떠나 대부분 안정적인 가정생활을 유지한다.

지인들 가운데 지위가 높거나 연봉이 높은 사람들은 하나같이 책벌레들이다. 그들은 언제 어디서건 자투리 시간만 있으면 책을 펼친다. 책을 통해 늘 새로운 지식과 정보를 흡수한다. 그 결과 업무 능력이 향상되어 높은 성과로 이어지게 된다.

반면에 지위가 낮거나 연봉이 낮은 사람들은 도통 책을 읽을 시간이 없다고 불평한다. 그러면서 책을 읽을 시간이 있으면 잠이나 잤으면 좋겠다고 말한다. 물론 그들은 시간이 있어도 책을 읽지 않는다. 그 시간에 방에서 밀린 잠을 자거나 친구들이나 동료들과 술집에서 술잔을 기울인다. 그러니 항상 제자리걸음일 수밖에 없다.

나는 아무리 노력해도 자신의 꿈과 목표를 실현하지 못해 괴로워하는 사람들에게 독서계획을 세워보라고 조언한다. 최근에 매사에 자신감이 없고 소극적인 한 중학생이 엄마 손에 이끌려 나를 찾아왔다. 상담을 마친 뒤 그 학생에게 자신감과 긍정적인 사고를 심어주는 책들의 목록을 알려주며 꼭 읽어라, 라고 조언했다. 그 후 그 학생에게 믿기 힘든 일이 일어났다. 자신감이 없고 소극적인 모습에서 활달하고 자신감이 넘치는 모습으로 변화했던 것이다.

다산 정약용은 조선 후기 사회 실학을 대표하는 학자다. 그는 평생 500권 이상의 책을 썼는데, 대부분이 사회를 올바르게 개혁하기를 바라는 내용을 담은 책이다. 1800년 정조가 세상을 떠나자 그는 전라도 강진으로 귀양을 가게 되었다. 정약용의 나이 마흔 살에 시작된 귀양살이는 그 후 18년 동안이나 계속되었다. 20년 가까운 시간을 가족과 떨어져 살면서 두 아들에게 아버지로서 가르치고 싶은 것을 편지로 써서 보냈는데, 그 가운데는 독서에 관한 내용이 많았다.

첫째, 독서를 할 때는 먼저 마음속에 확고한 생각이 있어야 한다.

둘째, 책을 읽을 때 중요한 내용은 가려 뽑아 따로 정리해두는 습관을 길러야 한다.

셋째, 독서할 때는 뜻을 분명하게 파악해야 한다.

넷째, 독서야말로 사람이 하는 일 가운데 가장 깨끗한 일이다.

다섯째, 너희들이 책을 읽는 것이야말로 이 아버지의 목숨을 살리는 일이다.

독서의 중요성은 아무리 강조해도 지나치지 않다. 독서로 인생을 변화시킨 사람들만 보아도 왜 독서를 해야 하는지 잘 알 수 있다. 사실 성공과 실패는 책을 읽느냐 읽지 않느냐에 달려 있다고 해도 과언이 아니다. 그래서 "훌륭한 책 한 권이 사람을 만든다."라는 말이 생겨난 것이다.

독서는 인생을 바꾸기 위한 필수조건이다. 나는 어느 분야에서 일하건 한 달에 10권 이상의 책을 읽어야 한다고 생각한다. 그리할 때 지금 하는 일에서 성과를 발휘할 수 있을 뿐 아니라 성공하는 길이 보인다. 물론 처음에 독서를 시작할 때는 일만으로도 바쁜 나머지 귀찮고 힘들게 여겨질 것이다. 왜 이렇게 사서 고생해야 하나, 라는 생각이 들지도 모른다. 그러나 그런 고통을 견디면서 꾸준히 책을 읽게 되면 놀라운 일들이 일어나기 시작한다. 그동안 돌처럼 굳어 있던 뇌가 부드러워지면서 다양한 사고를 할 수 있게 된다. 쉽게 말해 더 나은 생각, 창조적인 사고를 할 수 있게 된다는 말이다. 따라서 같은 시간이라도 좀 더 효율적으로 일할 수 있다.

또, 그동안 밥벌이에만 눈높이를 맞추어서 일했다면 성공과 성장이라는 좀 더 큰 시각을 가지고 일하게 된다. 자신이 오늘을 살아가는 이유, 의미를 찾게 된다는 말이다. 그러니 당연히 발전적이고 성공하는 인생을 살게 되는 것이다.

아무리 바쁘더라도 한 달에 10권 이상의 책은 꼭 읽어보라. 책과 가까이하는 시간은 절대 시간낭비, 에너지 낭비가 아니다. 미래를 바꾸는 자기혁명이다. 꾸준히 책을 읽다 보면 자신도 모르게 서서히 변화되는 자신을 보며 놀라게 될 것이다.

04

사람은 읽는 대로 만들어진다

내가 세계를 알게 된 것은 책에 의해서였다. – 사르트르(실존주의 철학자)

자신이 꿈꾸었던 인생을 사는 사람과 그렇지 않은 사람 사이에는 분명한 차이점이 있다. 그 차이점은 그들이 읽는 책에서 찾을 수 있다. 전자는 자신의 잠재력과 가능성을 찾게 해주고 긍정적인 사고를 심어주는 책들 위주로 읽는 경향이 짙다. 반면에 후자는 아예 책을 읽지 않거나 슬픈 시나 실패한 사랑 이야기 등 실패한 사람들의 이야기를 담은 책들을 주로 읽는다.

여러분 중에 "그래서 뭐 어쨌다는 거야?"라고 반문하는 사람도 있을 것이다. 내 말의 요지는 '사람은 읽는 대로 만들어진다'는 것이다. 긍정적인 사고를 가지게끔 도와주는 책들 위주로 읽으면 어떤 상황 속에서도 용기를 잃지 않게 된다. 책을 통해 긍정의 힘을 지니게 된 덕분이다.

그러나 부정적인 사고를 심어주는 책들을 가까이한 사람들은 힘든 일이 닥치면 쉽게 포기하는 경향이 크다. 그동안 읽은 책 속의 주인공들이 대부분 그런 삶을 살았기에 자신도 모르게 그런 주인공들의 사고와 태도가 몸에 뱄기 때문이다.

내 친구들 중에 K와 S가 있다. K는 가난한 집에서 태어나 전문대를 졸업했지만 고생 끝에 지금은 자신의 사업체를 꾸려 남부럽지 않은 인생을 살고 있다. 반면에 S는 부유한 집에서 자랐는가 하면 인⍣서울 대학을 졸업했다. 그리고 부모의 지원 아래 다양한 스펙을 갖추었음에도 안타깝게도 현재 백수 신세다. 현재 부모의 빌딩을 관리하며 시간을 보내고 있다.

나는 이들을 보며 성공하는 인생과 그렇지 않은 인생으로 이끄는 요인이 무엇인지 곰곰이 생각했다. 그러다 그들이 그동안 읽었던 책에서 그 요인을 찾을 수 있었다.

K는 다음과 같은 책들을 주로 읽었다.

데일 카네기의 《인간관계론》, 스티븐 코비의 《성공하는 사람들의 7가지 습관》, 이채욱의 《백만 불짜리 열정》, 오리슨 스웨트 마든의 《하고 싶은 일을 하라》, 나폴레온 힐의 《생각하라! 그러면 부자가 되리라》 등.

K가 읽은 책들은 하나같이 부정적인 사고를 긍정적인 사고로 전환시켜주는 책들이었다. 그러니 시간이 지날수록 발전하고 성공할 수밖에. K는 힘든 성장 과정을 겪었음에도 꾸준히 성공학 저서들을 읽음으로써 긍정적인 사고를 가질 수 있었다. 그래서 힘든 일이 닥쳐도 책 속에 담겨 있는 여러 성공 일화들의 교훈을 통해 성공에 대한 확신과 믿음을 잃지 않고 계속 달려갈 수 있었던 것이다.

반면에 S가 읽은 책들을 살펴보면 기형도의 《입속의 검은 잎》, 최영미의 《서른 잔치는 끝났다》와 같은 부정적인 책들이 많았다. 그의 집에 가보면 슬픈 시집, 그리고 부정적인 사고를 심어주는 책들이 책장을 빼곡히 메우고 있었다.

부정적인 사고를 심어주는 책들을 가까이한 결과 S의 머릿속에는 '정말 가능할까?', '실패하면 어쩌지?', '내가 어떻게?'라는 부정적인 사고로 가득 찼다. 그 결과 그는 다양한 스펙들을 갖추었음에도 수십 군데의 기업의 입사에 실패했던 것이다.

독일 문학의 거장 마르틴 발저는 "사람은 자신이 읽은 것으로 만들어진다."라고 말했다. 따라서 그 사람의 미래를 판단하려면 지금 그가 읽고 있는 책을 보면 알 수 있다. 성공학에 관한 책을 탐독하고 있다면 그는 성공에 대한 열망이 강한 사람이다. 그래서 매사 꿈을 이루기 위해 최선을 다하게 된다. 때로 시련과 역경이 닥쳐도 반드시 성공을 위해 겪어야 하는 과정쯤으로 여긴다. 그러니 성공할 수밖에 없는 것이다.

가장 존경받는 정치가인 전 영국 총리 윈스턴 처칠. 어린 시절 그는 학교 부적응아였지만 많은 책을 쓴 저술가이자 웅변가로 이름을 떨쳤다. 그는 언젠가 나의 가장 큰 즐거움은 독서였다고 술회했다. 그는 철학, 경제, 정치학 등 고전독서를 통해 훗날 격조 높은 문장과 연설문을 남길 수 있었다. 또, 《세계의 위기》, 《제2차 세계대전》 등을 저술해 정치인으로서는 극히 드물게 1953년 노벨문학상을 받는 쾌거를 이루었다.

만약에 윈스턴 처칠이 책을 가까이하지 않았다면 그는 어떤 인생을 살았을까? 난독증을 앓았던 그는 글을 제대로 읽을 수 없는 탓에 제대로 된 해석을 할 수 없었다. 그 결과 성적은 늘 하위권을 맴돌았다. 이런 그를 세계적인 정치가로 발돋움시킨 힘은 바로 독서에 있었다. 그래서 그는 자주 사람들에게 자신의 성공 비결을 독서라고 말했던 것이다.

가능하다면 다양한 분야의 책을 많이 읽는 것이 좋다. 한 권의 책을 읽는다는 것은 그 책을 쓴 작가의 지식과 사상, 철학, 경험까지 내 것으로 만든다는 뜻과 같기 때문이다. 따라서 많은 책을 읽을수록 저자의 지혜가 내 안에 축적되게 된다. 사실 지혜라는 것은 지식과 사고, 경험 등의 통섭으로 발현되기 때문이다.

저명한 교육학 박사이자 시치다 차일드아카데미 교장인 시치다 마코토는 공저 《성공한 사람들의 독서습관》에서 이렇게 말한다.

"한 달에 적어도 30권에서 50권의 책을 읽기 바란다. 가령 평균 3권을 읽는 사람이 있다면 그 사람은 전혀 읽지 않는 사람보다 세 배 이상 살아 있는 지혜나 지식을 몸에 익힐 수 있을 것이다. 30권을 읽는 사람은 월 평균 3권을 읽는 사람보다 열 배의 지혜나 지식을 얻게 된다. 그러면 그 차이는 분명하게 드러난다."

시치다 마코토의 말에 일리가 있다. 다독가들과 대화해보면 막힘이 없다는 것을 알 수 있다. 그래서 그들과 어떤 주제의 대화도 자연스럽게 할 수 있다. 다양한 주제의 대화가 가능하다는 말은 그만큼 박학다식하다는 뜻과 같다. 또, 그만큼 사고가 유연해 그렇지 않은 사람들에 비해 훨씬 창의적이다.

여러분이 책을 읽어야 하는 또 하나의 이유가 있다. 아무리 거창한 꿈이라도 어느 순간 자신의 꿈이 잊히게 된다. 왜냐하면 당장 꿈보다 더 시급한 일들이 생겨나기 때문이다. 그런데 책을 읽게 되면 자신의 꿈에 대해 다시 한 번 생각하고 마음을 다잡는 계기가 된다. 때문에 꿈꾸는 인생을 살기 원한다면 필수적으로 책을 가까이해야 한다.

미국의 저명한 언론인 베넷의 말이다.

"책은 인생이란 험준한 바다를 항해하는 데 도움이 되게끔 남들이 마련해 준 나침반이요, 망원경이요, 육분의요, 도표다."

책을 가까이해야 하는 이유는 일일이 꼽을 수 없을 만큼 많다. 그 가운데 가장 중요한 것을 꼽는다면 사람은 읽는 대로 만들어지기 때문이다. 그래서 생각 없이 아무 책이나 닥치는 대로 읽어선 안 된다.

자신과 같은 분야에서 성공한 사람들의 성공 스토리가 담겨 있는 책 위주로 읽어보라. 성공하기 위해선 그에 맞는 대가를 치러야 한다는 것도, 성공하는 습관이 성공을 끌어당기는 자석이라는 것도 알게 될 것이다. 이외에도 무수히 많은 성공 요인들에 대해 알게 될 것이다. 그런 만큼 당신과 성공과의 거리는 좁혀지게 된다.

그런 책들과 가까이하는 만큼 당신의 미래 역시 그들의 것과 닮아가게 된다.

마지막으로 조선조 최고의 개인 장서가 최한기의 말을 곱씹어보길 바란다.

"이 책 속에 나오는 사람이 나와 동시대에 살고 있는 사람이라고 한다면 천 리라도 불구하고 찾아가야만 할 텐데, 지금 나는 아무 수고도 하지 않고 가만히 앉아서 그를 만날 수 있다. 책을 구입하는 데 돈이 많이 들기는 한다지만 식량을 싸 가지고 먼 여행을 떠나는 것보다야 훨씬 나은 것이 아니겠느냐?"

Tip • 생산적인 독서방법

첫째, 책을 읽는 것보다 이해하는 것이 더 중요하다.

독서의 중요성이 부각되면서 책 읽기에 시간을 투자하는 사람들이 많다. 그러나 제대로 된 독서를 하지 못하면 시간낭비가 될 수 있다.

읽는 책의 권수에 연연해선 안 된다. 책의 권수에 연연하게 되면 오로지 책의 권수를 많아 보이게 하기 위한 욕심에 책을 대충 읽게 된다. 아무리 좋은 책이라도 전하는 메시지를 제대로 이해하지 못한다면 올바른 독서가 아니다. 단순히 '책을 읽었다'의 개념에서 '책을 이해했다'의 개념으로 발전해야 한다.

둘째, 목적성을 갖고 독서한다.

책을 읽기 전에 먼저 이 책을 '왜' 읽을 건지 고민하는 자세가 필요하다. 독서의 목적이 달라지면 책을 읽는 방법도 달라진다.

셋째, 도서 목록을 일방적으로 따르지 않는다.

도서 목록을 일방적으로 따르기보다는 추천 도서 중에서 자신이 필요한 책을 골라 읽는 것이 좋다. 도서 목록을 일방적으로 따르다 보면 어쩔 수 없이 읽게 되는 수동적인 독서가 된다. 이런 독서 방식은 효율성을 떨어뜨려 자칫 시간낭비로 이어질 수 있다.

넷째, 독서 기록을 남긴다.

책을 읽은 뒤에는 반드시 독서노트에 짧게라도 기록을 남기자. 굳이 딱딱하게 '서론–본론–결론'이라는 틀에 박힌 구성을 따를 필요는 없다. 일기, 편지, 감상문 형식 가운데 자신이 쓰기 편한 구성을 취하면 된다.

05

독서는 멋진 삶을 위한
자극제가 된다

당신은 책이라는 것을 좋아하지 않을지도 모른다. 그런 당신은 분명히
생활 가운데 부질없는 야심과 쾌락의 추구에만 열중하고 있을 것이다.
그러나 세상은 당신이 생각하는 것보다 훨씬 광범위한데,
그 세계가 책에 의해 움직이고 있다. — 볼테르(프랑스의 소설가)

지금 한국 사회에서 인구에 회자되는 리더들의 공통점이
있다. 반기문, 안철수, 김제동, 박경철, 한비야 등, 이들은
하나같이 책벌레로 통한다는 것이다. 물론 이들이 처음부터 책을 좋아
했던 건 아니었다. 성장하는 과정에서 부모님이나 선생님, 도서관 등과
의 우연한 만남으로 책과 친해질 수 있었다.

나는 그들이 성공할 수 있었던 비결 가운데 하나로 독서를 꼽는다.
그들은 어린 시절, 몸에 밴 독서습관으로 인해 다양한 지식과 정보, 지
혜를 갖출 수 있었다. 그리고 이를 통해 기회를 잘 활용할 수 있었기 때
문이다.

성공자들은 한결같이 "책이 가장 좋은 스승이었다."라고 말한다. 그렇다면 책을 읽으면 어떤 좋은 점이 있을까?

- 가슴이 따뜻한 사람이 된다.
- 계획성이 있는 사람이 된다.
- 동기부여가 된다.
- 관심의 폭이 넓어진다.
- 부정적인 사고를 긍정적인 사고로 전환할 수 있다.
- 꿈이 생긴다.
- 꿈을 망각하지 않는다.
- 교훈을 얻을 수 있다.
- 슬럼프가 찾아왔을 때 지혜롭게 극복할 수 있다.
- 노력하는 사람이 된다.

이외에도 다양한 좋은 점들이 있다. 나는 나날이 발전하는 사람이 되기 위해선 꼭 책을 읽어야 한다고 말한다. 책을 읽다 보면 나보다 더 힘든 여건 속에서도 꿈을 이룬 사람들의 이야기를 접하게 된다. 그런 이야기들이 나도 모르게 자극이 되어 나를 더욱 노력하게 만든다.

나는 독서의 힘에 대해 누구보다 잘 알고 있다. 부모님은 나를 낳으셨지만 나를 성공으로 이끈 것은 다름 아닌 책이었기 때문이다. 사실 우리에게 널리 알려진 사람들, 즉 정치가든, 학자든, 예술가든 모두들 독서를 즐겼다는 것을 알 수 있다. 이 말은 달리 말하면 천재나 위인은 타고나는 것이 아니라는 것이다. 독서를 통한 자기 노력이 있었기에 자신의 분야에서 한 획을 그을 수 있었다.

독서는 좀 더 멋진 삶을 위한 새로운 자극제가 된다. 평소 꿈이 없었던 사람이 어떤 책을 읽은 것을 계기로 가슴 뛰는 꿈을 품게 되고, 방탕하게 살던 사람이 책을 통해 건실하게 살게 되기도 한다. 그래서 성공과 책은 절대 떨어질 수 없는 불가분의 관계다.

그렇다면 어떤 자세로 책을 읽어야 할까, 라는 질문을 떠올릴 수 있다. 주자학을 체계화한 이황은 어려서부터 독서광이었다. 독서에 대한 자기 나름의 혜안과 철학을 가지고 있던 그에게 하루는 제자가 독서에 관해 물었다. 그러자 그는 이렇게 말했다.

"글이란 정신을 차려서 수없이 반복해서 읽어야 한다. 한두 번 읽어보고 뜻을 대충 알았다고 해서 그 책을 그냥 내다 버리면 자기 몸에 충분히 배지 못해서 마음에 간직할 수가 없다. 이미 책을 읽어서 알고 난 뒤에도 그것을 자기 몸에 배도록 공부를 더 해야만 비로소 마음속에 간직할 수 있다. 그래야만 학문의 참된 뜻을 체험해 마음에 흐뭇함을 느끼게 되는 법이다."

이황의 말에 공감한다. 책을 건성으로 읽거나 한 번 보고 책장에 꽂아 둔다면 책 속에 깃들어 있는 보물을 내 것으로 만들지 못한다. 중요하거나 감명적인 문구에 밑줄도 치고 포스트잇도 붙이면서 여러 번 읽을 때 책 속에 담겨 있는 지식과 지혜를 내 것으로 만들 수 있다. 또, 그 책이 더 치열하게 살아라, 라고 자극을 주기도 한다.

"책을 통해 나는 인생에 가능성이 있다는 것과 세상에 나처럼 사는 사람이 또 있다는 걸 알았다. 독서는 내게 희망을 줬다. 책은 내게 열린 문과 같았다."

'토크쇼의 여왕'이라 일컬어지는 오프라 윈프리의 말이다. 미혼모의 딸로 태어난 그녀는 지독한 가난에다 인종차별, 폭력으로 점철된 불행한 어린 시절을 보내야 했다. 그녀는 마약을 하기도 했으며, 몸무게가 100킬로그램이 넘은 적도 있었다.

이런 그녀가 현재 미국에서 가장 성공한 여성 가운데 한 사람으로 손꼽힌다. 유엔은 2005년에 오프라 윈프리를 '올해의 세계 지도자상' 수상자로 선정했으며, 미국의 시사주간지 〈타임〉지도 '2004년 세계에서 가장 영향력 있는 인물 100인'의 명단에 그녀의 이름을 올려놓았다.

힘든 어린 시절을 보낸 그녀가 어떻게 지금과 같은 성공을 이룰 수 있었을까? 그녀는 그 비결을 주저 없이 '독서'라고 말한다. 그녀는 어린 시절부터 책을 가까이했다. 그녀의 엄마는 그녀가 책을 읽지 못하게 구박했지만 그녀는 책을 손에서 놓지 않았다. 그녀는 책을 통해 자신보다 더 힘든 상황에서도 용기와 희망을 잃지 않고 노력해 성공한 사람들의 이야기를 접했다. 그리고 자신 역시 그들처럼 할 수 있다는 긍정적인 사고를 갖고 꿈을 향해 도전했다. 그 결과 지금의 인생을 창조할 수 있었던 것이다.

당신은 영화 속의 주인공과 같은 멋진 인생을 살고 싶다는 열망을 가지고 있다. 이는 당신뿐만 아니라 나를 비롯한 모든 사람들의 바람이기도 하다. 그러나 그러기 위해선 끊임없는 노력이 전제되어야 한다. 그런데 이 노력이라는 것이 쉽지가 않다. 때로 쉬고 싶고, 포기하고 싶은 유혹에 시달리기 때문이다.

그럴 때 당신과 같은 길을 걸어간 성공자들의 책을 펼쳐보라. 책 속에 담겨 있는 다양한 이야기들이 신선한 자극제가 되어줄 것이다. 그리하여 좀 더 열심히 사는 자신을 보게 된다.

문득 책을 통해 인생을 바꾸었다는 한 경영자의 말이 떠오른다.

"처음에는 무료해서, 문제해결을 위해 책을 읽곤 했습니다. 그러면서 나도 모르는 사이에 책 읽는 즐거움에 빠져들었고 문제의 답도 책에서 찾게 되었지요. 지금처럼 내가 사람 구실을 하면서 살게 된 것은 책 덕분이라고 해도 과언이 아닙니다."

Tip • 독서방법에 관한 도서 목록

김경집 《책탐》

김정진 《독서불패》

이지성 《독서천재가 된 홍 대리》

홍상진 《그들은 어떻게 읽었을까》

박웅현 《책은 도끼다》

최재천 《통섭의 식탁》

유시민 《청춘의 독서》

황광우 《철학하라》

다치바나 다카시 《나는 이런 책을 읽어 왔다》

잭 머니건 《고전의 유혹》

김무곤 《종이책 읽기를 권함》

김병완 《48분 기적의 독서법》

박성후 《포커스 리딩》

히라노 게이치로 《책을 읽는 방법》

김정근, 조이한 《책 읽는 여자는 위험하다》

서상훈 《책 속의 보물을 찾아주는 천재 독서법》

마쓰모토 유키오 《1년에 1000권 읽는 독서 멘토링》

김지선 《헤르만 헤세의 독서의 기술》

마쓰오카 세이고 《창조적 책 읽기, 다독술이 답이다》

네 번째 자기혁명

책 쓰기로
퍼스널브랜딩하라

인생을 바꾸는 자기혁명

01

작가는 만들어진다

나는 중요한 일을 이루려 노력할 때 사람들의 말에 너무 신경 쓰지 않는 것이
바람직하다는 사실을 깨달았다. 예외 없이 이들은 안 된다고 공언한다.
하지만 바로 이때가 노력할 절호의 시기다. − 캘빈 쿨리지(미국의 제30대 대통령)

작가는 타고나는 것일까, 아니면 만들어지는 것일까. 대부
분의 사람들은 작가는 만들어지기보다 타고난다고 생각한
다. 그 이유로 나는 다음 세 가지를 꼽는다.

첫째, 주위에서 쉽게 작가를 찾아볼 수 없다.

둘째, 어렸을 때부터 작가는 아무나 할 수 없는 직업이라는 말을 들
으며 성장했다.

셋째, 노력은 하지 않은 채 스스로 글을 못 쓴다고 단정 짓는다.

사실 주위에서 작가를 만나기란 쉽지 않다. 그저 책을 통해 작가들을

간접적으로 만나볼 뿐이다. 우리는 어렸을 때부터 어른들에게서 작가는 특별한 사람만이 가질 수 있는 직업이라는 말을 들으며 자랐다. 그리고 글을 잘 쓰기 위한 노력은 하지 않은 채 자신은 글 쓰는 재주가 없다고 단정 지어버린다. 그래서 자연히 글 쓰는 일은 아무나 할 수 있는 일이 아니다, 라고 인식하게 된 것이다.

물론 나 역시도 18년 전만 해도 작가는 타고난다고 여겼다. 그래서 책을 쓰는 사람들을 보며 대단한 능력을 가진 사람들이라고 생각했다. 그러나 지금은 그렇지 않다. 소수의 작가만 필력을 갖고 태어날 뿐, 나를 비롯한 대부분의 작가들은 꾸준한 노력과 끊임없는 도전을 통해 필력을 갖추게 되기 때문이다. 만약 필력을 갖고 태어난다면 불후의 명작을 남긴 작가들은 아무런 어려움 없이 자신의 원고를 책으로 출간해야 하지 않겠는가. 그러나 절대 그렇지 않다. 그 반대다. 그들은 명성이 자자할수록 누구보다 혹독한 시련을 견뎌내야 했다. 그래서 나는 글 쓰는 능력은 선천적이기보다 후천적인 노력에 의해 길러진다고 말한다.

명작소설 《바람과 함께 사라지다》의 저자인 마거릿 미첼. 미국 최고의 이야기꾼으로 불렸던 그녀 역시 끈질긴 노력과 도전을 통해 이 소설을 책으로 펴낼 수 있었다. 자칫했으면 우리는 그녀의 소설을 만나지 못했을지도 모른다. 처음에 이 작품을 쓴 작가가 무명이라는 이유로 어느 출판사도 1천37페이지 분량의 작품을 출판하려고 하지 않았기 때문이다.

그녀가 책을 출간하기로 마음먹은 1930년대는 대공황 발발로 인한 불황의 만성화로 사회가 침체기에 빠져 있던 시기였다. 그래서 작가 지망생의 책을 내는 것은 매우 위험한 모험과 같았다. 그러나 그녀는 출판사가 자신의 작품을 외면한다고 해서 자신이 힘들게 집필한 원고를 포기하지 않았다.

그녀는 3년 동안 원고 뭉치를 들고 이 출판사, 저 출판사를 전전했다. 이 사람, 저 사람 손을 거친 원고는 닳고 닳아, 너덜너덜해질 정도였다.

어느 날, 그녀가 살던 애틀랜타의 지방신문에 이런 단신이 실렸다.

'뉴욕의 맥밀란 출판사 사장 레이슨이 애틀랜타에 왔다가 기차를 타고 돌아간다.'

이 기사를 본 그녀는 곧장 기차역으로 달려갔다. 다행히도 레이슨이 탄 기차가 떠나기 전이었고, 그녀는 기차에 오르던 그를 잡고 말했다.

"제가 쓴 소설입니다. 한 번만 읽어주세요. 읽어보시고 관심이 있으시면 연락 주세요."

레이슨은 피곤에 절어 귀찮은 표정을 지으며 원고를 가방에 집어넣었다. 그동안 일을 보느라 피곤했기에 엄청난 페이지의 원고를 펴볼 엄두가 나지 않았던 것이다.

기차가 출발한 지 두 시간가량 지났을 때 레이슨에게 전보 한 장이 전해졌다.

"레이슨 사장님, 원고 읽어보셨어요? 아직 안 읽으셨다면 첫 페이지라도 읽어주세요."

전보를 받아 든 레이슨은 잠시 놀랐지만 원고를 힐긋 쳐다보기만 했을 뿐 관심 밖이었다. 기차가 다시 뉴욕을 향해 달리고 있을 즈음 같은 내용의 전보가 다시 그에게 전달되었다. 그때도 레이슨은 별 반응이 없었지만 그에게 다시 세 번째 전보가 전해졌다. 그제야 그의 마음이 움직이기 시작했다. 호기심이 생긴 것이다.

마침내 레이슨은 원고를 읽어보기 시작했다. 레이슨은 원고에서 눈을 떼지 못하고 이야기 속으로 빠져들었다. 이렇게 해서 불후의 명작 《바람과 함께 사라지다》가 세상에 나올 수 있었다.

400만 독자를 울린 초대형 베스트셀러 《연탄길》의 작가 이철환. 그의 책을 읽어보면 감동이 묻어나 가슴이 따뜻해지는 것을 느낄 수 있다. 그래서 사람들은 그가 본래부터 글을 잘 쓰는 사람이라고 착각한다. 그러나 그 역시 7년 동안 주변의 이야기들을 듣고 모아 펴낸 《연탄길》을 출간하기까지 출판사에서 다섯 번의 퇴짜를 맞아야 했다. 그에게도 여느 유명 작가들이 느껴야 했던 절망의 시간들이 있었다. 오랜 시간 원고를 쓰고 직접 삽화를 그리는 동안 우울증이 그를 찾아왔고, 엎친 데 덮친 격으로 이명까지 들리게 되면서 그는 견딜 수 없을 만큼 극심한 절망에 빠지게 되었다. 그럼에도 그는 포기하지 않고 원고를 수없이 고치고 또 고쳤다. 그리고 마침내 원고의 가치를 알아본 출판사와 인연이 되어 책으로 출간할 수 있었다.

소설가 남지심 씨가 있다. 그녀는 전 4권으로 구성되어 있는 소설 《우담바라》로 무명작가에서 베스트셀러 작가로 거듭났다. 150만 부 이상 팔려 밀리언셀러 반열에 올랐는가 하면 영화로도 제작되어 인기리에 상영되기도 했다.

서른여섯의 늦은 나이에 소설가로 데뷔한 그녀가 소설가가 되어야겠다고 결심하게 된 데는 어떤 계기가 있었다. 어느 날, 어느 일간지에서 소설가 박완서 씨가 마흔 살이 넘어 등단했다는 기사를 읽게 되었다. 그 순간 그녀에게는 나도 한번 해보고 싶다는 욕망이 파도처럼 밀려왔고, 그녀는 바로 소설 구상에 들어갔다.

그리고 지독한 글쓰기 끝에 한 달 만에 1천200매의 소설을 완성하고 〈여성동아〉 장편소설 공모에 응모해 당선되었다. 당신은 어떻게 한 달

만에 1천200매의 소설을 쓸 수가 있지, 그것 봐, 필력을 타고났잖아, 라고 생각할지도 모른다. 그러나 그녀는 소설을 쓰기 전에 이미 글을 쓰기 위한 준비가 되어 있었다. 그녀가 한 달 만에 소설을 쓸 수 있었던 데는 엄청난 독서량이라는 남다른 노하우가 있었다. 어려서부터 책 읽기가 습관화되어 있던 그녀는 여고 1학년 때 크리스마스 선물로 받은, 2천 페이지에 달하는 톨스토이의《인생독본》을 모두 외워버렸을 정도였다.

작가와 독서는 절대 떨어질 수 없는 불가분의 관계다. 작가치고 독서를 하지 않는 사람은 없다. 반대로 독서를 하지 않는 사람 가운데 글을 잘 쓰는 사람은 없다. 남지심 씨가 소설가가 될 수 있었던 것은 엄청난 독서량이라는 원천이 있었기에 가능했다.

소설가 백영옥 씨가 있다. 그녀는 첫 소설집《아주 보통의 연애》출간을 시작으로《스타일》,《다이어트의 여왕》등의 책을 펴냈다. 그녀는 처음부터 잘나가는 소설가는 아니었다. 작가의 꿈을 실현하기 위해 글을 쓰면서 카피라이터, 서점 에디터, 패션지 기자 일을 병행해야 했다. 그러다 지난 2008년《스타일》로 1억 원 고료의 세계문학상을 받으며 스포트라이트를 받았다.《스타일》은 30만 부 이상 팔렸는데, 김혜수, 이지아, 류시원 주연의 드라마로도 만들어졌다. 그야말로 인생역전을 일구어낸 것이다. 평범한 직장인에서 단숨에 베스트셀러 작가라는 신데렐라 스토리의 주인공이 된 것이다.

지금은 유명 작가가 되었지만 지금의 자리에 도달하기까지 그녀는 피나는 노력을 기울여야 했다. 사실 그녀에게는 2006년 문학동네 신인상을 수상하기 전에 13년간을 주야장천 신춘문예에 응모해서 떨어진 아픔이 있다. 그녀의 말에 의하면 백 번 넘게 응모해서 다 떨어진 것이다. 그녀는 떨어질 때마다 혼자서 서럽게 울곤 했다. 서른 살이 넘어가면서는 소설이 안 되니 드라마나 영화 대본을 써야 하나, 고민하기도 했다. 하지만 그녀는 단 한 번도 자신의 꿈에 대해서는 의심하지 않았다. 보통사람 같았으면 자신에게 소설을 쓰는 능력이 부족하다며 포기했을 법도 하지만 그녀는 그렇지 않았다. 오히려 더 치열하게 소설 쓰기에 매달렸다.

그녀는 이렇게 말했다.

"나는 그래도 운이 좋았다. 기회가 왔을 때 준비가 되어 있었고, 그래서 기회를 잡을 수 있었으니까. 그건 열정의 크기랑 관련되어 있는 것 같다."

《아주 보통의 연애》 작가의 말에 다음과 같은 문장이 있다.

"무수히 많은 실패를 견디게 했던 것은 결국 쓰고자 하는 열망이었다."

만화가 강풀이 있다. 그는 대학을 졸업한 뒤 만화가가 되기 위해 약 400여 만화 관련 출판사에 이력서를 낸 적이 있다. 이력서는 직접 만화를 그려 만들었는데 번번이 퇴짜를 맞았다. 그러다 결국 그는 2002년 4월 직접 인터넷에 만화를 그려 올렸다. 세상이 알아주지 않자 스스로 세상에 자신을 알린 것이다.

강풀은 당시를 이렇게 회상했다.

"한번은 모 잡지사에서 직장생활을 한 적이 있어요. 그런데 제가 국문과 출신이라고 만화 대신 취재나 편집을 시키더군요. 1년 있다가 나왔어요. 만화를 너무 그리고 싶었거든요. 그래서 직접 인터넷에 만화를 그려 올리기로 했어요. 그래서 만든 것이 '강풀닷컴'입니다."

강풀은 지금 누구보다 잘나간다. 숱한 좌절과 절망 끝에 세상에 나온 《순정만화》는 한국 단행본 만화 사상 최고가인 1천만 엔[1억 원]에 일본에 수출되는 쾌거를 올렸다. 뿐만 아니라 《순정만화》 영화 판권을 따내기 위해 무려 6개 회사가 경합을 벌이기도 했다.

작가는 타고나는 것이 아니라 만들어진다. 유명 작가일수록 지금의 자리에 오르기까지 많은 피와 땀을 흘려야 했다. 마거릿 미첼, 이철환, 남지심, 백영옥, 강풀을 보며 어느 누가 필력은 타고난다고 말할 수 있을까?

당신도 작가가 될 수 있다. 다만 작가라는 꿈과 독서습관화, 고군분투할 수 있는 마음가짐이 전제되어야 한다. 이 세 가지가 작가로 거듭나는 데 있어 필수 준비물이기 때문이다.

방송작가 김수현은 한 인터뷰에서 이렇게 말했다.

"나는 후배 양성에 뜻이 없다. 조금 더 시간이 지난 뒤에는 좋은 드라마를 쓸 수 있는 품성과 자질을 갖춘 사람 딱 3명을 뽑아 내가 가진 모든 것을 나눠주고 싶다는 생각을 한 적이 있다. 하지만 그럴 시간과 계획이 만들어질 것 같진 않다. 드라마 작가는 양성한다고 만들어지는 것이 아니다. 자신의 재능과 성실함, 노력을 바탕으로 스스로 성장해야 한다."

작가는 키워지는 것이 아니라 스스로 크는 것이라는 뜻이다. 작가는 특별한 사람만이 될 수 있다는 생각을 버려라. 작가에 대한, 글쓰기에 대한 인식만 바꾼다면 누구나 작가가 될 수 있다.

02

책 쓰는 샐러리맨이 늘고 있다

사람을 강하게 만드는 것은 그가 하는 일이 아니라, 하고자 하는 노력이다.
– 어니스트 헤밍웨이(미국의 소설가)

며칠 전 〈한국 책쓰기·성공학 코칭협회〉에서 운영하는 '책 쓰기 과정'에 대기업에 근무하는 30대 중반의 남성이 등록했다. 그와 잠시 이야기를 나누었는데, 그는 최근 정신과 상담을 받고 있다고 토로했다. 자기계발 성과 미진으로 인한 스트레스 때문이다. 승진을 위해 치른 토익시험 성적이 예상했던 것보다 낮았던 것이다.

그는 이렇게 말했다.

"남들보다 뒤처진다는 생각에 항상 불안해요. 얼마 전에는 강남의 한 영어학원에 다니기도 했지만 중도에 포기해 좌절을 경험했습니다."

몇 해 전 취업포털 잡코리아가 직장인 966명을 대상으로 조사한 결과, 자기계발로 인해 스트레스를 받는 사람이 87.9%에 달했다. 특히 대기업 직장인[91.7%]과 차장급[91.2%]이 가장 스트레스를 많이 받는 것으로 조사되었다. 자기계발에 매달리는 첫 번째 이유는 이직[49.5%] 때문이었다. 강남 파고다학원의 CNN 뉴스청취의 한 담당 교사는 "새벽반의 경우 80%가 직장인이며 50~60대 직장 남성도 제법 많다. 수강생은 원래 유학 준비생들이 많았는데, 요즘은 자기계발을 하려는 수강생들이 대부분이다."라고 말했다.

이런 지나친 자기계발 열풍으로 인해 현재 많은 직장인들이 '자기계발 강박증'에 시달리고 있다. 45세가 되면 회사에서 나와야 하는 '사오정 시대'에 승진과 이직, 퇴직 이후를 준비하기 위해 나름 분투하고 있지만 노력에 비해 성과가 나오지 않아 스트레스를 받는 것이다.

이런 와중에 책 쓰는 샐러리맨이 늘고 있다. 무작정 스펙을 쌓기보다 자신의 이름으로 된 한 권의 책을 쓰는 것이 자신의 이름을 퍼스널브랜딩하는 데 훨씬 효용가치가 크기 때문이다. 그래서 직장에서도 글쓰기의 중요성이 높아지고 있는 추세다. 한 통계에 따르면 중간관리자는 업무 시간의 40%, 매니저는 하는 일의 50%가 글쓰기와 관련이 있다고 한다. CEO의 경우도 예외는 아니다. 직원과의 소통의 도구로 정기적으로 이메일 편지를 쓰거나 자신의 경영 노하우를 책으로 출간하려는 CEO

가 늘어나고 있기 때문이다.

나는 직장인들에게 어정쩡한 스펙을 쌓기 위해 시간과 노력, 비용을 들이기보다 한 권의 책을 쓰라고 조언한다. 내 이름으로 된 한 권의 책은 책 쓴 이의 인생을 놀라울 정도로 변화시킨다. 내가 사람들에게 책을 쓰라고 조언하는 이유가 여기에 있다. 사람들은 내게 책을 출간하면 좋은 이유에 대해 물어본다.

사실 책 출간 후 좋은 점은 한두 가지가 아니다. 먼저 책이 출간되면 이름 뒤에 '선생님'이라는 호칭이 붙으면서 그 분야의 전문가가 된다. 그리고 책을 읽은 단체나 기관, 기업들로부터 칼럼 기고나 강연 등의 의뢰가 들어온다. 또, 인세 발생은 물론 나를 빛나게 해주는 멋진 포트폴리오가 마련된다.

지금처럼 내가 책을 쓰고 강연을 다니는 직업을 가지게 된 것 역시 책의 힘이다. 18여 년 전부터 꾸준히 책을 써 온 덕분에 세상에 나를 알릴 수 있었고, 그것이 지금의 직업을 가지게 된 비결인 셈이다.

나는 직장인에게 있어 책 쓰기는 생존과 직결된다고 생각한다. 지금 몸담고 있는 직장이 아무리 연봉이 높고 처우조건이 좋아도 자신만의 전문성이 부족하다면 언제 밀려날지 알 수 없다. 당장 밀려나지 않는다고 해도 늘 조마조마한 새가슴으로 하루하루를 보내야 할지도 모른다.

그러나 자신만의 노하우나 전문성을 담은 책을 쓴다면 어떨까? 책 출간과 함께 회사에서 자신의 전문성을 공식적으로 인정받게 된다. 따라서 책 쓰기는 자신의 개인 브랜드 가치를 높일 수 있는 가장 강력하고 확실한 생존전략이다.

컨설팅업체인 하이테크마케팅의 김영한 대표가 있다. 베스트셀러 《총각네 야채가게》, 《스타벅스 감성 마케팅》, 《민들레영토 희망 스토리》 등의 저자이기도 하다.

마흔 살 때까지 그는 잘나가는 샐러리맨이었다. 대학에서 경영학을 전공한 그는 아버지의 조언으로 컴퓨터를 배우기 시작해 컴퓨터 영업을 하다 삼성전자에 입사했다. 그는 삼성전자 컴퓨터사업팀의 창립 멤버였고 나이 마흔에 삼성전자 컴퓨터사업을 실질적으로 이끌어가는 임원이 되는 등 성공가도를 달리고 있었다.

그러나 임원이 되자마자 그는 바로 사표를 냈다. 그 이유는 박수 칠 때 떠나야 한다고 생각했기 때문이다. 잘나갈 때 변화를 주지 않으면 고인 물이 되어 썩게 된다는 것을 누구보다 잘 알고 있었다. 당시 그가 승승장구하던 시점에 사표를 내자 주위에선 하나같이 모두 "미쳤다."라고 말했지만 그는 아랑곳하지 않았다.

그가 국내 최고 기업으로 일컬어지는 삼성전자에 미련 없이 사표를 낼 수 있었던 것은 38세 때부터 시작한 책 쓰기를 통해 어느 정도 자신의 개인 브랜드를 구축해놓았기에 가능했다. 그는 대학교수에 도전하기로 결심했다. 그리하여 대학원에 등록하는 한편 직장생활에서 얻은 경험을 바탕으로 강연 활동을 하고 책을 쓰기 시작했다. 그런 노력 끝에 그는 억대를 버는 명강사라는 수식어에다 54세 때 국민대 경영대학원 교수가 될 수 있었다.

지금껏 70여 권의 저서를 쓴 그는 38세 때부터 책을 쓰기 시작했으니 한 해 평균 2~3권의 책을 쓴 셈이다.

'조관일창의경영연구소'의 대표이자 사회교육 전문가인 조관일 작가. 그는 책을 쓰게 된 계기를 이렇게 말한다.

"책을 쓰기 시작한 것은 나 자신의 부족함을 채우기 위한 것이었다. 지방대 출신으로 농협에 취직한 뒤 남들보다 뭐라도 한 가지 뛰어난 점이 있어야 한다고 생각했다. 고민 끝에 내린 결론이 책을 쓰는 것이었다."

강원대학교 1회 졸업생인 그의 첫 직장은 춘천에 위치한 한 중학교였다. 물리과목을 맡았던 그는 배우는 학생과 본인의 수준에 별 차이가 없다는 생각에 4개월 만에 사표를 썼다. 그리고 1974년에 농협에 입사했다. 그는 농협 창구에서 일하면서 손님들을 직접 응대했던 경험과 틈틈이 모아 두었던 자료를 묶어 한 권의 책으로 출간했다. 지난 1980년에 출간한 첫 번째 저서 《고객응대》였다. 그렇게 해서 그는 작가로 데뷔했고 이후 꾸준히 책을 출간했다.

그가 책을 쓰게 된 이유는 현재 직장생활에 대한 불안함과 지금보다 더 잘되고 싶다는 욕심 때문이었다. 물론 그가 책을 쓰기로 결정했을 때 아내를 비롯한 주위 사람들은 반대했지만 그는 아랑곳하지 않고 글을 썼다.

그는 강연 등으로 퇴직 후 누구보다 바쁘게 살고 있지만 과거 직장생활을 하며 책을 쓰는 것은 쉽지는 않았다고 말한다. 그는 직장에서 책 쓰는 모습을 보이지 않는 대신 집에 들어가면 저녁 9시 뉴스 시작과 함께 펜을 들었다.

"사무실에서는 절대 원고를 써본 적이 없습니다. 타이핑해본 적도 없지요. 어디까지나 내 주 업무가 아니었기에 회사에 피해를 줄 수는 없었습니다."

책을 쓰며 신경을 많이 쓴 탓에 《손님 잘 좀 모십시다》를 낸 뒤에는 위장병을 얻기도 했다.

책을 여러 권 출간한 뒤 회사에서의 그의 입지는 완전히 달라졌다. 회사 내에서 점차 서비스 전문가로 소문이 나면서 서울 본사로 발탁되었는가 하면, 전국 농협의 전산망을 총괄하는 전산정보분사장 자리까지 맡게 된 것이다. 책을 통해 인생을 역전한 그는 사람들에게 "꼭 책을 써라."라는 말을 빠뜨리지 않고 해준다.

"책을 쓰면 책을 쓰기 위해서 공부하는 만큼 나 자신이 발전함은 물론
이고, 무엇보다 나를 가장 확실하게 알리는 좋은 방법이 됩니다."

조관일은 농협을 떠날 때까지 책 20권을 쓰겠다고 다짐했다. 그 목표
는 그가 농협을 떠나기 2년 전에 완성되었다.

김영한, 조관일, 공병호, 이영권, 김미경, 김정운, 이지성…… 그들은
책 쓰기를 통해 퍼스널브랜딩에 성공했다. 세상에는 이런 사람들이 수
없이 많다. 그동안 나는 책 쓰기를 통해 인생을 역전한 사람들을 많이
만났다. 그들은 책을 쓰기 전에는 아무런 존재감이 없었지만 책을 출간
한 이후 칼럼 기고에다 강연활동 등으로 분주한 일상을 살고 있다. 그래
서 그들은 아무리 바빠도 책 쓰는 시간만큼은 확보해둔다. 더 나은 미래
를 창조하는 데 책만큼 좋은 수단은 없기 때문이다.

책 쓰기는 눈부신 미래를 창조하는 자기혁명이다. 지금 이 순간에도
누군가는 열심히 키보드를 두드리고 있다. 당신도 오늘 당장 책 쓰기에
도전해보라. 책을 쓴다고 해서 위대한 작가가 되어야 한다고 거창하게
생각할 필요는 없다. 그저 그동안 당신이 해 온 일을 정리하고 그 일에
서 얻었던 노하우를 책으로 엮는다고 생각하면 된다. 지금부터 당신이

잘 알고 있는 것부터 적어보라.

우리가 베스트셀러라고 부르는 책들 역시 엉성하고 때론 형편없는 초고에서부터 시작되었다는 것을 기억해야 한다. 3개월 안에 초고를 완성해 출판사와 계약하는 기쁨을 누리고자 한다면 내가 운영하는 〈한책협〉에서 진행하는 〈공동 저서 과정〉과 〈12주 책 쓰기 과정〉에 등록하면 된다. 내가 목숨 걸고 돕겠다.

03

책 쓰기는 자기계발로 이어진다

훌륭한 작가는 한 권의 책을 쓰기 위해 도서관을 절반 이상 뒤진다.
— J. 보스웰

조직은 평범한 구성원보다 그 분야의 전문가를 반긴다. 전문가야말로 남들보다 많은 지식과 정보, 경험을 갖추고 있어 최대의 성과를 발휘할 수 있기 때문이다. 그래서 직책이 높을수록 자신이 맡고 있는 일의 전문성을 확보하고 있다.

그렇다면 자신이 하고 있는 일에 대한 전문가가 되기 위해선 어떻게 해야 할까? 먼저 자기 업무에 대한 자기계발, 즉 공부를 해야 한다. 그렇다고 무작정 공부해선 안 된다. 그저 남들이 하니까 나만 뒤처질까봐 불안해서 하는 스펙 쌓기식 공부는 아무런 도움이 안 된다. 나는 전문가의 칭호를 들을 뿐 아니라 업무 성과를 극대화시키는 방법으로 책 쓰기를 권한다.

자기 업무에 맞는 책을 쓰게 되면 자연스레 그 분야에 대해 깊이 있는 공부를 할 수 있기 때문이다.

한 권의 책은 그냥 뚝딱 쓸 수 있는 것이 아니다. 그 책 속에는 저자의 지식과 정보, 생각, 경험, 철학이 담겨 있다. 이러한 것들은 진짜공부에서 비롯된 산물이다. 혹 독자들 가운데 "책 쓰기 방법에 대한 노하우는 알려주지 않고 웬 공부 타령이야?"라고 반문하는 사람도 있을 것이다. 그러나 이는 매우 중요한 부분이다. 책 쓰기를 떠나 조직에서 인정받는 구성원이 되기 위해선 계속 자기계발, 즉 진짜공부를 해야 하기 때문이다.

사실 진짜공부는 학창시절보다 직업세계에 몸담고 있는 직장인들에게 더 절실하다. 직업을 통해 밥벌이를 하는데 그 밥통을 튼튼하게 해주는 것이 진짜공부를 통한 경쟁력이기 때문이다.

물론 하루하루 잘 견디면 된다는 샐러리맨 근성을 가진 사람도 적지 않다. 그들은 오늘처럼 내일도 안전할 것이라고 생각한다. 앞으로 계속 매달 꼬박꼬박 월급이 나올 것이라고 착각하는 것이다. 그래서 남들은 진짜공부를 할 때 동료들과 술에 취해 자정까지 2차, 3차를 외치며 낙지다리처럼 돌아다닌다. 나는 이런 부류의 사람들의 말로가 어떤지 많이 봐왔다. 진짜공부를 하지 않는 이런 부류의 사람들은 조직의 부품에 지나지 않는다. 언제 다른 사람들로 대체될지 알 수 없다.

당신은 발끈 화를 내며 "절대 그렇지 않다!"라고 항변할지 모른다. 만약 당신이 그만두면 회사에 큰 지장이 초래된다고 여긴다면 테스트 삼아 과감히 사표를 던져보라. 그때 상사나 동료들 중 만류 차원이 아니라 사정하며 당신을 붙잡는 사람이 있을까? 절대 당신 하나쯤 없다고 해서 조직은 위기에 처하지 않는다. 오히려 동료들 가운데 당신의 빈자리를 꿰차기 위해 당신이 얼른 조직을 떠나주기를 바라고 있을지도 모른다. 당신이 떠나고 나면 당신의 자리는 즉각 더 젊고 능력 있는 사람으로 채워질 것이다.

조직에서 자신의 위치가 위태롭다고 판단되면 진짜공부가 필요한 시점이다. 자신의 내면이 지금 서 있는 위치가 위태로우니 '제발 공부 좀 하라'고 신호를 보내는 것이다. 그렇다고 해서 무턱대고 공부하는 사람이 있다. 위기의식에 내몰리면 초조해지고 불안해지게 마련이다. 그러면 자신에게 무엇이 가장 절실하고 필요한지 제대로 판단할 수 없게 된다. 그래서 남들이 다 하니까 나도 한다는 식으로 영어나 일본어 회화 등을 배우러 외국어학원에 다니곤 한다.

취업포털 인크루트는 직장인 325명을 대상으로 '직장인 자기계발 현황'에 대한 설문조사를 하고 그 결과를 밝혔다. 그 결과 직장인 5명 중 3명꼴인 59.1%가 현재 자기계발을 하고 있다고 응답했다.

이들에게 현재 하고 있는 자기계발의 종류를 물었더니^{복수응답} '영어, 일본어 회화 등 실용 외국어'28.1%가 가장 많이 꼽혔다. 이어 '업무 관련 자격증 및 수료증'19.7%, '업무 외 자격증 및 수료증'12.8%, '스포츠댄스, 수영, 요가 등 체력단련'11.7%, '대학원 등 학위 획득'9.1%, '토익, 토익스피킹 등 어학 점수 획득'8.0%, '기타, 피아노 등 악기'2.6% 순으로 나타났다.

자기계발을 하는 이유는 다음과 같은 순으로 조사되었다.

'스스로의 지적 수준 향상과 만족을 위해서'37.5%, '취미나 여가활동으로'16.7%, '이직을 위해'14.6%.

직장인들에게 '자기계발에 투자하는 시간과 비용'에 대해 묻자 응답자 중 절반인 48.1%가 일주일에 '1~3시간'48.4%이라고 답했으며, 여섯 시간 이상19.8%, 4~6시간16.7%, 1시간 이하15.1%의 시간을 자기계발에 쓰고 있었다. 또, 이들은 평균적으로 한 달에 20만 6천 원을 자기계발 비용으로 지출한다고 응답했다.

그들에게 현재 하고 있는 자기계발이 본인의 커리어에 도움이 되느냐고 물었다. 그러자 '매우 도움'31.3%, '다소 도움'45.3%, '보통'20.3%, '별로 도움이 안 됨'3.1% 순으로 나타났다.

위의 설문조사 결과를 통해 대체적으로 절박한 마음으로 자기계발을 하기보다 지적 만족감을 얻기 위한 수단으로 자기계발을 하고 있다는 것을 알 수 있다. 그리고 그렇게 하는 자기계발이 본인의 커리어에 미치는 긍정적인 영향은 그다지 크지 않음을 알 수 있다.

그렇다면 왜 시간과 돈을 들여 자기계발을 함에도 성과가 크지 않는 걸까? 다음 두 가지를 염두에 두지 않았기 때문이다.

첫째, 절박한 마음으로 임해야 한다는 것
둘째, 자신의 개인 브랜딩이나 업무에 도움이 되는 자기계발이어야 한다는 것

만약 이 두 가지를 충족시키지 못한다면 아무리 많은 시간을 자기계발을 하는 데 써도 큰 성과를 기대할 수 없다.

나는 자신의 개인 브랜드를 만들고 업무에 도움이 되는 자기계발로 책을 쓰라고 조언하고 싶다. 그동안 200여 권가량의 책을 써 온 나는 책 출간 후 일어나는 긍정적인 영향에 대해 누구보다 잘 알고 있다. 그래서 사람들에게 책 쓰기로 진짜공부를 해보라고 권한다.

책을 써보지 않은 사람에게 책을 써보라고 하면 "내가 어떻게……." 라며 겁부터 낸다. 하지만 절대 주눅 들 필요가 없다. 지금은 누구나 책을 쓸 수 있는 세상이니까. 나는 예비 작가들에게 다음과 같이 책을 써볼 것을 주문한다. 먼저 책 한 권을 쓰는 것을 목표로 자신에게 가장 필요한 분야를 정한다. 예를 들어, 항공사에서 스튜어디스로 근무하고 있다면 자신의 비행 경험담이나 스튜어디스가 되기 위해서 알아야 할 것

들에 대해 쓰면 된다. 홍보부나 영업부에 있다면 마케팅에 관한 책을, 상담 분야의 일을 하고 있다면 자신의 상담 경험이 녹아 있는 심리치유나 관계에 관한 책을 쓰면 된다.

중요한 것은 책을 쓰기 전에 먼저 자신이 쓰고자 하는 경쟁도서, 즉 자신의 분야에 관련해 이미 출간된 책들을 적어도 30~50권 정도는 읽어야 한다는 것이다. 그래야 그 책들을 벤치마킹할뿐더러 더 알찬 책을 쓸 수 있기 때문이다. 아는 만큼 보인다는 말이 있듯이 책도 아는 만큼 잘 쓸 수 있다.

사람들 가운데 서너 권의 책을 읽고 난 뒤 그 분야에 통달한 것처럼 "공부 끝!"이라고 외치는 사람들도 있다. 하지만 그래서는 안 된다. 책을 쓰기 위해선 끊임없는 공부가 지속되어야 한다. 그래서 공부에는 끝이 없다. 끊임없는 공부와 함께 실무를 통해 쌓은 경험이 책을 쓸 때 요긴한 재료가 된다.

나는《천재작가 김태광의 36세 억대 수입의 비결, 새벽에 있다》를 펴낸 바 있다. 하루 중 가장 소중한 시간은 '새벽'이라는 데 착안해 집필했다. 대기업 CEO와 임직원, 중소기업 사장, 잘나가는 1인 기업가들 역시 새벽형 생활을 실천하고 있었다.

이 책에는 성공자들은 왜 하나같이 새벽형 생활을 하고 있는지, 시간의 '길이'가 아닌, 한정된 시간의 '가치'를 어떻게 높일 것인지, 필자의 경험담 및 다년간의 조사를 통해 터득한 노하우가 담겨 있다. 이 책을 쓰기 위해 몇 년간 새벽형 생활을 통해 성공한 인생을 살고 있는 사람들의 자료를 수집했다. 나는 책을 쓰면서 새벽형 생활을 하는 사람들의 사례와 시간관리에 관해 공부한 덕분에 새벽형 생활이 인생에 미치는 긍정적인 영향에 대해 보다 객관적으로 기술할 수 있었다. 또, 왜 저녁형 생활보다 새벽형 생활을 해야 하는지, 그 이유를 보다 명확하게 전달할 수 있었다.

정신과 전문의 이시형 박사는 "모든 것이 흔들리는 불확실하고 불안한 시대, 무엇을 할 것인가?"란 질문에 이렇게 답한다.

"'공부'다. 공부는 죽을 때까지 해야만 하는 가장 가치 있는 일이며, 회사가 필요로 하는 창조적인 인재가 될 수 있는 지름길이다."

앞으로 갈수록 직업세계는 더욱더 치열해진다. 그저 총과 칼을 안 들었을 뿐이지 전쟁터와 다름없다. 전쟁터에서 살아남으려면 진짜공부가 필요하다. 진짜공부를 통해 자신의 이름이 들어간 책을 출간함으로써 자신의 분야에서 전문가가 되어야 한다. 그래야 위기의식이 아닌, 진정 즐거운 마음으로 일할 수 있다. 또, 그 일에서 즐거움을 느끼는 만큼 최고의 성과를 올릴 수 있다.

04

베스트셀러는 만들어진다

무엇이든 할 수 있다면, 아니 할 수 있다는 꿈을 갖고 있다면
그것을 시작하라. 대담하다는 것, 그 자체가 천재성이고 힘이며 마력이다.
– 괴테(독일의 시인)

요즘 사람들 사이에서는 우스갯소리로 책을 써야 성공한다는 말이 돈다. 글이 세상을 움직이고 리드한다고 해도 과언이 아니다. 성공한 사람들 가운데 많은 수가 책을 출간한 덕분에 세상에 자신의 이름을 알릴 수 있었고 브랜드 파워도 키울 수 있었다. 그래서 많은 사람들이 바쁜 와중에도 시간을 쪼개어 책을 쓰는 데 투자하고 있다.

앞으로 글의 힘은 더욱 커질 전망이다. 1인 미디어 시대가 열리면서 개인이 글을 쓰고 영향력을 행사할 수 있는 기회가 늘어난 덕분이다. 특히 소셜네트워크SNS의 발달로 글의 파급력은 더욱 커졌다. 인터넷에

올라온 한 줄의 댓글이 대한민국을 흔들고, 정치와 경제의 흐름을 주도한다.

뿐만 아니라 과거에는 책을 쓰는 일이 전업 작가들에게만 해당되었지만 지금은 누구나 글을 쓰고 책을 출간하고 있다. 특히 자신의 블로그를 통해 이야기를 알리고 그것이 책 출간으로 이어져 블로그에 글을 올린 사람이 베스트셀러 작가로 변신하기도 한다. 사실 책 덕분에 인생을 바꾼 사람이 한둘이 아니다. 이제 글 잘 쓰는 사람, 책을 잘 쓰는 사람이 세상을 움직이는 시대가 도래한 것이다.

책을 쓰는 사람이라면 누구나 적게는 수십만 부에서 많게는 수백만 부가 팔리는 베스트셀러 작가를 꿈꾼다. 베스트셀러 작가가 되는 순간 자연스레 성공자로 거듭나게 되기 때문이다. 그러면 돈과 명예, 보이지 않는 기회가 따라온다. 그래서 많은 작가들이 고군분투하며 지금 이 시간에도 자유를 포기한 채 글과 씨름하는 것이다.

그동안 나는 200여 권의 책을 펴내면서 한 가지 사실을 알 수 있었다. 베스트셀러는 만들어진다는 것이다. 대다수의 사람들은 콘텐츠가 좋으면 베스트셀러가 된다고 생각한다. 사실 과거의 나 또한 그렇게 생각했고, 믿었다. 그러나 그렇지 않았다. 현재 교보문고를 비롯한 예스24, 인터파크, 알라딘 등에서 종합 베스트 10위 안에 진입한 책들을 보면 네 가지 요소, 타이밍, 타깃팅, 타이틀링, 마케팅이 그렇지 않은 책들보다 월등하다는 것을 알 수 있다. 사실 아무리 콘텐츠가 좋은 책일지라도 네 가지 요소 가운데 하나라도 부족하게 되면 베스트셀러에 진입하더라도 '반짝 효과'에 그치고 만다. 네 가지 요소가 충족되어야 판매 효과가 지속되어 1년 만에 10만 부가 팔려나가는 베스트셀러가 될 수 있다.

〈한책협〉에서 운영 중인 〈공동 저서 과정〉과 〈12주 책 쓰기 과정〉을 거쳐 작가가 된 사람이 300여 명이 된다. 베스트셀러가 된 책들 역시 헤아릴 수 없이 많다. 그 가운데 예를 들자면 분당서울대병원 중환자실에서 간호사로 일하다 사표를 내고 1인 기업가로 성공한 임원화 작가의《하루 10분 독서의 힘》, 10여 년 전 무작정 300만 원을 들고 제주도로 가서 플라워몰을 창업해 빌딩까지 세운 이해원 작가의《300만 원으로 꽃집 창업, 10년 만에 빌딩 짓다》, 여상을 졸업하고 호주, 필리핀, 뉴질랜드로 워킹홀리데이를 다녀온 경험이 담긴 권동희 작가의《당신은 드림워커입니까》 등이 있다. 이외에도《천 번의 이력서》,《하루 10분 하루 한 뼘》,《관점을 바꾸면 인생이 달라진다》,《어떻게 나를 차별화할 것인가》,《기적의 부모수업》 등이 있다. 이들이 베스트셀러가 된 것은 다음의 네 가지 요소 때문이다.

첫째, 타이밍Timing

콘텐츠가 아무리 좋더라도 출간 타이밍이 맞지 않으면 책은 팔리지 않는다. 예를 들어, 2009년 5월에 노무현 전 대통령이 서거한 뒤 노 전 대통령이 직접 집필한《여보, 나 좀 도와줘》라는 책이 불티나게 팔렸다. 사실 그전까지는 한 달에 한두 권 정도 팔렸을 뿐이었다. 그리고 김대중 전 대통령이 서거한 뒤 출판계에 김대중 대통령 열풍이 불어 기존에 김대중 전 대통령의 책을 출판했던 출판사들이 행복한 비명을 지르기도 했다. 무소유를 설파한 법정스님이 입적했을 때도 법정스님의 책들은 없어서 못 팔 정도였다. 몇 년 전 애플의 창업자 스티브 잡스가 췌장암으로 세상을 떠났을 때 역시 이와 다르지 않았다. 공식 전기《스티브 잡스》를 비롯해 그를 다룬 책들이 특수를 누렸다.

책은 아무리 콘텐츠가 좋더라도 타이밍이 적절하지 못하면 독자들에게 그 가치를 인정받지 못한다. 그래서 출판사는 시류를 예상하고 이에 맞추어 미리 책을 구상해 적절한 시기에 출간하는 것이다.

둘째, 타깃팅 Targeting

책을 읽는 독자가 분명하지 않은 책은 실패할 확률이 높다. 독자 타깃이 불분명하다는 것은 책 속에 담겨 있는 내용마저 분명하지 않다는 말이기 때문이다. 어떤 출판사들은 많은 층에게 어필하기 위해 독자 타깃을 불분명하게 잡는데 결과는 초판도 다 팔지 못하는 경우가 수두룩하다. 출판사들의 요즘 추세는 독자를 세분화시켜 타깃팅하는 것이다.

셋째, 타이틀링Titling

책 제목의 중요성은 아무리 강조해도 지나치지 않는다. 책을 고를 때 가장 먼저 제목이 눈에 들어오기 때문이다. 제목이 밋밋하다면 독자들로부터 외면당하고 만다. 나 또한 책을 구매할 때 제목과 표지부터 살핀다. 제목과 표지의 임팩트가 약한 책은 내 눈길을 끌지 못한다.

《나는 아내와의 결혼을 후회한다》라는 책이 있다. 이 책은 〈여러 가지 문제 연구소〉의 김정운 소장의 저서다. 이 책은 수십만 부가 팔렸는가 하면 스테디셀러다. 그는 또 몇 해 전 《남자의 물건》이라는 제목의 책을 출간했는데 그의 인기와 독특한 제목 덕분에 많은 사람들의 관심과 사랑을 받았다. 《닥치고 정치》라는 책이 있다. '딴지일보'의 총수 김어준이 정치에 대한 자신의 생각들을 정리한 책인데, 현재까지 20만 부 이상이 팔렸다. 서울대 김난도 교수의 《아프니까 청춘이다》는 출간 8개월 만에 100만 부 판매를 돌파하며 30주 넘게 베스트셀러 1위의 자리를 지킨 바 있다.

넷째, 마케팅Marketing

베스트셀러들을 가만히 살펴보면 공통점이 있다. 출판사에서 공격적으로 마케팅을 펼친다는 것이다. 신문 광고나 인터넷 서점의 배너 광고 등 독자들에게 알리기 위해 마케팅에 열을 올린다. 여기에다 신문이나 방송 등 대중매체를 통한 홍보도 펼친다. 특히 신문의 신간 서적 안

내는 매우 중요하다. 어떤 책은 '화제의 책'이라고 해서 크게 소개되는 반면에 어떤 책은 아예 신문에 소개 기사가 한 줄도 실리지 않는다. 한국출판연구소가 1993년에 실시한 전국 독서 실태 조사에서도 우리 독자들은 책을 선택할 때 대중매체의 영향을 가장 많이 받는 것으로 나타났다.

책의 표지가 예쁘고 내용이 좋더라도 사람들에게 알려지지 않는다면 무용지물이다. 몇 주 서점에 진열되다가 서가에 꽂히고 만다. 서가에 꽂혀 있는 책은 그 수명이 다했다고 보면 된다. 어쩌다가 인터넷 서점에서 한두 권씩 팔려나갈 뿐이다. 그래서 이름 있는 작가들은 출판사의 마케팅력을 보고 출판 계약서에 도장을 찍는다.

아무리 좋은 책이라 하더라도 위의 네 가지 요소 가운데 하나만 부족해도 베스트셀러가 되기 어렵다. 반짝 판매에 그치고 만다. 몇 해 전 한 리서치 회사에서 서점 영업자 51명을 대상으로 여론조사를 실시한 적이 있다. 조사 결과, 서점 영업자들은 책 광고와 판매 부수와의 상관관계를 묻는 설문에 '거의 비례한다'[59%], '비례한다'[15%]라고 답한 것으로 나타났다. 이는 쉽게 말해 '베스트셀러는 만들어진다'는 것을 뜻한다.

그러나 베스트셀러가 만들어진다고 해서 부정적인 관점에서 볼 필요는 없다. 네 가지 요소가 충족되어 베스트셀러에 올랐더라도 만약 내용이 부실하다면 얼마 지나지 않아 독자들로부터 외면당할 것이기 때문이다.

　우리가 기억해야 할 것은 베스트셀러는 작가와 출판사의 피나는 노력에 의해 만들어진다는 것, 운이 좋아서 베스트셀러가 되는 경우는 거의 없다는 것이다. 따라서 축적된 지식과 오랜 경험에다 피나는 노력을 보태야 한다. 그리할 때 하늘은 스스로 돕는 자를 돕게 마련이다. 이는 모든 베스트셀러 작가들이 가지고 있는 성공 비결이다.

05

책을 써야 성공한다

성공을 거두기 위해 필요한 것은 계산된 모험이다.
― 시어도어 루빈(미국의 정신분석학자)

나는 그동안 200권 이상의 책을 써 왔다. 그래서 나는 누구보다 책의 파워에 대해 잘 알고 있다. 책 출간이 저자에게 어떤 긍정적인 영향이 미치는지, 인생을 어떻게 달라지게 하는지 직접 경험한 사람이기 때문이다.

과거 나는 고시원에서 김치도 없이 라면으로 연명하다시피 생활했다. 하지만 지금은 그때와는 현저히 달라졌다. 과거에는 한 평 남짓한 고시원에서 살며 버스와 지하철을 타고 다녔지만 지금은 자동차도 있고 내 소유의 집도 있다. 두 마리의 강아지, 요크셔테리어 쥐방울과 푸들인 땅콩도 키우고 있다. 무엇보다도 내가 원하는 일을 하기에 사는 게 즐겁다. 밤이면 내일은 어떤 일이 펼쳐질까 기대하며 잠든다. 그리고 새벽에 절로 눈이 번쩍 뜨인다. 그리고 행복한 마음으로 책상에 앉아 키보드를 두드리며 현재 하고 있는 책 쓰기에 박차를 가한다.

그래서 나는 사람들에게 입버릇처럼 책을 써라, 라고 충고한다. 그러면 대부분의 사람들은 이런 반응을 보인다.

"샐러리맨 주제에 책이라니, 당치도 않아요."
"아직 성공도 못했는데 어떻게 책을 쓰나요?"
"평범한 제가 어떻게 책을 쓸 수 있습니까?"

이런 대답을 들을 때면 나는 그저 안타까운 마음이 앞선다. 그들이 많은 성공자들의 빠른 성공 비결을 모르고 있기 때문이다. 사실 성공자들도 직장생활을 할 때는 아무런 존재감이 없는 인물이었지만 자신의 스토리를 담은 책을 펴낸 뒤 인생이 서서히 달라지기 시작했다. 사람들이 그들을 알아주기 시작했고, 여러 기관과 단체에서 강사로 초청하기도 했다. 그리고 여러 기업의 사보에 칼럼을 기고하면서 이름이 알려지기 시작했다. 그런 과정을 통해 지금의 눈부신 인생을 창조할 수 있었던 것이다.

사람들은 성공해야 책을 쓸 수 있는 자격이 생긴다고 생각한다. 그러나 이는 착각이다. 책을 써야 보다 빨리 성공할 수 있다. 나나 당신이

나 평범한 사람들이다. 이런 우리가 빠르게 성공할 수 있는 길은 자신의 이름을 세상에 알리는 길뿐이다. 세상이 나를 찾게 만들면 성공은 쉽게 이루어진다.

책을 출간해 자신의 이름을 브랜딩한 사람들이 있다. 그들 가운데 몇 사람을 꼽는다면, 《부자 언니 부자 특강》의 저자 유수진, 《당신은 드림워커입니까》의 저자 권동희, 《하루 10분 독서의 힘》의 저자 임원화, 《어떻게 나를 차별화할 것인가》의 저자 김우선, 《명품 인생을 만드는 10년 법칙》의 저자 공병호, 《부자 가족으로 가는 미래 설계》의 저자 이영권, 《아프니까 청춘이다》의 저자 김난도, 《김미경의 아트스피치》의 저자 김미경, 《가슴 뛰는 삶》의 저자 강헌구, 《꿈꾸는 다락방》의 저자 이지성, 《나는 아내와의 결혼을 후회한다》의 저자 김정운, 《유머가 이긴다》의 저자 신상훈, 《연탄길》의 저자 이철환 등을 들 수 있다. 이들은 하나같이 방송 출연을 비롯해 기관과 단체, 기업체 특강 등으로 바쁜 나날을 보내고 있다. 책을 통해 진짜인생을 살게 된 사람들이다.

만약 위에 열거한 그들이 책을 쓰지 않았다면? 한 가지 확실한 것은 지금처럼 유명해지지 못했을 것이다.

사람들은 저마다 꿈을 가지고 치열하게 살고 있다. 그런데도 성공하기란 하늘의 별 따기처럼 힘들다. 그 이유는 운과 기회를 끌어당기는 법을 모르기 때문이다. 성공은 꿈과 노력에다 운과 기회가 보태져야 한다.

이 가운데 하나라도 부족하면 성공은 힘들어진다.

광고천재 이제석. 과거의 그는 한국에서 버림받은 지방대 출신의 별볼일 없던 광고쟁이에 불과했다. 그랬던 그가 뉴욕 생활 딱 1년 만에 세계 3대 광고제의 하나인 원쇼 페스티벌에서의 최우수상 수상을 시작으로 광고계의 오스카상이라는 클리오 어워드에서 동상, 미국 광고협회의 애디 어워드에서 금상 2개 등 국제적인 광고 공모전에서 29개의 메달을 휩쓸었다. 공모전 싹쓸이는 1947년에 SVA School of Visual Arts가 개교한 이래 이제석이 처음이자 광고계에서도 전례가 없는 일이었다. 그는 SAV의 지독한 편애를 받는 건 물론 뉴욕의 내로라하는 광고회사의 러브콜을 받았다. 그를 괄시했던 대한민국 사회는 그제야 그를 데려오기 위해 혈안이 되었다.

귀국한 뒤 2010년 그는 자신만의 창의적 발상법과 생존비법을 담은 《광고천재 이제석》을 출간했다. 책 출간 후 그의 인생은 불과 몇 년 전과는 판이하게 달라졌다. 책을 통해 그의 성공 스토리가 소개되면서 부르는 곳이 많아졌고 그 결과 그의 몸값은 천정부지로 치솟았다. 책이 출간된 지 2개월 후인 28세 때 그는 대통령 직속 미래기획위원회에 역대 최연소 미래기획위원으로 위촉되는 기쁨도 안았다.

이제석은 누구보다 치열하게 살았다. 그 결과 국제적인 광고 공모전에서 수십 개의 상을 받았다. 하지만 만약 그가 책을 쓰지 않았다면 그저 일간지와 인터넷에 잠깐 그와 관련된 기사가 뜨다가 이내 잠잠해졌을 것이다. 하지만 그는 자신의 인생역정이 담긴 책 《광고천재 이제석》을 출간함으로써 세상에 자신의 성공 스토리를 알릴 수 있었다. 그의 책을 읽어본 사람들은 그가 걸어온 길을 보며 '대단하다'고 생각하게 된다. 그렇게 입소문이 퍼지면서 마침내 청와대에까지 들어가게 된 것이다.

나는 서른 후반의 나이에 이르러 어떤 자세로 살아야 성공과의 거리를 좁힐 수 있는지 깨닫게 되었다. 성공은 나 혼자 죽어라, 하고 열심히 한다고 해서 이루어지는 것이 아니다. 운과 기회를 끌어당기는 시너지 효과를 극대화시켜야 한다. 즉 묵묵히 일하며 남들이 자신을 알아주기를 바라기보다 적극적으로 세상에 나를 알려야 한다는 말이다.

자신의 실력이 아무리 출중해도 남들이, 세상이 알아주지 않으면 무명신세를 벗어나지 못한다. 반면에 실력이 다소 부족해도 세상 사람들이 인정해주고 알아준다면 유명세를 타게 되어 성공에 가까워진다.

외환위기 이후 평생직장 개념이 사라지면서 직장인들이 느끼는 불안감이 커지고 있다. 여기에다 기업들은 사상 최고의 이익을 내도 비용 절감을 위해 상시 인력 구조조정을 당연한 것으로 받아들이고 있기에 직장인들의 평균 연령이 점점 낮아지는 추세다.

직급, 나이를 떠나서 모든 직장인은 늘 불안하기만 하다. 아무리 회사에서 성과를 발휘하고 충성을 바친다고 해도 언제까지 다닐 수 있을

지 알 수 없기 때문이다.

지금 자신의 미래를 떠올려보라. 막막하게 생각된다면 돌파구를 찾아야 한다. 그렇지 않다면 정말 오래지 않아 막막한 현실에 처하게 된다. 나는 당신이 애플의 창업자 스티브 잡스나 구글의 창업자 래리 페이지와 같은 특별한 능력이 없다면 "책을 써라."라고 말하고 싶다. 책을 쓰는 데 특별한 능력은 필요치 않다. 그저 책을 쓰는 데 소요되는 시간과 노력만 있으면 된다. 당신이 하고 있는 일이나 인생의 경험, 일상에서 느꼈던 일 등이면 충분한 콘텐츠가 된다.

때로 성공은 다소 건방진 생각에 의해 앞당겨진다. 그러니 성공해야 책을 쓴다는 생각은 버려라. 당신은 이미 평범한 사람, 무스펙의 사람들이 책을 써야 성공하는 시대를 살고 있다. 세상에는 책을 펴낸 뒤 인생이 눈부시게 달라진 사람들이 헤아릴 수 없이 많다는 것을 기억하라.

도전은
성공 확률을
높여준다

인생을 바꾸는 자기혁명

01

도전은 나를 꿈꾸게 한다

여러분이 할 수 있는 가장 큰 모험은
바로 여러분이 꿈꾸어 오던 삶을 사는 것이다. – 오프라 윈프리(미국의 방송인)

1971년 부산 광복동의 농협빌딩에 세 들어 있던 브리태니커 부산지사. 스물일곱 살의 신참 판매사원이 앉아 있다. 그때 한 판매사원이 시무룩한 표정으로 사무실로 들어왔다.

"오늘은 두 세트밖에 팔지 못했네요."

순간 젊은이의 귀가 번쩍 뜨였다. 당시는 브리태니커 사전 한 세트를 팔면 양복 한 벌 값을 수당으로 받던 시대였다.

"지금까지 몇 세트 파셨어요?"

"저요? 별로 많이 못 팔았어요. 한 17세트 팔았나."

그의 대답은 판매에 대한 젊은이의 생각을 송두리째 바꾸어놓았다.

'저 사람이 했다면 나도 할 수 있다. 해보자!'

그로부터 정확히 1년 후, 이 젊은이는 전 세계 브리태니커 판매사원 중 최고에게 주는 '벤튼상'을 수상했다. 그리고 1973년에 지역장, 1976년에 상무에 오르더니 1980년에는 일본 출판인의 도움으로 도서출판 헤임 인터내셔널을 설립했다. 직원 7명, 자본금 7천만 원으로 출발한 이 회사는 31년이 지나, 한국 기업사를 다시 쓴 중견기업으로 성장한 바 있다. 주인공은 바로 윤석금 웅진그룹 회장이다. 웅진그룹은 출판업에서 출발, 신소재, 환경, 화학, 금융, 건설로까지 영역을 넓혔었다.

세상에 성공한 사람치고 도전하지 않은 사람은 단 한 사람도 없다. 그들은 수없이 도전하고 넘어지고 깨지고 다시 털고 일어나 도전하기를 반복했다. 그런 과정에서 좀 더 잘할 수 있는 방법을 찾았고 자신의 잠재력을 깨달을 수 있었다.

현재 서 있는 곳과 내가 꿈꾸는 것과의 사이는 별과 별의 사이처럼 아득하기만 하다. 하지만 아득한 거리에 주눅이 든 채 아무것도 하지 않고 그냥 가만히 서 있기만 하면 언제까지나 제자리걸음이다. 그러나 한없이 멀게만 느껴지더라도 용기를 내어 한 걸음씩 내딛는다면 꿈과의 거리를 조금씩 좁힐 수 있다.

도전이라는 단어를 떠올리면 나는 나도 모르게 가슴이 뛴다. 그러면서 '지금보다 더 잘할 수 있다'는 의욕이, 자신감이 마구 솟구치는 것을 느낀다. 나에게 있어 도전은 나의 가능성을 확장시켜주는 '기획 프로그램'이라고 할 수 있다. 이 기획 프로그램은 타인의 강요에 의해 진행되는 것이 아니다. 온전히 내가 내 인생을 위해 기꺼이 열정을 다해 바라는 것을 성취할 때까지 계속 행동하는 것이다. 그래서 가슴이 뜨겁게 요동치는 것이다.

대부분의 사람들은 자신의 꿈의 크기보다 회사의 크기를 보고 입사를 결정한다. 꿈 실현, 성공하는 인생을 창조함에 있어 이는 매우 위험한 생각이다. 꿈보다 회사의 규모를 먼저 보게 되면 꿈은 후순위로 밀려나게 된다. 그러다 만약 부푼 기대를 안고 입사한 회사를 그만두게 되면 꿈마저 산산조각 나고 만다.

반면에 회사를 자신의 꿈을 실현할 수 있는 일종의 수단으로 여기면 어떨까? 자신이 진정 실현하고자 하는 것은 꿈이기에 아무리 회사의 업무가 힘들어도 버텨낼 수 있다. 왜? 지금 이 고비를 넘기고 언젠가 꿈을 실현하게 되면 그동안 쏟았던 노력의 대가들을 수백 배, 수천 배로 보상받을 수 있다는 생각 때문이다. 그래서 성공한 사람들은 과거 회사를 택할 때 회사의 크기보다 자신의 꿈의 크기를 고려해서 결정했다.

젤라또 아이스크림 카페 카페띠아모의 김성동 사장이 있다. 그는 학창시절 '프랜차이즈 회사 설립'이라는 분명한 목표를 세웠다. 대학을 졸업한 김 사장은 목표를 이루기 위한 전 단계로 중소 프랜차이즈 회사에 입사했다.

그는 과거 중소 프랜차이즈 회사에 입사한 것에 대해 이렇게 말했다.

"회사의 크기보다는 내 꿈의 크기가 중요했기에 남들의 시선은 의식하지 않았다."

그는 그곳에서 아이스크림 원료 유통에서부터 제조 기술, 배합법, 점포 컨설팅에 이르기까지 아이스크림 프랜차이즈에 관한 모든 업무를 익혔다. 그는 작은 회사였던 것이 오히려 다양한 업무를 배우는 데 도움이 되었다고 말했다.

그는 10년간의 실전 경험을 토대로 '카페띠아모'라는 브랜드의 젤라토 아이스크림 카페를 창업했다. 웰빙 추세에 맞추어 유지방 함량이 낮은 젤라토가 아이스크림 시장의 다음 트렌드가 될 것으로 판단했던 것이다.

그는 아이스크림 전문점의 약점으로 지적되는 겨울철 매출 감소를 극복하기 위해 고민했다. 그러곤 매장을 카페 형태로 꾸미고 에스프레소 커피, 케이크 등의 메뉴와 접목시키는 것으로 겨울철 아이스크림 전문점의 약점을 보완했다. 그의 예측대로 카페띠아모는 브랜드를 선보인 지 4년 만에 가맹점 200개를 돌파했다.

김성동 사장은 이렇게 충고한다.

"지금 당장 눈에 보이는 것보다 미래를 내다보고 자신의 진로를 결정하는 게 중요해요."

그 어떤 위대한 능력을 갖추고 있더라도 명확한 꿈과 목표의식 없이는 절대 성공하지 못한다. 아무리 명사수라 하더라도 보이지 않는 과녁을 맞힐 수는 없기 때문이다. 따라서 성공하기 위해선 절대 꿈과 입사하고자 하는 회사의 우선순위를 혼동해선 안 된다. 좀 속된 말로 회사는 그저 꿈 실현을 위한 밥벌이 수단에 지나지 않는다. 회사에 죽을힘을 다해 충성한다고 해서 그 회사에 뼈를 묻을 수 있는 기회가 허락되는 것은 아니다. 뼈는 꿈에 묻어야 한다. 인생에서 꿈보다 더 중요한 것은 없다. 꿈을 실현하는 순간, 자아실현과 공익 실현 등 모든 것이 이루어지기 때문이다.

LG 플레잉코치였던 류택현. 당시 그는 전지훈련에서 훈련과 선수단지도를 병행했다. 사실 하나의 몸으로 두 역할을 하는 게 쉽지만은 않았다. 타자들에게 배팅볼을 던져주다가도 자신의 훈련 시간이 오면 전력투구로 타자들을 처리해야 했기 때문이다.

류택현은 서른아홉 살의 나이에 팔꿈치 수술을 받았지만 과감히 은퇴가 아닌 복귀를 선택했다. 1년 반 동안 혹독하게 자신과의 싸움에 임했고 그런 노력 끝에 2012년 2월, 2년 만에 팀 전지훈련에 참가했다.

1994년 프로입단 당시 류택현은 좌완 유망주로 평가받았다. 그러나 그에게 프로의 벽은 높기만 했다. 연고지 우선 지명으로 OB현 두산 유니폼을 입은 류택현은 제구력 난조로 5시즌 동안 OB에서 단 1승도 올리지 못한 채 LG로 트레이드되었다. 그는 냉혹한 스포츠 세계에서 생존하기 위해 사력을 다해 자신의 기량을 끌어올렸다. 그리고 마침내 2002시즌에 제구력 안정과 변화구 장착으로 원포인트 릴리프로서 입지를 굳힐 수 있었다.

그러면서 4시즌 연속 두 자릿수 홀드를 기록했고 3시즌 연속 3점대 평균자책점을 올렸다. 2007시즌에는 전해에 당한 부상을 극복하고 리그 최다 23홀드에 평균자책점 2.70으로 통산 최고의 활약을 펼쳤다.

2년 후 다시 시련이 찾아왔다. 2010시즌에 팔꿈치 부상으로 수술대에 올랐고 팀에서 방출 통보를 받았던 것이다. 그러나 그는 포기하지 않았다. 선수생활을 이어가겠다는 강한 의지로 재활에 매달렸다. 그리고 2012년 2월 14일 연습경기에서 마침내 마운드를 밟았다. 여기에서 1이닝 무실점으로 호투했고 경기 후 김기태 감독은 류택현이 성공적으로 첫 실전등판을 마친 것에 대해 박수를 아끼지 않았다.

그는 지금까지 자신과의 싸움, 그리고 주위의 편견과의 싸움에서 승리했다. 그는 자신의 도전에 대해 이렇게 말했다.

"이번 전지훈련에서 나 자신에게 점수를 매긴다면 85점 정도 주고 싶다. 아직 확정된 것은 아니지만 복귀에 어느 정도 다가가고 있다. 복귀를 결심했던 당시 여러 가지 이유가 있었지만 일단 나이를 먹으면 선수로서 끝났다는 주위의 편견에 지고 싶지 않았다. 또, 후배들에게도 충분히 할 수 있다는 본보기가 되고 싶었고 희망의 메시지를 전하고 싶었다. 언제나 그랬듯이 포기하지 않으면 해낼 수 있다고 생각했다."

그렇다. 포기하지 않으면, 멈추지 않으면 반드시 해낼 수 있다. 어떤 어려움이 따르더라도 계속 앞을 향해 나아가야 한다. 도전은 성공 확률을 높여준다. 도전은 당신을 꿈꾸게 하는 마법이다. 넘어지고 깨져도 더욱 분투할 수 있게 해준다.

미국의 유명한 방송작가 겸 제작자는 "인생은 위험의 연속이다."라고 말했다. 어차피 위험한 인생이라면 가만히 서서 시련에 처하기보다 앞을 향해 거침없이 나아가야 한다. 도전을 통해 더욱 강하고 단단한 '나'를 만들 수 있다.

02

도전이 지금의 나를 만들었다

성공의 비결은 목적의 불변에 있다. 하나의 목표를 가지고 꾸준히 나아간다면
성공한다. 사람들이 성공하지 못하는 것은 처음부터 끝까지
한길로 나아가지 않았기 때문이다. 최선을 다해서 나아가 뚫는다면
만물을 굴복시킬 수 있다. – 벤저민 디즈레일리(영국의 정치가)

보통사람들이 성공한 사람들을 보며 착각하는 것이 있다. 바로 그들이 자신과는 달리 어려서부터 경제적으로 넉넉한 부모 아래에서 유복하게 자랐다고 생각하는 것이다. 그러나 그들이 걸어온 길을 살펴본다면 잘못된 생각이라는 것을 알 수 있다. 대부분의 성공자들은 황량한 사막과 같은 척박한 땅에서 열정과 도전정신으로 지금의 성공을 일구어냈기 때문이다.

성공으로 가는 과정에는 어김없이 시련과 역경이 닥치게 되어 있다. 왜 안 그렇겠는가. 낯설고 힘에 부치는 일들에 도전하다 보면 무참히 깨어지는 것은 다반사다. 그래서 성공자들은 웬만한 어려움에도 좌절하지 않는다. 그동안의 트레이닝으로 맷집을 단단히 키웠기 때문이다.

'세기의 팔방미인' 코코 샤넬. 샤넬을 지금처럼 세계 최고의 브랜드로 키운 힘은 그녀의 열정과 도전정신이었다.

"패션은 지나도 스타일은 남는다."

그녀의 명언처럼 샤넬은 스타일을 아는 여성이라면 하나쯤은 소유하고 싶은 명품이다. 샤넬은 한눈에 알아볼 수 있다. 거친 질감의 트위드 천으로 제작한 샤넬 슈트나 독특한 체인과 스티치가 트레이드마크인 샤넬 백은 브랜드의 입지만큼이나 독보적이라고 할 수 있다.

1921년에 처음 출시된 샤넬 No.5 향수는 지금도 전 세계에서 30초에 한 병씩 팔리고 있지만 향기는 90년 전 그대로다. 1926년에 처음 나온 무릎 위 길이의 리틀 블랙 드레스는 현대적 여성 의상의 원조로 불리며 지금도 인기를 끌고 있다. 이처럼 샤넬은 시대를 초월해 오래되어도 신선한 느낌을 준다.

그렇다면 샤넬의 창업자 코코 샤넬의 저력은 어디에서 나왔을까? 잠시 그녀의 성장기를 들여다볼 필요가 있다. 가브리엘 샤넬은 성공 후의 화려한 모습과는 달리 장돌뱅이 아버지에게 버림받고 열두 살 때 수도원의 부속 고아원에서 자라는 어려움을 겪었다. 사실 그녀에게 있어 어린 시절은 두 번 다시 돌이키고 싶지 않은 불행 그 자체였다. 그만큼 처량하고 비참한 시기였던 것이다.

그녀는 수도원을 나와 부유한 친구이자 애인인 에티엔을 만나게 된다. 그녀는 아무 일을 하지 않고도 화려한 상류생활을 즐길 수 있게 된 것이다. 그러나 그녀는 그런 삶을 선택하지 않았다. 스스로 직업을 갖고 일하지 않고는 자존감을 가질 수 없다고 생각했기 때문이다. 그렇지 않은 삶은 그녀가 생각하는 진짜 삶에 위배되었던 것이다.

수녀원 부속학교에서 재봉기술을 익혔던 그녀는 작은 상점을 열어 모자를 만드는 일부터 시작했다. 주름 장식과 버슬에 싫증이 났던 당시 여성들은 깔끔한 선과 간결한 여성스러움으로 빛나는 샤넬 디자인에 반했다. 그 결과 그녀는 첫 성공을 거두게 되었다.

그녀는 끊임없이 구습에 열정적으로 도전했다. 그녀는 제2차 세계대전이 일어났을 때 돌연 패션계를 떠나기도 했지만 그때 자신이 좋아하는 일을 하지 않는 채 쉬는 게 지겹다는 것을 깨달았다. 그녀는 "허무감에 빠져 있기보다는 차라리 실패하는 편이 더 낫다."라고 말하며 일흔한 살이라는 황혼기에 다시 복귀했다.

세상을 떠나기 전까지 그녀는 일에 몰두했다. 그녀는 자신이 생각하는 것은 주위 시선에 아랑곳하지 않고 행동으로 옮겼다.

그녀는 다음과 같은 명언을 남겼다.

"사람들은 내가 입은 옷을 보고 비웃었다. 하지만 그것이 내 성공 비결이었다. 나는 누구와도 같지 않았다."

몇 해 전 CJ오쇼핑은 여성복 브랜드 '오코코'를 내놓으며 미국 시장을 겨냥해 뉴욕 패션계의 유명인 한 명을 스카우트했다. 그러곤 그녀에게 광고 촬영에서부터 브랜드 소개 등을 모두 일임했다. 그녀는 바로 한국계 미국인인 스타일리스트 티나 차이Tina Chai, 한국 이름 최서윤다.

스타일리스트란, 모델의 머리 스타일부터 의상, 구두, 액세서리 등을 서로 조화롭게 꾸며주고 전체적인 콘셉트를 잡아주는 패션계의 전문직이다. 티나 차이는 '밴드 오브 아웃사이더'의 브랜드 컨설팅을 하면서 함께 작업한 빈폴을 뉴욕 시장에 소개하는가 하면, SK네트웍스가 수입하는 클럽 모나코, 제일모직의 띠어리 등의 스타일링과 브랜드 컨설팅도 맡으면서 세상에 자신의 존재감을 과시했다.

국내 패션 대기업들은 그녀를 영입하기 위해 눈에 불을 켜고 달려들고 있다. 그녀는 요즘 한국뿐만 아니라 미국 패션계에서 가장 주목하는 인물 중 한 사람이다. 오바마의 대통령 후보 수락 때 미셸은 뉴욕 패션쇼에서 타쿤이 디자인한 옷을 보고 그것을 선택했다. 당시 패션쇼에서 전체적인 스타일을 담당했던 사람이 티나 차이였다. 퍼스트레이디인 미셸 오바마는 티나 차이가 스타일링한 옷을 그대로 입어 특히 화제가 되기도 했다. 미국의 〈월스트리트저널〉, 〈뉴욕 매거진〉 등은 그녀에게 '스타일링의 여왕'이라는 수식어를 붙여주었다.

티나 차이가 지금처럼 유명해질 수 있었던 것은 자신이 꿈꾸는 미래를 창조하기 위해 끊임없이 도전했기 때문이다. 그녀의 인생은 도전이라는 작은 벽돌들로 이루어져 있다고 해도 과언이 아니다. 그녀는 컬럼비아 대학 졸업 뒤 변호사가 되려고 법률 회사에 들어갔지만 곧 출판기업인 '콘데 나스트'에 다시 취직했다. 그러곤 패션계의 대모 그레이스 커딩턴에게 발탁되어 프리랜서로 독립했다. 그 후에도 그녀는 모델 케이트 모스, 배우 니콜 키드먼, 가수 마돈나, 퍼프 대디 등 유명인들의 스타일링을 작업해주면서 인맥을 넓혀나갔다.

그녀는 성공의 비결에 대해 이렇게 말했다.

"포기할 때와 도전할 때를 정확히 아는 것이다. 황금 동아줄이 내려오기만 기다리는 게 아니라 성공으로 가는 사다리를 함께 쌓아 올려나가는 것이다."

그 어떤 성공도 도전 없이 이루어진 것은 없다. 성공을 위해서 도전은 필수불가결한 요소다. 그러나 도전이 중요하다는 것을 알면서도 도전 앞에서 긴장되고, 불안하고, 두렵기만 하다. 왜? 도전이 성공하리라는 보장이 없기 때문이다. 사실 대부분의 도전은 실패로 끝난다. 그래서 시작하기도 전에 지레 겁을 먹고 포기하게 된다.

도전에 있어 성공보다 실패가 많다는 것은 한편으로는 당신에게 기회가 많다는 것과 같다. 만약 모든 사람들이 도전하기만 하면 성공한다면 어떻게 될까? 분명 당신에게 돌아갈 기회는 현저히 줄어들게 될 것이다. 많은 실패가 따르기에 소수의 사람들만 도전한다. 그 결과 소수의 사람들만이 성공하게 되고 그 기쁨을 맛보게 된다.

국내 바비큐치킨업계의 강자인 '훌랄라'의 김병갑 사장. 그의 성공 비결 역시 여느 성공자들과 다르지 않게 실패를 두려워하지 않는 도전정신이다.

20대에 중소 속옷 유통회사를 운영했던 그는 사업을 확장하던 도중에 잘못된 하청계약으로 회사 문을 닫아야 하는 아픔을 겪었다. 사업을 정리한 뒤에 그에게 남은 건 전세금이 전부였다. 그는 사글세 단칸방으로 집을 옮긴 뒤 전세금을 빼서 마련한 2천만 원으로 사업에 재도전했다. 종목은 닭고기 유통사업. 프랜차이즈 치킨전문점을 중심으로 닭고기를 납품하면서 치킨 프랜차이즈 사업의 생리를 밑바닥에서부터 익혔다.

그는 소스와 조리기 개발에만 4년을 투자하는 등 차근차근 사업을 준비했다.

그는 당시를 이렇게 회상했다.

"브랜드 경쟁력을 갖추고 착실하게 한 발 한 발 내딛는다면 반드시 큰 사업체로 키워낼 수 있을 거라 확신했지요."

그 결과 훌랄라는 현재 500여 개의 가맹점에 3천여 명에 이르는 직

원을 이끌고 있는 기업으로 성장했다. 자신의 분야에서 성공을 일구어
낸 것이다.

그는 청춘들에게 이렇게 말한다.

"실패에 굴하지 않는 도전정신이야말로 내 성공의 비결이다. 지금 젊
은이들도 취업이 안 된다고 한탄만 하지 말고 오뚝이 같은 창업가 정신
으로 세상과 맞서면 승리할 날이 찾아올 것이다."

많은 사람들이 '왜 이렇게 불안해야 하지?', '왜 이리도 막막해야 하
지?', '내 미래는 왜 이렇게 암담하지?'라고 고민한다. 지금 현실이 불안
하고 막막한 것은, 미래가 암담하게 느껴지는 것은 더 나은 삶을 위해
도전하지 않기 때문이다. 고민에 휩싸여 있는 지금 그들은 어떻게 해야
삶이 개선되는지 분명히 알고 있다. 그런데도 다양한 핑계를 갖다 붙이
며 도전하지 않는다.

도전하지 않는 사람에게서는 그 어떤 발전도 기대할 수 없다. 자신이
그리는 미래는 저만치 멀리 있는데 정작 자신은 바닥을 기고 있으니 미
래와의 괴리감이 생기고 좌절하고 절망하게 된다. 나는 그들에게 이렇
게 말하고 싶다. 좌절하고 절망하기보다 그 시간에 더 나은 삶을 위해
나서라고, 행동하라고!

독일의 철학자 니체는 이렇게 말했다.

"삶 자체가 내게 말해주었다. '보라, 나는 언제나 자기 자신을 극복해야 하는 그 무엇이다.'"

지금 당신이 극복해야 할 것은 무엇인지 곰곰이 생각해보라. 그리고 그것을 극복하기 위해 거침없이 도전할 때 인생의 무지개는 뜨게 된다.

03

한 발 더 내디뎌라,
한 끗 차이로 승패가 결정된다

내 비장의 무기는 내 손안에 있다. 그것은 희망이다.
– 나폴레옹(프랑스의 황제)

며칠 전 거리에서 우연히 과거에 함께 글을 쓰던 지인을
만났다. 그와 나는 작가가 되어 자신의 이름이 들어간 책
을 펴내겠다는 꿈을 가지고 있었다. 그래서 매일같이 치열하게 책을 읽
었고 글을 썼다. 당시 그와 나는 고시원에서 생활했는데, 주식은 라면
이다시피 했다. 그럼에도 나는 현실이 불행하게 여겨지지 않았다. 꿈이
실현된 모습을 떠올리면 가슴이 두근거렸고 정말 행복했기 때문이다.

그러나 그는 그렇지 않았다. 글을 쓴 지 3년이 넘어갈 즈음 그는 자신
의 미래가 막막하다고 토로하기 시작했다. 4년간 죽어라고 글을 썼으면
지금쯤은 책이 세상에 나올 때도 되지 않았느냐며 불평했다. 결국 그는
글을 쓰는 것을 포기하고 자동차 영업사원이 되었다. 그렇게 그와 나는

가는 길이 갈렸다. 그때부터 그와 나는 거리가 멀어지게 되었는데, 거리에서 우연찮게 만나게 된 것이다.

그는 나에게 이렇게 말했다.

"서점에서 자주 네 안부를 접한다. 열심히 쓰더니 정말 작가가 됐네. 그때를 생각하면 정말 지긋지긋한데 넌 잘 버텼구나."

그는 시무룩한 표정으로 덧붙여 말했다.

"요즘은 자동차 세일즈도 못 해먹겠다. 힘도 들고, 8년 정도 했더니 질린다, 질려. 하지만 모아 놓은 돈도 없고 뾰족한 재주도 없으니 이러고 산다. 나도 그때 너처럼 중간에 포기하지 말고 계속 글을 쓸 걸. 요즘 자주 이런 후회가 든다."

그는 중간에 글쓰기를 포기했던 것을 뼈저리게 후회하고 있었다. 그러나 후회하는 것은 지나간 버스를 향해 손을 흔드는 것과 다를 바 없다.

글을 쓸 당시는 너무나 힘들고 고통스러웠다. 당시를 떠올려보면 그 힘든 고난의 시간들을 어떻게 버텼는지 나 자신이 대견스럽기만 하다.

세상에는 자신의 꿈을 향해 나아가다가도 끝까지 버티지 못하고 중도에 포기하는 사람들이 많다. 꿈을 향해 달려오는 동안 너무나 지쳤기 때문이다. 그러나 포기하고 싶을 때 이를 악물고 좀 더 나아간다면 분명 꿈을 실현할 수 있다. 포기하고 싶을 정도로 지쳤다는 것은 고지에 거의 다 이르렀다는 뜻이기 때문이다.

아시아의 빌 게이츠로 불리는 김윤종 회장. 그는 28세에 빈손으로 미국에 건너가 지하차고에서 사업을 시작했다. 지난 1993년에 컴퓨터 네트워크 업체 자일랜을 창업하고 1996년에 나스닥에 상장시킨 뒤 1999년에 알카텔에 자일랜을 20억 달러에 매각하면서 벤처 신화가 된 인물이다.

그는 한 인터뷰에서 자신의 성공 비결에 대해 이렇게 말했다.

"처음부터 창업을 하고 이를 통해 부자가 될 것이라 기대했던 것은 아닙니다. 저는 대기업에 다니면서, 마치 기계의 부속품처럼 변해가는 저의 모습을 참을 수 없었고, 그래서 소기업을 선택했습니다. 직원이 30명 남짓한 작은 회사였던 '페일로옵티컬시스템'에서 저는 우리가 만든 제품을 어떻게 판매해야 하는지, 그리고 우리와 비슷한 제품을 만드는 기업들은 어떤 방법으로 제품을 개발하고 있는지에 대해 알게 되었습니다. 뿐만 아니라 고객들이 어떤 제품을 원하고 있는지도 알게 되었는데, 이는 창업에 필요한 자산이 되었습니다.

생활은 안정되었지만 저는 안주하고 싶지 않았습니다. 그래서 회사를 과감히 그만두고 창고에 들어가 고객의 요구에 부응하는, 다른 회사보다 더 나은 제품을 만들기 위해 노력했습니다. 그 결과 1년 만에 시제품을 만들었고, 첫 고객인 NASA에 판매함으로써 성공적인 데뷔를 할 수 있었습니다.

맨손으로 시작한 제가 큰 성공을 거둘 수 있었던 것은 무엇보다도 편안함에 안주하지 않는 도전정신 때문이었다고 생각합니다. 물론 성실성과 결단력, 인재 채용 등도 중요하지만 가장 중요한 원동력은 역시 끊임없는 열정과 도전이었다고 스스로 평가합니다."

김윤종 회장은 자신의 성공 비결을 이렇게 담담하게 이야기하지만 그가 걸어온 길은 투쟁의 역사라고 해도 과언이 아닐 정도로 힘든 세월이었다. 그러나 그는 단 한순간도 자신의 성공을 의심하지 않았다. 시련과 역경이 바위처럼 버티고 서 있어도 강한 열정과 도전정신으로 뛰어넘을 수 있었다.

170여 개의 가맹점을 갖고, 매월 물류유통으로만 약 8~10억 원의 매출을 올리는 맥주 프랜차이즈 치어스의 정한 대표가 있다. 그는 2001년 호프레스토랑 '치어스'를 월 1억 원의 매출을 올리는 대박점포로 키운 뒤 과감히 프랜차이즈 사업에 뛰어들었다.

지금은 남부럽지 않은 인생을 살고 있지만 그의 과거는 가시밭길이었

다. 인테리어사업으로 승승장구하다 IMF사태를 겪으면서 빈털터리가
되었던 것이다. 가진 것 하나 없는 신세가 되었지만 그는 절망하지 않았
다. 그는 다시 시작한다는 각오로 부모님에게서 5천만 원을 빌려 26.4제
곱미터[8평] 크기의 치킨 가게를 시작했다. 치킨 가게는 재기의 발판이 되
어주었다. 물론 경험이 없었던 탓에 어려움은 한두 가지가 아니었다. 게
다가 자본까지 빠듯한 상황에서 직원을 둘 수 없어 고작 세 시간 자면서
주문, 조리, 서빙, 배달, 전단지 배포까지 모두 혼자서 해야 했다. 그 결
과 1년 만에 하루 매출을 150만 원으로 끌어올릴 수 있었다.

자신감을 얻은 그는 유학시절부터 눈여겨보았던, 호프와 식사를 함
께 즐길 수 있는 가족적인 분위기의 레스토랑을 열었다. 인테리어사업
을 했던 경험을 살려, 기존 호프집과는 다르게 밝고 화사한 분위기로 매
장을 꾸몄다. 메뉴도 주부는 물론 어린이들까지 맛있게 먹을 수 있도록
전문 요리사가 즉석에서 만들었다.

결과는 대박이었다. 문을 연 지 1년 만에 한 달 매출 1억 원을 올리는
대박점포가 된 것이다.

경기도 남양주시 별내면 '하이드로21'의 남궁순 대표. 그는 천덕꾸러
기 아이템을 대박아이템으로 만드는 것으로 유명하다. 그는 '선인장에
물을 주면 죽는다'는 통념을 바꾸어버렸다. 뿐만 아니라 물 위에서만 자
란 귤나무에서 귤이 열리게 하고 있다. 잎에 손을 대면 새소리와 함께

불이 켜지는 '웰빙 화분'도 개발했다.

그가 개발한 화분에는 흙이 없다. 흙 대신 '특수 점토 볼_{점토와 물을 혼합해 만든} _{작은 알갱이}'을 화분에 넣고, 물만으로 식물을 키우는 관엽식물 수경재배법_하 _{이드로 컬처}을 일본에서 배워 와 국내 최초로 선보였다. 화분 리콜, 화분 바코드, 우체국 화분 택배 서비스 등은 그가 최초로 도입한 제도다.

또, 그는 화분과 스탠드를 결합시켜 식물의 잎을 만지면 조명이 켜지는 웰빙 화분 '그린 플러스'를 세계 최초로 개발하는 데 성공하기도 했다. 화분에는 멜로디 회로가 내장되어 스탠드를 켜고 끌 때마다 아름다운 새소리가 흘러나온다.

남궁순 대표는 지금처럼 성공하기까지 숱한 어려움들을 겪었다. 고등학교를 졸업한 뒤 잠시 방탕한 나날을 보내던 그는 1986년 자신의 처지를 되돌아보고, 이곳 남양주로 들어와 아버지가 하시던 화훼 산업에 뛰어들었다.

그러나 그는 큰 실패를 맛보았다. 그 뒤 수경재배 기술을 직접 배우러 일본어 회화책 한 권만 달랑 들고 일본으로 유학을 떠났다. 1991년 귀국해 화초 재배에 재도전했지만 3년 만에 또다시 실패를 겪고는 빚쟁이가 되었다. 국내에서 일본식 재배를 시도했다가 기후와 물이 달라 실패한 것이다.

그러나 그는 좌절하거나 포기하지 않았다. 그리고 3년 만에 국내 토착화에 성공했다. 그는 경기도 이천의 도공에게 부탁해 화분을 화려하게 디자인했다. 그리고 판로 개척에 나섰다. 그러나 중간 상인들의 텃세가 너무나 심했다. 농사짓는 사람들은 바닥을 기고, 중간 상인들이 모든 것을 쥐고 있었다. 그래서 그는 소비자와 직거래하는 직접 마케팅에 나섰다. 그는 봉고차를 구입해 친동생과 함께 화원을 돌아다니면서 화원 주인들에게 '현찰 결제'와 '소비자 가격 정찰제'를 요구했다. 처음에는 모두들 정신 나간 사람 취급하며 냉담한 반응을 보였지만 제품의 우수성이 알려지면서 거래 화원이 늘어났다.

그는 원예 잡지 등 매스컴을 이용해 광고하고, 온라인 쇼핑몰로 판매 영역을 넓혔다. 1999년부터 인터넷 열풍이 불어닥치자 홈페이지를 개설해서 인터넷 직접 판매를 시작했다. 그러나 처음에는 우체국에서 화분을 택배 물품으로 받아주지 않아 고생해야 했다. 그래서 그는 고민 끝에 인터넷 판매를 위한 화분 택배용 포장 기술을 직접 개발했다. 그는 화분의 우수성을 우체국 직원에게 보여주기 위해 화분을 직원 앞에서 박스째 내동댕이쳤다. 쏟아지거나 부서지지 않는 것을 눈으로 직접 확인한 우체국 직원은 그제야 택배 계약서에 도장을 찍었다.

남궁순 대표는 자신의 성공 비결을 '고집'과 '도전정신'이라고 말한다. 사실 그에게 고집과 도전정신이 없었다면 돈 한 푼 없이 일본으로 화훼 공부를 하러 가지 못했을 것이다.

김윤종 회장, 정한 대표, 남궁순 대표. 그들의 과거는 누구보다 초라

하고 힘들었지만 강한 도전정신으로 성공이라는 금자탑을 쌓을 수 있었다. 성공은 힘든 상황에서도 꿋꿋하게 한 발 한 발 내딛는 사람에게 주어진다.

고※ 정주영 현대그룹 회장은 새로운 사업 추진을 앞두고 실패를 두려워하는 임직원들에게 "해보기는 했어!"라며 호통을 쳤다. 현대그룹이 지금과 같은 글로벌 기업으로 거듭날 수 있었던 것은 실패를 두려워하지 않는 그의 도전정신이 있었기 때문이다.

성공은 생각보다 가까이에 있다. 한 발 더 내디뎌보라. 이 한 끗 차이로 승패가 결정된다. 마지막으로 김윤종 회장의 말을 곱씹어보자.

"저는 스물일곱 살 시절 거의 빈털터리였고, 서른다섯 살에는 가족이 있는 상태에서 차고로 들어갔습니다. 제가 성공했다고 자신 있게 말할 수 있는 시기는 불과 10여 년입니다. 누구에게나 아직 기회는 있습니다. 어제까지의 삶은 이제 바꿀 수 없지만 내일의 모습은 내가 오늘을 어떻게 사느냐에 달려 있습니다."

04

진짜 실패는
도전을 멈추는 것이다

성공이란, 열정을 잃지 않고 실패를 거듭할 수 있는 능력이다.
– 윈스턴 처칠(영국의 정치가)

살다 보면 때때로 실패를 경험한다. 실패를 겪게 되면 누구나 좌절하고 절망하는가 하면 자괴감에 시달린다. 만일 그 실패가 성공 확률이 높았다면 자괴감은 더욱 깊다.

그런데 사람들은 실패를 겪게 되면 두 부류로 나뉘게 된다. 실패를 실패로 받아들이고 멈추는 사람과 실패를 겪는 순간 잊어버리고 다시 도전하는 사람이다. 전자는 실패를 실패로 받아들이는 순간 진짜 실패자가 된다는 것을 알지 못한다. 후자처럼 실패에도 다시 성공할 때까지 몇 번이고 도전한다면 더 이상 실패자가 아니다. 그는 그저 성공을 향해 나아가는 과정에 있는 것이다.

여신이란 수식어가 가장 잘 어울리는 여성 안젤리나 졸리. 그녀는 세계의 남성들이 뽑은 가장 섹시한 배우이자 여성들이 가장 닮고 싶어 하는 배우 중의 한 사람으로 꼽힌다. 물론 그녀는 외모 못지않은 당당한 자신감으로 전사, 새침한 아나운서, 정신병동의 환자 역 등 어떤 역할을 맡아도 훌륭하게 소화해내는 연기파 배우로도 손색이 없다.

현재 그녀는 세계 난민을 돕는 훌륭한 자선사업가의 면모와 입양아를 키우는 훌륭한 엄마의 모습까지 갖추고 있다. 이처럼 완벽한 인생을 살고 있지만 그녀의 과거는 어떠했을까? 그녀가 한 인터뷰에서 자신에 대해 "마약을 복용하는 골칫덩이에 외모 콤플렉스에 극심히 시달렸다."라고 밝힌 바 있다. 그녀가 밝힌 어린 시절은 눈부신 지금과 비교했을 때 가히 충격적이기까지 하다.

실제로 그녀는 10대 시절 극심한 외모 콤플렉스에 시달렸다. 치아교정기를 끼고 안경을 썼으며, 너무 말랐다는 이유로 친구들의 놀림을 받기까지 했다. 자괴감에 시달리던 그녀는 급기야 열네 살 때 자해를 하기까지 했다. 그처럼 불행했던 그녀가 지금처럼 세계적인 연기파 배우로 당당하게 성공할 수 있었던 것은 기적에 가깝다. 물론 기적은 아니다. 그녀는 누구보다 철저하게 자기관리를 해 왔으며 자신에게 주어지는 배역은 어떤 역할이든 주저하지 않고 도전했다.

안젤리나 졸리는 영화 〈툼 레이더〉에서 여전사 역할을 제대로 해냈다는 평을 받았다. 물론 가냘픈 몸매의 그녀에게 여전사 역할은 도전에 가까웠다. 그러나 그녀는 실제 여전사처럼 행동하기 위해 모든 노력을 아끼지 않았다.

여전사 역할을 소화하기 위해 매일 아침 7시에 일어나 요가를 했는가 하면, 근육질 몸을 만들기 위해 강도 높은 트레이닝과 단백질 셰이크를 마시며 식단조절을 했다. 뿐만 아니라 발레에 다이빙 연습, 그리고 특수부대와 함께 무기 사용법도 배웠으며 축구와 킥복싱도 배웠다. 그런 치열한 노력과 도전이 있었기에 지금의 그녀가 존재할 수 있는 것이다.

가슴에 큰 꿈을 가진 사람일수록 그렇지 않은 사람에 비해 많은 도전을 거듭해야 한다. 물론 그 과정에서 숱한 어려움에 처하게 된다. 그러나 모든 어려움을 극복한 뒤 갖게 되는 성공의 크기는 세상 사람 모두가 질투하고 부러워할 정도로 눈부시다. 성공 후에 따라오는 보상은 꿈에 이르기까지 쏟았던 피와 눈물, 땀, 시간을 모두 상쇄하고도 넘친다. 그래서 성공자들은 죽을 만큼 힘든 상황에서도 꿈을 포기하지 않았던 것이다.

지금 나는 아래에 한 사람의 발자취를 소개할까 한다. 그는 인생을 집어삼킬 것 같은 실패를 경험했으면서도 누구보다도 눈부신 성공을 이룩했다. 그는 누구일까?

1955년 미국 샌프란시스코 출생

1972년 리드 대학 중퇴

1974년 게임업체 아타리 입사

1976년 스티브 워즈니악과 애플컴퓨터 공동 설립

1983년 잡스가 스카우트한 존 스컬리가 사장에 취임

1985년 스컬리 사장과 대립으로 퇴사, NeXT 설립

1996년 경영 부진에 빠진 애플에 고문으로 복귀

1997년 애플 CEO에 취임

1998년 아이맥 발표

2001년 아이팟 발표, 애플스토어 개설

2003년 아이튠즈 서비스 개시

2004년 췌장암 수술

2007년 아이폰 발표

2009년 간 이식 수술

2010년 아이패드 발표

2011년 애플 CEO 사임

그렇다. 아이폰과 아이패드를 세상에 있게 한 애플의 창업자 스티브 잡스다. 그는 세계 최초의 개인용 컴퓨터인 애플2와 매킨토시로 개인용 컴퓨터 시장을 열고, 아이팟, 아이폰과 아이패드를 출시하는 등 새로운 산업 패러다임과 라이프스타일을 끊임없이 창조했다.

그는 지구상에서 가장 성공한 최고경영자로 기억된다. 그러나 그의 인생을 확대해서 들여다보면 성공보다 실패한 경험이 더 많았다는 것을 알 수 있다. 그는 기업가로서도 두 차례의 큰 실패를 맛보아야 했다. 자신이 만든 애플사에서 이사회와 갈등을 빚다 1986년에 쫓겨났고, 애플을 나와 만든 넥스트 컴퓨터는 너무 비싸다는 이유로 소비자로부터 외면당하는 수모를 겪어야 했다.

흥미로운 사실은 스티브 잡스는 그동안 많은 실패를 경험했지만 실패를 두려워하지 않았다는 것이다. 오히려 실패를 은근히 즐기는 것으로 비쳐질 정도였다. 사실 세상에 실패를 반기는 사람은 아무도 없다. 실패 뒤에 오는 고통과 괴로움, 부끄러움 등으로 두 번 다시 그런 일을 겪고 싶지 않다는 생각을 하게 된다.

30세 때 스티브 잡스는 자신이 세운 애플사에서, 그것도 자신이 영입한 존 스컬리에게 쫓겨나는 수모를 당했다. 그 자괴감이 얼마나 컸던지 그는 식음도 전폐한 채 불 꺼진 방에서 며칠 동안 앉아서 생각만 했다. 당시 친구들은 그가 혹시라도 극단적인 생각을 하진 않을지 노심초사하며 지켜보아야 했다.

그러나 그는 언제까지나 자괴감에 빠져 있게 자신을 내버려두지 않았다. 오히려 애플로부터 자유로워진 그는 자신이 진정으로 원하는 일을 하기로 결심했다. 그리하여 NeXT사를 설립해 꿈 너머 꿈을 향한 초석을 다져나갔다. 그리고 얼마 지나지 않아 그는 경영 부진에 빠진 애플에 고문으로 복귀해 연간 10억 달러에 이르던 애플의 적자를 흑자로 돌려놓았다. 그렇게 그는 10년 만에 멋지게 복귀해 인생역전의 주인공이 되었다.

스티브 잡스는 사람들에게 실패를 두려워하지 말고 도전하라고 충고했다.

"내가 곧 죽을 것임을 기억하는 것은, 내가 중요한 결정을 내려야 할 때 가장 도움이 되었던 도구입니다. 왜냐하면 외부의 기대, 프라이드, 부끄러움, 실패 등은 죽음 앞에서 모두 무의미해지기 때문입니다. 언젠가 당신이 죽을 것이라는 것을 기억하면 무언가를 잃을까 봐 두려워하는 덫에 빠지지 않습니다. 이미 당신은 벌거벗었습니다. 당신의 마음을 따르지 않을 이유가 없습니다."

인터넷에서 대기업 종합병원 퇴직 후 두 번의 창업 실패 끝에 한국전력 재취업에 성공한 신상우 씨의 스토리를 보게 되었다. 그는 20년간 지방의 대기업 종합병원에서 근무한 뒤 퇴직했다. 그 후 한식뷔페와 국밥집 체인점 등 두 번의 자영업에 도전했지만 사업 경험 부족으로 모두 실패하고 말았다. 아이들에게 무능한 아빠로 비쳐지는 것이 두려워 다시금 마음을 다잡고 재취업을 위해 노력했다.

회사를 떠난 지 10년이라는 공백이 있었다. 하지만 그는 병원에서

20년간 근무한 경험으로 관리직 업무에는 자신이 있었다. 그래서 관리직 분야에 계속해서 입사원서를 냈다. 그러나 현실은 냉혹하기만 했다. 한 달이 지나도록 아무런 연락이 없었던 것이다.

어느 날 그는 전경련 종합고용지원센터로부터 눈을 좀 더 낮추어 지원해야 기회가 많아진다는 조언을 받았다. 그는 자존심과 현실 사이에서 고민하다가 마음을 고쳐먹고 경비업체에 지원서를 냈다.

면접을 보고 나서 며칠 후 경비업체로부터 전화가 걸려왔다. 내일부터 출근할 수 있는지 묻는 전화였다. 그 한마디를 듣는 순간 가슴속에서 이루 말로 표현할 수 없는 기쁨이 터져 나왔다.

그는 합격 통보를 받는 순간 그동안 수많은 곳에서 입사를 거절당했던 응어리가 눈 녹듯이 녹는 것을 느낄 수 있었다. 그는 앞으로 가족들에게 무능한 아빠가 아니라는 것을 몸소 보여주고 싶었다. 그래서 경비협회에서 진행하는 교육에도 열심히 참여했다. 그 결과 최우수 교육생으로 선정되었는가 하면, 지금은 경비조장을 맡고 있다. 그는 지금 이 세상 누구보다도 행복하다.

사람들 가운데 실패가 두려워서 도전을 주저하거나 포기하는 사람이 있다. 물론 세상에는 성공보다 실패가 더 많은 법이다. 그리고 실패를 하게 되면 그에 대한 책임을 져야 한다. 그래서 도전에 앞서 신중해지면서 주저하게 된다. 그러나 실패에 따르는 책임보다 더 중요한 것이 있다. 바로 실패가 두려워 도전을 하지 않는 것이 진짜 실패라는 것이다. 진짜 실패자는 지는 게 두려워서 도전조차 안 하는 사람이다.

일본 사무기기 업체 리코가 있다. 리코는 일본에서도 독특한 기업으로 알려져 있다. 매출 2조 엔²⁰ᵃ에 육박하는 리코는 지난 1946년 개인용 카메라 시장 진출, 1972년 팩시밀리 시장 진출, 1980~90년대 사무자동화ᴼᴬ 기기 시장 진출에 이르기까지 '변화의 바람'을 먼저 잡았기에 성공할 수 있었다.

당시 사장이었던 사쿠라이 마사미츠는 한 기자가 성공 비결을 묻자 이렇게 말했다.

"항상 도전할 준비가 되어 있었기 때문입니다. 리코는 변화했기에 살아남았습니다. 한국 기업들의 하드웨어 생산 능력은 분명 세계적이지만, 솔루션과 서비스를 개발하는 등 변화해야 미래가 있습니다."

동국대 농학과 출신인 KJ그룹 김경재 회장. 그는 1981년 맨손으로 미국으로 건너가 LA 대형 의류 유통업체 대표가 되었다. 그는 성공 비결을 묻는 사람들에게 "더 큰 세상을 보고 강한 승부욕으로 도전해야 성공할 수 있다."라고 말했다.

그렇다. 성공에는 반드시 도전이라는 감초가 필요하다. 도전 없이는 아무리 능력이 뛰어나도 성공할 수 없다. 도전하지 않는 사람은 노를

젓지 않는 배와 같기 때문이다. 언제나 그 자리에 머물러 있을 뿐이다.

성공은 항상 도전 앞에 자신의 주인이 오기만 기다리고 있다. 그런데 사람들은 도전이 너무 힘겹다며 성공으로부터 쉽게 등을 돌린다. 그동안 나는 문화·예술·경제·경영 분야에서 다양한 성공자들을 만나보았다. 그리고 그들에게서 들은 성공 비결을 토대로 이런 결론을 내렸다. 바로 성공은 사람들이 생각하는 것보다 쉽다는 것이다.

다음 세 가지만 실천하면 반드시 성공하게 되어 있다.

첫째, 꿈을 향해 도전한다.

둘째, 시련과 역경이 닥쳐도 끝까지 도전한다.

셋째, 실패에서 교훈을 얻어 다시 도전한다.

05

한 번도 실패하지 않은 것처럼
도전하라

소심한 사람은 성공할 확률이 낮다. – 실러(독일의 극시인)

"나는 시도한 모든 일에서 실패와 실패와 실패를 경험했다. 그것을 통해 좌절과 실망, 일시적인 실패는 숨을 들이쉬고 내쉬는 것만큼 자연스러운 일이라는 걸 배웠다. 나는 학교에서 실패했고, 수많은 직업에서 적어도 처음에는 실패했다. 세일즈맨이 되었을 때 수백 번의 실패를 경험했고, 경영진이 되어서도 끝없는 실수를 저질렀다. 나는 성공하기 전에 내 인생의 모든 단계에서 실패하고 또 실패했다."

세계적인 성공학의 대가 브라이언 트레이시의 말이다. 그는 자신의 실패 경험, 즉 '실패학'을 이용해 입신한 인물이다.

캐나다 동부의 프린스에드워드Prince Edward 섬에서 태어난 그는 불우한 가정환경과 저조한 학업 성적으로 인해 고등학교를 중퇴했다. 고등학교 중퇴 후 그는 접시닦이, 벌목공, 주유소 주유원, 화물선 잡역부 등을 전전하며 낡은 중고차를 보금자리 삼아 추운 겨울을 보냈다.

그러던 어느 추운 겨울날 그는 낡은 중고차 안에서 끼니도 제대로 때우지 못하는 자신을 돌아보게 되었다. 자신의 미래를 떠올려보았지만 막막하기만 할 뿐이었다. 그는 좀 더 안정적인 직업을 가지기 위해 판매 영업에 뛰어들었다. 그러나 직업이 달라져도 현실은 그다지 나아지지 않았다. 숙소가 중고 자동차에서 싸구려 모텔로 바뀌었다는 것뿐이었다.

그는 어느 날 문득 이런 생각이 들었다.

'왜 세상은 '성공하는 사람'과 '실패하는 사람', '부자'와 '가난한 사람'들로 양분되는 걸까? 그 이유는 무엇일까?'

그 이유를 찾기 위해 그는 심리학, 철학, 경제학, 경영학 서적 등을 닥치는 대로 읽었다. 아울러 회사에서 최고의 실적을 올리는 선배 세일즈맨을 찾아가 비결을 물었다.

"어떻게 하면 당신처럼 영업을 잘할 수 있습니까?"

그러자 선배 세일즈맨이 이렇게 반문했다.

"먼저 자네는 어떻게 일을 하고 있지? 자세하게 말해줄 수 있겠나?"

그는 선배 세일즈맨에게 자신의 세일즈 방식에 대해 말해주었다. 그러자 선배 세일즈맨은 그에게 이런저런 조언을 해주었다. 그는 선배 세일즈맨이 일러준 방식대로 고객에게 전화를 하거나 직접 만났다.

한편으로 틈틈이 자기계발 세미나와 최고의 동기부여가의 육성이 담긴 테이프를 반복해서 들었다. 그러자 놀라운 일이 일어났다. 제로에 가까웠던 실적이 점차 상향곡선을 그리기 시작한 것이다. 그리고 마침내 6개월 후 그는 회사에서 가장 높은 실적을 올린 세일즈맨이 되었다.

현재 IBM, 포드, HP, 지멘스, BMW 등 500개가 넘는 세계적인 기업들이 그의 성공학에 귀를 기울이고 있다. 그리고 매년 강연을 통해 전 세계에서 25만 명의 청중들을 만난다. 365일 중 110일간 강연하는 그의 강연은 보통 1년 전에 예약이 끝난다.

그는 자신의 인생의 주인은 바로 '나'라는 생각으로 자신의 가능성에 도전했다. 그리고 고군분투한 결과 고등학교 졸업장도 없는 극빈층에서 연간 매출 3천만 달러의 인력개발기업의 주인이 되었다.

브라이언 트레이시는 성공의 법칙을 묻는 질문에 이렇게 답한다.

"세상에 그런 법칙은 없다. 다만 성공한 사람들은 누구든지 엄청나게 많은 실수를 저질렀고, 그럼에도 그들이 성공할 수 있었던 것은 포기하지 않는 고집과 도전정신이 있었기 때문이다."

그는 중고차에서 잠을 자며 굶기를 밥 먹듯이 하던 시절에도 자신의 인생을 비관하지 않았다. 비록 현실은 힘들고 고달팠지만 더 나은 인생을 위해 끊임없이 다른 직업을 전전하며 도전했다. 그리고 마침내 자신이 가장 잘할 수 있는 일을 찾을 수 있었다.

그는 사회적으로 크게 성공했지만 고등학교 중퇴자에 불과했다. 그래서 그는 10대 시절에 못다 한 공부를 하기 위해 30대에 늦깎이 대학생이 되어 앨버타 대학에서 학사학위를, 컬럼비아 퍼시픽 대학에서 경영학 석사학위를 받았다. 심리학, 철학, 경제학, 경영학 등 다양한 분야의 수많은 책과 논문을 섭렵하는 데 '3만 시간'을 투자했다.

이탈리아 럭셔리 브랜드 구찌의 크리에이티브 디렉터 프리다 잔니니. 그녀는 구찌에 핸드백 디자이너로 입사한 지 4년 만에 톰 포드의 뒤를 이어 크리에이티브 디렉터의 자리에 올랐다. 구찌의 퍼스트레이디가 된 셈이다.

그녀가 크리에이티브 디렉터로 승진하기 전인 2004년 구찌는 혼란에 휩싸였다. 크리에이티브 디렉터^{총괄 디자이너}였던 톰 포드가 사의를 표했기 때문이었다. 톰 포드는 파산 직전의 구찌를 1990년대의 가장 인기 있는 브랜드로 화려하게 부활시켰던 패션계의 제왕으로 알려져 있었다.

그러나 회사는 급하게 새로운 적임자를 영입하는 대신 유예기간을 두고 적임자를 찾아보기로 했다. 그리고 2년 뒤 마침내 여성복 총괄 디자이너였던 프리다 잔니니를 '구찌의 퍼스트레이디'로 점찍었다. 그녀가 구찌에 핸드백 디자이너로 입사한 지 4년 만이었다.

회사가 프리다 잔니니를 총괄 디자이너의 자리에 앉히자 여기저기서 우려의 목소리가 들려왔다. 그러나 그녀는 자신의 능력을 증명해 보임으로써 세간의 우려를 보란 듯이 불식시켰다. 2006~2011년 사이에 브랜드의 수익을 50% 가까이 끌어올렸고, '프로페셔널하면서도 자신감이 넘치는 현대 여성'을 구찌의 새로운 이미지로 정착시켰다. 그녀 역시 패션계의 가장 파워풀한 여성으로 떠올랐다.

사람들은 프리다 잔니니가 평탄하게 지금의 자리에 올랐을 거라고 생각한다. 그러나 그녀는 지금의 자리에 오르기까지 피나는 노력과 더불어 끊임없는 도전을 해야 했다. 어린 시절 로마의 패션 아카데미를 졸업한 그녀는 1997년 패션 브랜드인 펜디의 액세서리 디자이너로 일을 시작했다. 이후 여성복 디자이너로 활동하다가 자신의 꿈을 펼치기 위해 2002년 구찌의 액세서리 디자이너로 이직을 결심했다.

그녀는 2012년 〈중앙일보〉 이도은 기자와의 인터뷰에서 구찌로 오게 된 이유에 대해 이렇게 말했다.

"그 당시 나는 내 커리어를 성장시킬 뭔가를 찾고 있던 중이었다. 구찌처럼 좀 더 세계적인 브랜드에서 일하고 싶었다. 물론 나 역시 톰 포드를 너무나 좋아했다. 구찌로 와달라는 전화를 받았을 땐 뛸 듯이 기뻤고 '오케이, 난 이미 펜디에서 충분히 경험을 쌓았어. 이젠 다음 단계로 옮길 때야'라고 확신했다."

그녀는 구찌에서 2년 만에 액세서리 총괄 디렉터로 승진했고, 2006년부터 구찌의 프리마돈나가 되어 세상을 떠들썩하게 했다.

물론 그녀가 톰 포드의 후임으로 크리에이티브 디렉터가 되었을 때 부담감은 너무나 컸다. 그녀는 당시를 이렇게 회상했다.

"정말 스트레스가 이만저만이 아니었다. 그는 패션계의 영웅이었으니까. 그의 후임이 된 건 한없이 영광스러웠지만 내가 어떻게 다시 시작해야 할지 정말 막막했다. 하루 스물네 시간 일에 대한 생각이 머릿속에서 떠나지 않으면서 패닉 상태에도 빠졌고, 위장병도 생겼다. 아마도 모든 이들이 한 번쯤 겪었을 가장 괴로운 시간이 내게도 찾아온 것이다. 하지만 일에 몰두하면서 어느 정도 성과를 얻을 수 있었고, 자신감도 서서히 되찾았다."

그녀를 보면 역시 성공은 그냥 주어지지 않는다는 것을 알 수 있다. 성공에는 피나는 노력과 실패를 두려워하지 않는 도전정신이 전제되어야 한다. 만일 그녀가 펜디의 액세서리 디자이너로서의 삶에 만족했더라면 지금처럼 그녀의 이름 앞에 '구찌의 퍼스트레이디'라는 수식어가 따라붙지 못할 것이다.

프리다 잔니니는 구찌에 몸담은 10년간 초고속 승진을 할 수 있었던 비결에 대해 이렇게 말했다.

"나는 일을 진지하게 생각하지만 일하는 방식에서만큼은 재미를 가지려 한다. 하루가 지나고, 계절이 바뀔 때마다 늘 '한판 놀아야지' 하는 거다. 맨땅에서 새로운 것에 도전하는 일을 그렇게 받아들인다."

나는 가끔 진로에 대해 조언을 구하는 메일을 받는다. 최근에 받은 30대 초반의 한 중학교 교사는 학생들을 가르치는 일이 적성에 맞지 않는다며 어떻게 해야 하느냐, 라고 조언을 구했다.

그녀는 예전부터 사진작가가 되고 싶었지만 교사가 안정적인 직업이라는 부모님의 권유에 못 이겨 교사가 된 것이었다. 물론 교사가 자신의 꿈과 무관한 것이었기에 학생들을 가르치면서도 전혀 기쁨과 보람을 느낄 수 없었다. 시간이 지나면서 마음 한편에서 사진작가가 되고 싶다는 열망이 더욱 커졌다. 그러던 차에 내가 쓴 책을 읽고 메일을 보낸 것이었다.

나는 그녀에게 진정으로 자신이 원하는 일을 하라고 조언했다. 남은 인생을 '이 일은 내 적성과 맞지 않아' 이렇게 생각하며 살 수는 없지 않은가. 이는 맞지 않는 옷을 입고 있는 것과 같다. 무엇보다도 훗날 인생을 돌아볼 나이가 되었을 때 꿈을 실현해보지도 못한 채 인생이 지는 것이 너무나 후회스럽게 느껴질 것이다.

나는 사람들에게 정말 그 일이 자신의 꿈이라면, 갈망하는 일이라면 도전해보라고 조언한다. 도전해보아야지 그 일이 진짜 나와 맞는지, 안 맞는지 알 수 있다. 도전해보지도 않고 머릿속으로만 재단한다면 음식을 맛보지 않은 채 냄새만 맡고 맛을 짐작하는 것과 다를 바 없다.

'마케터', '경영자', '혁신가', '아이디어 천재', '혁명가', '애플의 창업주' 스티브 잡스. 그는 애플이라는 한 컴퓨터기업으로 시작해, 뛰어난 아이디어와 통찰로 '매킨토시'와 '아이팟', '아이폰', '아이패드' 등 혁신의 아이콘들을 탄생시켰다. 기업가이자 발명가로서 그가 내놓은 제품들은 커다란 변혁을 가져왔는가 하면, 이 시대의 IT혁명을 이끌었다.

몇 해 전 그가 사망했을 때는 그를 추모하는 전 세계의 애플 팬들의 사상 유례없는 행렬이 이어지기도 했다.

그가 우리에게 남긴 최고의 선물은 '도전정신'이다. 그는 자신이 세우고 성공으로 이끈 회사에서, 자신이 스카우트한 사람으로부터 쫓겨나기도 했다. 그러나 온갖 좌절과 치욕, 실패를 뚫고 IT 세계의 지도자로 화려하게 부활했다.

실패를 딛고 재기에 성공했을 뿐 아니라 더욱 혁신적인 제품을 선보였던 그의 영향력은 실로 엄청났다. 그가 신제품을 발표하면 세계는 숨죽이고 그 무대를 주목했다. 발표장은 환호성으로 넘쳐났고 그의 연설과 어록은 두고두고 인구에 회자되었다.

스티브 잡스가 사람들에게 영향력을 미치는 것은 그의 인생이 결코 평범하지 않기 때문이다. 그는 보통사람은 절대 감당해내지 못할 시련과 역경들을 꿈과 인내 그리고 도전정신으로 이겨냈다. 그가 걸어온 길을 살펴보면 마치 한 번도 실패하지 않은 것처럼 끊임없이 도전했다는 것을 알 수 있다. 그는 실패하는 것보다 더 두려운 것은 도전을 멈추는 것이라고 여겼다. 그래서 실패에도 아랑곳하지 않고 도전하고 또 도전했던 것이다.

심지어 그는 암 진단을 받았을 때조차 저만치 와 있는 죽음을 두려워하지 않았다. 오히려 초연했다.

"나는 암 진단을 받았다. 죽음은 어느 누구도 피해 가지 못한다. 왜냐하면 죽음은 삶이 만든 최고의 발명품이기 때문이다. 죽음은 낡은 것을 없애고 새로운 길을 내어준다."

그는 '죽는다는 사실을 기억하면 정말로 잃을 게 없다'는 생각으로 끊임없이 도전하는 삶을 살았다. 리드 대학을 중도에 포기한 그가 2005년 스탠퍼드대 졸업생들에게 준 메시지는 그의 삶에서 우러난 것이기에 더욱 깊은 울림을 준다.

"실패의 위험을 감수해야 예술가로 살아갈 수 있다. 늘 갈망하라, 우직하게 나아가라."

인생은 단 한 번뿐이다. 두 번 '다시'는 없다. 따라서 가슴이 시키는 일, 진정으로 하고 싶은 일이 있으면 주저하지 말고 과감히 도전해보라. 실패에 따라오는 책임이 무서워 지레 포기하는 못난이가 되어선 안 된다.

때로 못난이가 되려고 할 때 스티브 잡스가 스탠퍼드대 졸업생들에게 준 메시지를 떠올려라. 그의 메시지는 눈부신 미래를 창조해나가고 있는 나와 당신, 우리 모두에게 유효하다.

여섯 번째 자기혁명

열정이
차이를
만든다

인생을 바꾸는 자기혁명

01

가슴이 시키는 일을 하라

> 진정한 성공은 평생의 일을 자신이 좋아하는 일에서 찾는 것이다.
> – 데이비드 매컬로(미국의 역사학자)

'닮고 싶은 여성 1위', '나이가 들수록 더 멋있어지는 최고의 여성 1위', '가장 많은 직장인이 부러워하는 사람'으로 꼽힌 김주하 앵커. 그녀는 이런 설문조사를 굳이 들먹이지 않더라도 많은 청춘들이 닮고 싶어 하는 사람 가운데 한 사람이다. 김주하가 지금처럼 많은 사람들의 롤모델이 될 수 있는 인생을 살게 된 것은 가슴이 시키는 일을 했기 때문이다.

그녀는 〈교보문고 북뉴스〉의 박미경 자유기고가와의 인터뷰에서 청춘들에게 다음과 같이 조언했다.

"먼저 자신이 뭘 하고 싶은지를 찾아야죠. 당연한 주문 같지만, 자신이 정말로 하고 싶은 게 뭔지 모르는 젊은이들이 의외로 많아요. 풍부한 독서와 다양한 경험이 도움을 줄 겁니다. 좋아하는 일을 찾았다면, 그 일이 나와 맞는지 안 맞는지 '안으로 들어가서' 직접 부딪쳐야 해요. 밖에서 보는 것과 안에서 부딪치는 것엔 굉장한 차이가 있으니까요. 가령 방송사에 꿈이 있다면 인턴채용에 응해보는 게 한 방법이겠죠. 부딪쳐봤는데 자신과 맞지 않는다면, 미련 없이 포기할 줄 아는 용기가 필요해요. 반대로 이게 내 길이다 싶으면 미련하다 싶을 만큼 끝까지 물고 늘어져야죠."

김주하는 비교적 일찍 자신의 꿈을 찾은 케이스에 속한다. 그녀가 기자의 꿈을 꾸게 된 것은 고등학교 때 신문반 활동을 하면서부터였다. 신문반 활동으로 성적이 떨어지는데도 취재를 향한 그녀의 열정은 식지 않았다.

그 무렵 안타깝게도 그녀의 집 형편이 좋지 않았다. 초등학교 때 아버지의 사업이 잘못되면서 가세가 기울었기 때문이다. 그래서 가족들은 끼니를 걱정하고 옥탑방을 부러워할 정도로 힘든 생활고를 겪어야 했다.

그러나 그녀는 그런 상황에서도 비관하지 않았다. 꼭 실현하고 싶은 기자의 꿈이 있었기 때문이다. 그 꿈은 때로 그녀가 좌절하거나 흔들릴 때 그녀를 꼭 붙들어주기도, 위안과 격려가 되기도 했다.

그런 노력 끝에 그녀는 절반의 꿈을 이룰 수 있었다. MBC 방송국에 기자가 아닌 앵커로 입사한 것이다. 그럼에도 그녀는 자신의 일에 최선을 다했다. 그렇게 앵커로 활동하던 중 입사 8년 차인 2004년 사내 기자 공모에 합격하면서 마침내 어린 시절의 꿈이었던 기자의 꿈을 실현할 수 있었다.

물론 기자생활은 앵커로 활동하던 때와는 차원이 다르게 힘들었다. 앵커로서는 오후 3시에 출근해 새벽 2시에 퇴근하면 되었지만, 취재가 본업인 기자생활은 출퇴근 시간이 따로 정해져 있지 않았기 때문이다. 눈을 뜨는 순간부터 잠자리에 드는 순간까지 취재거리를 생각해야 했다. 그럼에도 그녀는 기자의 일이 힘들기보다 오히려 즐거웠다고 말한다.

"내가 왜 이 고생을 사서 하나, 솔직히 가끔 후회해요. 하지만 마땅한 아이템을 만나면 언제 그랬냐는 듯 다시 생기가 돌아요."

김주하의 말에 나는 전적으로 동감한다. 지금 나는 새벽 4시 반에 일어나 책상에 앉아 키보드를 두드리고 있다. 현재 다섯 시간째 글을 쓰고 있지만 전혀 피곤함을 느끼지 않는다. 오히려 글을 쓸수록 에너지가 솟아난다. 왜냐하면 지금 내가 가장 좋아하는 일, 가슴이 시키는 일을 하고 있기 때문이다.

가슴이 시키는 일을 하면 무조건 성공하게 되어 있다. 물론 사람에 따라 그 성공에 도달하는 데 걸리는 시간이 다를 수도 있다. 그러나 마지막에는 반드시 성공한다. 자신이 좋아하는 일을 할수록 더욱더 잘하게 되고 전문가가 되기 때문이다. 실력이 일취월장하면서 마침내 성공이라는 금자탑을 완성하게 된다.

세계적인 영화감독 스티븐 스필버그. 그는 한 기자로부터 "이제 나이가 60대 중반인데 무엇이 아직도 당신으로 하여금 영화에 대한 정열을 불사르게 만드는가?"라는 질문을 받았다. 그러자 그는 이렇게 대답했다.

"언제나 이야기다. 새로운 이야기를 찾아내면 늘 난 흥분한다. 그땐 다시 아이가 된다. 내 젊음의 샘은 아이디어나 이야기다. 난 책상 뒤에 앉아 있는 것보다 일하는 게 더 좋다."

자신이 좋아하는 일을 하는 순간에는 정말 그 일에 온전히 빠지게 된다. 쉽게 말하면 그 일에 미치는 것이다. 그리하여 스티븐 스필버그의 말처럼 그 일에만 푹 빠져 있는 아이가 되는 것이다. 그래서 시간이 가는 줄도, 힘든 줄도 모른 채 즐겁게 일하게 된다. 즉 일이 놀이처럼 느껴지는 것이다.

세일즈맨으로 시작해 메리케이 화장품 회사의 창업자가 된 메리 케이 애시. 그녀는 간절히 원하면 그것을 실현할 수 있는 힘이 생겨난다고 믿었다.

그녀의 말을 들어보자.

"간절히 염원하면 '무슨 일이든 이루겠다'는 집념이 샘솟고, 그 집념에서 놀랄 만한 엄청난 힘이 나옵니다. 그것은 인간의 일념이 얼마나 대단한 것인지를 말해줍니다. 원래 인간은 누구에게나 기적을 일으킬 힘이 잠재되어 있습니다. 기적을 이루느냐는 그것을 믿고 실행하는가, 그렇지 않은가에 달려 있을 뿐입니다.

한마디 덧붙이자면, 바보가 되어 무모하게 도전하는 마음을 가져야 합니다. 절실히 염원하면 그것을 실현하기 위해 자연히 모든 것을 걸고 온 힘을 다하게 됩니다. 따라서 당신의 바람이 이루어지는 것은 시간문제입니다. 그만큼 염원하는 힘은 엄청납니다."

지금은 성공자라고 일컬어지지만 그녀의 과거 역시 가난한 처지에 불과했다. 그러나 그녀는 힘든 환경 속에서도 자신이 어떤 일을 하고 싶어하는지 알고 있었다. 그래서 48세라는 늦은 나이에 '메리케이'라는 작은 화장품 회사를 차려 사업가로 변신했다. 그리고 20년 후 그 회사는 세계 최고의 화장품 회사로 성장했다. 그녀가 눈부신 성공신화를 쓸 수 있었던 것은 자신이 하고 싶은 일을 했기 때문이다. 그래서 온전히 그 일에 대한 집념을 불사를 수 있었던 것이다.

대다수의 사람들은 가슴이 시키는 일을 하기보다 그저 쉽고 편한 일을 선택한다. 이런 길은 보통사람들이 선호하는 길이다. 그러나 남들이 가는 길은 편하고 수월한 만큼 그 분야에서 두각을 나타내거나 성공하기까지 무척 힘이 든다. 이미 많은 사람들이 그 길을 걸어간 탓에 경쟁이 치열하기 때문이다. 따라서 그들이 남기고 간 부스러기 정도나 주울 수밖에 없다.

물론 아무도 가지 않은 길을 가려고 하면 두렵고 망설여지게 마련이다. '잘해낼 수 있을까?', '실패하는 건 아닐까?'라는 생각이 꼬리에 꼬리를 물게 된다.

그러나 여러분은 평범하게 살기 위해 세상에 태어난 것이 아니다. 좋아하는 일을 통해 기쁨과 성취감을 느끼며 행복하게 살기 위해, 성공하는 인생을 살기 위해 태어났다. 늘 이것을 잊어선 안 된다. 늘 '나는 성공하기 위해 태어났어', '나는 내가 좋아하는 일을 하면서 행복하게 살 권리가 있어'라고 생각해야 한다는 뜻이다.

성공한 사람들은 하나같이 자신이 원하는 일을 했던 사람들이다. 그들은 가슴이 어떤 일을 원하는지 알고 있었다. 그래서 그 분야에서 두각을 나타낼 수 있었던 것이다.

때로 여러분이 가고자 하는 길을 방해하는 사람들이 있을 것이다. 그들의 공통점은 성공하지 못했다는 것이다. 그래서 자신처럼 여러분 역시 실패자로 전락하기를 바라는 것이다.

그들은 이렇게 말한다.

"그 일은 아무나 할 수 있는 일이 아냐."

"네가 뭐 특별한 줄 알아! 다른 사람들처럼 평범하게 사는 게 장땡이야."

"괜히 쓸데없는 일에 시간 낭비하지 말고 맡은 일이나 잘해."

그런 그들에게 큰 소리로 이렇게 외쳐보라.

"나는 아무나가 아니거든!"

"난 너와 달리 특별한 존재야. 나는 절대 평범하게 살지 않을 거야!"

"나는 지금 내가 꿈꾸는 미래를 창조하는 일을 하고 있어. 그런데 어떻게 시간낭비라고 할 수 있겠어."

꼭 실현하고 싶은 꿈, 가슴이 시키는 일이 있다면 사람들에게 공언해보라. 사람들에게 공언하는 것을 절대 부끄럽게 여겨선 안 된다. 나는 20대 초반부터 가족과 친구, 지인들에게 "나는 작가가 될 거야!", "난 결코 평범하게 살지 않을 거야!"라고 외치고 다녔다. 지금의 나를 보라. 책을 쓰고 강연하는 작가로 살고 있지 않는가.

남들과 똑같이 산다는 것은 인생을 낭비하는 것과 같다. 남들과 다른, 당신의 가슴을 뛰게 하는 인생을 살기 바란다.

02

딱 66일만 미쳐라

멈추지 말고 한 가지 목표에 매진하라. 그것이 성공의 비결이다.
– 안나 파블로바(러시아의 발레리나)

'미쳐야 미친다'라는 말이 있다. 미친다는 말에는 온전히 그 일에 집중한다는 뜻이 담겨 있다. 어떤 일이든 다른 생각이 끼어들 틈이 없을 정도로 흠뻑 빠져들 때 성과를 발휘할 수 있다. 성공 역시 그 일에 몰입할 때 찾아온다.

그런데 한 가지 일에 오래도록 몰입할 수 있는 사람은 거의 없다. 그래서 일을 하면서도 자꾸만 딴 생각이 나기도, 일에 방해되는 행동을 하게 되기도 한다. 그런 나머지 시간대비 효율이 저조할 수밖에 없다.

어제 놀러 온, 초등학교 고학년의 조카가 몇 시간씩 책상에 앉아 있어도 공부가 되지 않는다고 토로했다. 왜 공부가 되지 않을까? 조카의 말에 의하면 책상에 앉는 순간부터 자꾸만 친구들 생각이 나거나 휴대

전화를 만지작거리게 된다는 것이었다. 그러니 집중이 될 리 만무하다. 나는 조카에게 공부를 할 때는 휴대전화의 전원을 끄고 책상 서랍에 넣어 두라고 조언했다. 처음에는 힘들겠지만 두 달만 꾹 참고 실천하라는 말도 덧붙였다.

나는 매일 새벽에 기상하면 샤워를 한 뒤 따뜻한 물 한 잔을 마시고는 곧장 글을 쓰는 것이 습관화되어 있다. 물론 처음에는 새벽에 기상하는 것이 너무나 힘들었다. 그래도 계속 실천했더니 어느 순간 나도 모르게 습관화가 되었다. 강연 등의 일로 글을 쓸 수 없는 날은 왠지 모르게 하루 종일 찜찜한 느낌을 지울 수가 없다.

공부나 운동, 무언가를 배우는 일 등에서 성과를 올리기 위해선 습관을 이용할 필요가 있다. 즉 습관을 내 편으로 만드는 것이다. 습관은 한자로 익힐 습^習, 익숙할 관^慣으로 "어린 새가 날갯짓을 연습하듯 매일 반복해 마음에 꿰인 듯 익숙해진다."라는 뜻을 담고 있다. 이는 특정한 자극이나 행동에 반복적으로 노출되어 자동화되는 과정을 뜻한다. 쉽게 말해 뇌의 정보처리 패턴인 것이다.

한번 몸에 밴 습관은 여간해선 쉽사리 사라지지 않는다. 그 습관을 고치려면 습관이 몸에 배기까지의 시간에 비해 몇 배의 시간과 노력이 필요하다. 그렇다면 이미 형성된 습관을 어떻게 해야 수정할 수 있을까? 잘못된 습관을 새로운 긍정적인 습관으로 덮어씌우는 것이 효과적이다.

영국의 UCL(University College London)에서 습관을 만드는 데 걸리는 시간에 대해서 실험을 진행했다. 지원자들에게 하나의 행동계획을 만들게 하여 12주 동안 매일 행동하게 한 뒤 인터넷으로 질문에 대한 답변을 하게 했다. 질문의 핵심은 무의식적으로 습관적인 행동을 하게 되었는지에 관한 것이었다.

사람마다 차이는 있지만 연구에 참가한 사람들이 새로운 습관을 형성하는 데 걸린 평균 시간은 약 66일로 나타났다. 뇌의 신경세포 간의 신호전달망인 시냅스를 새롭게 만들어 몸에 익히게 하는 데 걸리는 시간이 평균적으로 66일이라는 뜻이다. 누구나 66일 동안 꾹 참고 어떤 특정한 행동을 하면 습관화된다는 말이다.

성공하는 인생을 사는 사람들은 습관을 효율적으로 이용한다. 처음에 습관을 들일 때 꿈과 목표 달성에 도움이 되는지, 방해가 되는지 판단해서 도움이 되는 습관들 위주로 몸에 익히려고 노력하는 것이다.

이는 나이를 떠나 성적이 뛰어난 학생들 역시 마찬가지였다. 공신들은 비공신들에 비해 공부를 잘하는 습관을 가지고 있다. 예습·복습을 비롯해 책상에 앉으면 공부에 몰입한다거나 어떤 일이 있더라도 그날 공부해야 할 분량을 소화하는 등의 규칙이 습관화되어 있는 것이다. 그러니 공부를 잘할 수밖에 없다.

전문가들은 습관이란 우리의 뇌가 효율적으로 일할 수 있도록 하기 위한 하나의 방편이라고 이야기한다.

"우리의 뇌에는 한 번에 처리할 수 있는 일의 양이 한정되어 있습니다. 그렇기에 습관이라는 정보처리 패턴이 없다면 매번 동일한 일을 할 때도 항상 새롭게 일을 하는 것처럼 에너지를 쓸 수밖에 없게 됩니다. 이는 결과적으로 새로운 정보나 복잡한 정보, 통합적으로 처리해야 하는 일이나 창의적인 정보가 필요한 일에 쓸 수 있는 에너지를 소모시키게 됩니다."

성공습관은 매우 중요하다. 일을 보다 효율적으로 할 수 있을 뿐 아니라, 어떤 일에 대한 열정도 사실 습관에서 비롯되기 때문이다. 강한 열정의 소유자들을 보면 성공습관을 가지고 있다는 것을 알 수 있다. 그래서 그들은 지치지도 않고 짧은 시간에 많은 일을 해낼 수 있다.

대부분의 사람들은 어떤 특정한 습관을 수정하려고 노력해보지만 수정이 되기도 전에 포기하고 만다. 그 이유는 습관을 수정하기까지 걸리는 시간을 인내하지 못하기 때문이다. 전문가들에 의하면 한 가지 습관을 완전히 몸에 배게 하기 위해선 66일이 걸린다고 한다. 성공자들은 이 기간을 독한 마음으로 버텨낸다. 그리하여 66일쯤이 지나면 일부러 의식하지 않아도 자연스레 습관화되는 것이다.

어떻게 하면 66일간 특정한 행동을 지속할 수 있을까? 다음 세 가지만 실천하면 가능하다.

첫째, 명확하고 구체적인 목표를 세운다.

먼저 계획을 세울 때는 구체적이고 실현가능한 목표를 세워야 한다. 막연하게 세운 목표로는 내가 진심으로 이루고 싶어 한다는 사실을 뇌에 인식시키기 어렵기 때문이다. 뇌가 인식하지 않으면 새로운 신경활동 패턴이 만들어지지 않는다. 세부적이고 구체적인 목표를 세울 때 뇌에서도 목표를 이루기 위해 움직이는 시스템이 작동한다.

둘째, 스스로를 관찰한다.

스스로의 행동을 명확하게 객관화해서 살펴보아야 한다. 의도적으로 내가 수정하고자 하는 행동을 하도록 노력하는 것이다. 이런 과정을 통해 잘못된 습관을 올바른 습관으로 수정할 수 있다.

셋째, 작은 변화에도 보상을 해준다.

그동안 명확하고 구체적인 목표를 세우고, 습관화하기 위해서 계속 노력해 왔다. 이제는 이런 대견한 자신에게 보상을 해줄 필요가 있다. 뇌는 긍정적인 것에 끌리고, 더 잘하려고 노력하는 경향이 있다. 그래서 스스로에게 칭찬을 해주고 보상을 해주는 것도 동기부여를 하는 효과적인 방법이다.

위의 세 가지를 실천해보라. 나 역시 이런 방법으로 자주 술을 마시거나 과식하는 등의 잘못된 습관을 꿈과 목표 달성에 도움이 되는 유익한 습관으로 수정할 수 있었다. 또, 지금 꿈꾸는 성공과 목표를 달성하는 데 필요한 강한 열정을 가질 수 있게 되었다.

당신은 자신이 생각하는 것보다 의지가 강한 사람이다. 그래서 더 잘할 수 있다. 그리고 그러기 위해선 자신이 성취하고자 하는 일이 그 무엇이건 간에 딱 66일만 미칠 수 있어야 한다. 그 일에 온전히 빠져야 한다는 말이다. 66일 후에는 습관이라는 관성의 법칙에 따라 저절로 더욱 발전하기 위해 노력하는 자신을 보게 될 것이다.

03

열정이 차이를 만든다

타다가 만 장작불이 불길을 낼 수 없듯이 맥 빠진 사람 역시
열정을 낼 수 없다. 열정은 최대의 노력을 다하도록 북돋워주고
고된 노동조차 즐거운 일로 바꾸어준다. – 볼드윈(영국의 정치가)

"낙숫물이 바위를 뚫는다."라는 속담이 있다. 별로 대단해
보이지 않는 일도 오래 지속되면, 큰일을 이룰 수 있다는
뜻이 담겨 있다. 아무리 약한 힘일지라도 한곳에 집중하게 되면 반드시
목적하는 바를 이룰 수 있다는 말이다.

사람들은 저마다 다양한 색과 모양의 꿈을 가지고 있다. 그럼에도 왜
어떤 사람들은 성공자가 되어 남들의 부러움을 사는 인생을 사는 데 반
해 또 다른 사람들은 힘든 인생에서 벗어나지 못하는 걸까? 나는 그 이
유로 열정을 꼽고 싶다. 사실 꿈은 실현되기 위해 존재한다. 따라서 뜨
거운 열정으로 꿈을 실현하기 위해 노력하는 사람들에게는 그에 맞는

보상이 주어진다. 그러나 미지근한 열정을 가진 사람들은 노력의 강도 역시 약할 수밖에 없다. 그러니 성공의 씨앗은 꽃망울을 터뜨리지 못한 채 시들어버리는 것이다.

그렇다면 열정은 무엇을 뜻하는 걸까? 국어사전에 보면 열정은 '어떤 일에 열렬한 애정을 가지고 열중하는 마음'이라고 설명되어 있다. 즉한 가지 일에 자신의 전부를 걸고 최선을 다하는 태도라고 할 수 있다.

사실 성공자와 비성공자의 차이 역시 꿈과 목표에 대한 열정에 있다고 해도 과언이 아니다. 성공자는 오로지 꿈과 목표 그 자체에만 온 정신과 신경을 쏟는다. 절대 꿈과 목표를 향해 나아가면서 딴 생각, 딴짓을 하지 않는다. 성공하느냐, 그렇지 못하느냐를 결정짓는 것은 다름 아닌 열정이라는 것을 잘 알기 때문이다.

과거 학창시절이 떠오른다. 공부를 잘하는 친구들은 수업시간에 절대 딴짓하지 않고 선생님의 말씀에 집중한다. 그러나 성적이 중간쯤이거나 바닥인 학생들은 수업시간 내내 선생님의 말씀에 집중하지 않고 휴대전화를 만지작거리거나 친구들과 잡담을 하곤 했다. 그러니 당연히 공부가 안 되고 성적이 바닥을 길 수밖에.

공부에 대한 집중력이 떨어지면 수업시간에 선생님의 말씀이 귀에 쏙쏙 들어오지 않는다. 뿐만 아니라 수업시간에 들은 내용도 금세 잊어버리기 십상이다. 전쟁터에 나간 군인에게 총이 없다면 생명을 지킬 수 없듯이 당신에게도 꿈과 목표를 향한 열정이 없다면 성공은 요원하기만 하다.

열정은 운동이나 예술 분야에서도 마찬가지로 필요하다. 열정이 뒷받침되지 않고서는 어떤 성과도 기대하기 힘들다. 열정은 우리를 지금보다 더 나은 모습이 되도록 고군분투하게 이끈다. 그래서 열정이 강한 사람들은 시간이 지날수록 지금보다 더 높은 성과를 발휘할 뿐 아니라 남들보다 앞서가게 된다.

열정이 결여된 노력은 시간낭비와 같다. 전문가들은 긴 시간 동안 일하기보다 짧은 시간일지라도 열정을 다해 일할 때 고도의 성과를 발휘할 수 있다고 말한다. 지금보다 더 나은 사람이 되기 위해선 열정의 온도를 높여야 한다. 지금 열정의 온도가 70℃라면 100℃까지 올려야 한다. 뜨거운 열정이 자신을 태워버릴 정도가 되어야 한다.

물론 열정의 온도를 높이는 데는 엄청난 노력이 필요하다. 나 역시 내가 하는 일에서 최고가 되기 위해 열정적으로 글을 쓰고 강연을 하고 있다. 글 쓰고 강연하는 일이 과거에 내가 너무나 갈망했던 일이어서 고생스럽게 여겨지진 않는다. 물론 때로 좀 쉬고 싶고 게을러지고 싶은 순간도 있지만 그럴 땐 나 자신을 가혹하리만치 채찍질한다. 게으름이 고개를 드는 순간이 가장 위험한 순간이기 때문이다. 주저앉는 순간 무너질 수 있다는 것을 나는 잘 알고 있다.

제화업체 안토니㈜의 김원길 대표. 그는 국내에서 거의 유일한 구두 '기능공' 출신의 구두회사 CEO다. 기능공에서 출발한 그는 30세에 작은 구두 부속 회사를 세워 20여 년이 지난 지금 주요 백화점마다 입점하고 있는, 국내 3위의 구두 브랜드로 키워낸 주인공이기도 하다. 중학교 졸업 후부터 구두만 만지며 살아온 그는 누구보다도 힘든 고생을 겪어야 했다. 그런 고생 끝에 회사는 직원 수 200여 명에 연 매출 400억 원 이상을 올리는 중견기업으로 성장해 컴포트슈즈업계 1위를 달리고 있다.

김원길 대표는 과거 힘들었던 시절을 회상하면서 이렇게 말했다.

"젊은 시절 처음 구둣방에서 기술을 배우다 여름 휴가철이 되면서 일이 없다고 쫓겨났어요. 하지만 그길로 설악산 산장에 가서 온갖 궂은일을 다 하며 목돈을 벌었어요. 나는 늘 몸으로 부딪치며 살아왔어요. 어떤 상황에서건 무엇인가를 반드시 건져냈지요."

그는 또래 친구들이 고등학교에 진학할 때 묵묵히 구두 만드는 기술을 배웠다. 그럼에도 그는 자신의 처지를 원망하지 않고 꿋꿋하게 자신의 길을 걸어갔다. 그러면서 자신의 회사를 차리는 꿈을 가졌다. 그는 지금 하는 일에 열정을 가지고 최선을 다하면 꿈이 실현되리라 확신했다. 그 결과 자신의 바람대로 국내 3위의 제화업체 안토니㈜를 설립할 수 있었다.

그는 자신의 성공 비결을 이렇게 이야기했다.

"사업에서 성공할 수 있었던 이유는 단 하나예요. 생각한 것을 실천에 옮긴 것뿐입니다. 단순한 진리이지만 굉장히 중요한 것입니다. 머릿속에 좋은 생각이 아무리 많으면 무슨 소용이 있나요. 실천에 옮겨야 무엇이든 이룰 수 있습니다. '생각을 실천하라.' 세상을 살아가는 데 이보다 더 중요한 명제는 없습니다."

김원길 대표는 자신의 성공 비결을, 생각한 것을 실천에 옮긴 것뿐이라며 겸손하게 말하지만 그는 대단히 열정적인 사람이라고 할 수 있다. 세상에서 자신의 생각을 실천에 옮기는 사람은 그리 많지 않기 때문이다. 대부분의 사람들은 문득 기발한 아이디어가 떠올라도 대수롭지 않게 여긴다. 아니면 바쁘다는 이유로 실행을 다음으로 미루거나 한다. 그러나 아무리 좋은 생각이라도 당장 실천하지 않으면 무용지물이다. 재빠르게 행동에 옮긴 다른 사람의 것이 되고 만다. "구슬이 서 말이라도 꿰어야 보배."라는 말도 있지 않은가.

고대 그리스의 수학자·물리학자였던 아르키메데스. 그에 관한 흥미로운 일화가 있다. 이 일화를 통해 그가 얼마나 열정적인 사람인지 알 수 있다.

어느 날 왕은 자신의 금관을 만든 사람이 정직하지 못하다는 것을 깨닫게 되었다. 그래서 금관이 진품인지를 알아보라고 아르키메데스에게 명령했다. 왕으로부터 명령을 받은 아르키메데스는 매우 난감해했다. 그러다 우연히 목욕탕에서 '물속에서의 물체는 그 물체의 부피와 같은 부피의 물만큼 가벼워진다', 라는 이론을 발견하게 되었다. 그 순간 그는 너무나 기쁜 나머지 "유레카!"라 외치면서 벌거벗은 채 거리로 뛰어나왔다고 한다. 그 당시 아르키메데스의 나라인 시칠리아는 로마와 전쟁을 벌이고 있었다. 아르키메데스는 새로운 무기를 개발해 로마군의 간담을 서늘하게 한 적도 있었지만 안타깝게도 그의 나라는 결국 로마군에게 넘어가고 말았다. 그러나 로마 장수 마르켈루스는 그의 명성을 익히 알고 있었다. 그래서 그는 전쟁 중이더라도 아르키메데스는 절대로 죽이지 말라고 군사들에게 명령했다.

아르키메데스는 전쟁 중이라는 생각도 잊고 평소대로 기하학 도형을 그려놓고 연구에 몰두하고 있었다. 이때 로마 병사 한 명이 그의 방에 들어와 아르키메데스의 도형을 망쳐놓고 말았다.

화가 난 아르키메데스는 로마 병사에게 큰 소리로 말했다.

"내 도형이 망가지잖아, 멍청한 병정아!"

이 말을 들은 병사는 홧김에 그만 칼로 그를 내리치고 말았다. 이것이 아르키메데스의 최후가 되고 말았다.

이 사실을 알게 된 로마 장수 마르켈루스는 그를 정성껏 장사 지내주고 아르키메데스가 연구했던 도형과 구에 외접하는 원기둥을 조각해 묘를 만들어 주었다.

우리는 아르키메데스의 최후를 통해 그가 얼마나 열정적으로 연구에 집중했는지를 잘 알 수 있다. 내 말은 아르키메데스처럼 한 가지 일에 몰두하다 비참한 최후를 맞으라는 뜻이 아니다. 그처럼 지금 자신에게 어떤 일이 일어나고 있는지 모를 정도로 자신의 꿈과 목표에 집중하라는 말이다.

근육은 쓰면 쓸수록 더욱 강해지는 것처럼 열정도 열정을 쏟을수록 온도가 더욱 높아진다. 그 결과 지금 자신이 하고 있는 일에 푹 빠져 최고의 성과를 발휘할 수 있게 된다. 뜨거운 열정을 쏟을 때 사람은 자신의 능력을 최대치로 끌어올릴 수 있기 때문이다.

열정은 병아리가 단단한 껍질을 깨고 세상에 나오듯 한계를 뛰어넘어 한 단계 높은 수준으로 끌어올려주는 힘이다. 그래서 자신의 분야에서 최고가 된 사람들은 모두 강한 열정의 소유자들이다. GE의 전 회장 잭 웰치도 성공 비결의 첫 번째로 열정을 꼽았다.

100℃의 뜨거운 열정으로 꿈과 목표에 집중해보라. 열정은 그동안 당신의 내면에 잠들어 있던 잠재력을 깨워 당신이 생각하는 것보다 당신을 더 잘할 수 있도록 이끌어줄 테니까.

04

'나'라는 한계를 넘어서라

승리는 가장 끈기가 있는 자에게 돌아간다. – 나폴레옹(프랑스의 황제)

"여기까지가 내 한계인가 봐."

"이 일은 한 번도 해본 적이 없는데……."

"그런 일은 특별한 사람만 할 수 있어."

이런 말을 하는 사람은 스스로 한계를 긋는 사람이다. 그래서 충분히 잘할 수 있는 일조차 그것이 자신의 한계라는 어리석은 착각으로 인해 이내 포기하게 된다. 그런데 아이러니한 것은 한계를 타인이 정하는 것이 아니라 스스로 정한다는 것이다. 어떤 일에 도전하려다가도 실패에 대한 불안이나 두려움이 들거나 고생이 힘들게 여겨질 때면 한계라는 핑계를 대며 포기할 탈출구를 찾는다.

스스로 인정하지 않는 한 한계란 없다. 성공한 사람들은 때로 힘에 부치거나 시련과 역경이 찾아와도 절대 한계라는 말을 쓰지 않았다. 왜냐고? 한계라는 말을 쓰는 순간 정말 넘을 수 없는 한계로 굳어지기 때문이다. 그래서 한계라는 말 대신 극복해야 할 과제로 여겼다. 과제라는 말은 한계라는 말보다 어감이 훨씬 부드러울 뿐 아니라, 보다 나은 실력을 갖추기 위해 반드시 해내야 할 중요한 일로 우리에게 인식된다.

세계에서 가장 빠른 사나이 우사인 볼트. 그는 100미터를 9초58에 달렸다. 달리기로만 따진다면 가장 진화한 인간이라고 할 수 있다. 그는 2011년 대구 세계육상선수권 대회를 앞두고 이렇게 말했다.

"나에게 있어 기록에는 한계가 없으며 모든 것이 가능하다고 믿는다. 하지만 이번 대회의 가장 큰 목표는 100미터와 200미터에서 타이틀을 방어하는 것이다. 최선을 다해 경기에 임하다 보면 기록은 따라오게 마련이다."

그렇다. '나에게 한계란 없다'는 믿음으로 매 순간 최선을 다하면 최고의 성과를 발휘하게 되어 있다. 한계가 없으면 자신의 역량을 최대한 활용할 수 있기 때문이다.

세계 최고의 판매왕 조 지라드. 그는 자수성가한 사람으로 손꼽히는데, 그의 성공 비결 역시 나에게 한계란 없다는 것이었다.

그는 1928년 11월 1일 디트로이트 시 동남부 지방의 빈민가에서 태어났다. 그의 아버지는 이탈리아의 시칠리아 출신으로 미국에 이민 온 뒤 일정한 직업 없이 탄광에서 광부로 생활했다. 그는 스스로 "35세까지 나는 세상에서 가장 실패한 낙오자였다."라고 고백할 정도로 실패의 경험이 많은 인생을 살았다. 그는 가난과 아버지의 구타를 못 이겨 학교를 그만두고 구두닦이, 세일즈맨으로 자리 잡기까지 무려 40여 가지의 직업을 전전해야 했다.

숱한 고생 끝에 건축업자로 자리를 잡고 행복한 생활을 하던 조 지라드는 부동산 업자의 사기에 걸려 6만 달러의 빚을 지고 말았다. 그는 한동안 자살까지 생각할 정도로 실의와 좌절에 빠져 있었다. 그러나 조 지라드는 아내의 헌신적인 믿음과 살아야겠다는 강한 집념으로 자동차 세일즈를 시작했다.

그는 최선을 다해서 세일즈에 임했다. 그런데도 입사한 지 몇 개월 동안은 실적이 회사 내에서 꼴찌였다. 그럼에도 그는 포기하지 않고 끊임없이 세일즈 기법을 연구했다. 그런 노력 끝에 그는 시보레자동차 대리점에서 15년간 무려 1만 3천1대의 자동차를 파는 대기록을 세웠다. 뿐만 아니라 '세계 No.1 세일즈맨'으로 12년 연속 기네스북에 선정되기도 했다.

세계 최고의 판매왕에 오른 그는 현재 은퇴해 '세일즈 트레이닝 스쿨'을 운영하며 많은 사람들에게 세일즈 성공 비결을 강의하고 있다고 한다. 자신의 또 다른 가능성을 향해 뛰어든 것이다.

조 지라드는 이렇게 말했다.

"성공으로 가는 엘리베이터는 고장입니다. 당신은 계단을 이용해야만 합니다. 한 계단, 한 계단씩!"

초라한 들러리에서 연봉 10억 원의 골드미스가 된 유수연. 그녀는 '사회 열등생' 취급을 받는 한국에서의 삶을 뒤로하고 스물세 살의 나이에 무작정 호주로 날아갔다. 3개월 만에 랭귀지 스쿨 과정을 마치고, 혼자만의 공부법으로 영어를 마스터한 뒤 IELTS^{호주에서 TOEFL 대신 보는 시험} 7.5를 받아 대학에 편입학해 졸업하곤 잠시 통역관으로 근무한 적도 있다.

귀국 후에는 당시 최고의 강사였던 고^故 이익훈 원장의 파트너 강사가 되었다. 잘나가는 영어강사로 경력을 착실히 쌓던 중 그녀는 또 다른 도전을 하게 된다. 영국으로 경영학 석사과정을 밟으러 떠난 것이다. 그런데 1997년 IMF가 터져 학업을 접고 귀국하게 된다. 그녀는 부모님이 운영하던 레스토랑을 맡아 호프집으로 업종을 변경하곤 1년 만에 1천만 원대의 월 매출을 올리는 등 레스토랑을 적자에서 흑자로 돌려놓았다.

그 후 다시 영국으로 날아가 하던 공부를 끝마쳤다.

그녀는 호프집 경영 경험을 살려 졸업 논문을 작성했다. 그런데 그녀의 논문은 경영학 석사과정 졸업생들의 논문 중 최고의 평가를 받으며 미국 하얏트 호텔 취업 티켓을 따내는 성과를 올렸다. 하얏트 호텔에서 경력을 쌓다가 2001년 귀국해 종로 시사영어사에 들어가 최대 수강생을 보유한 토익 대표 강사가 되었다. 그녀는 토익 강사라는 주업 이외에 SBS '유수연의 Oop! English' 진행을 맡았는가 하면, 매년 2권 이상의 책을 출간하는 작가로 변신했다.

유수연은 자신에게 있어 한계는 없다고 말한다. 한계가 없다고 믿기에 누구보다도 치열하게 살 수 있는 것이다. 그녀는 "오늘을 다시 살라고 해도 이보다 더 열심히 살 수 없다."라는 말을 당당하게 할 수 있을 만큼 하루하루를 최선을 다해 살고 있다.

현재 유수연에게는 '10억대 연봉 강사', '30대가 닮고 싶어 하는 골드미스', '스타강사'라는 화려한 수식어가 이름 석 자 앞에 따라다닌다. 남 부러울 것이 없는 성공자가 된 것이다.

그녀는 저서 《20대, 나만의 무대를 세워라》에서 이렇게 말했다.

"공부가 아니더라도 무엇이 되었든 2년만 죽었다 생각하고 올인 하면 대부분 원하는 것을 얻을 수 있다. 무엇을 해야 할지 모르겠다는 친구들이 제일 한심하다. 일단 움직여라. 사진을 배운다면 사진 아르바이트도 뛰고, 경력도 쌓고, 동호회에도 나가고, 공모전에도 도전해라. 내가 말하는 2년은 그 어떤 핑계도 동반하지 않는 2년이다. 적어도 2년은 흐트러지지 않고 한결같이 몰두해야 제대로 된 30대를 시작할 수 있다. 화려한 30대를 살고 싶다면, 초라한 20대의 모습을 30대까지 연장하고 싶지 않다면, 이거 해서 뭐 하나 또는 해도 안 된다는 등의 맥 빠지는 생각일랑 집어치우고 딱 2년만 죽었다는 마음으로 치열하게 살아야 한다."

조 지라드와 유수연이 자신의 분야에서 최고가 될 수 있었던 것은 스스로 한계를 긋지 않았기 때문이다. "나는 여기까지가 한계야."라고 정하는 순간 더 잘할 수 있음에도 그만두게 된다. 그만두는 순간까지가 자신의 한계가 되는 것이다.

실험실에서 한 남자가 벼룩을 잡아 유리병 안에 집어넣고 관찰했다. 벼룩은 가볍게 튀어 올라 유리병 밖으로 나왔다. 몇 번을 다시 집어넣었지만 결과는 마찬가지였다.

남자는 이 실험을 통해 벼룩은 자기 몸길이의 수백 배가 넘는 높이를 튀어 오를 수 있다는 사실을 알게 되었다. 그는 벼룩을 다시 유리병 안에 집어넣고 재빨리 뚜껑으로 입구를 닫았다. 종전과 마찬가지로 높이 튀어 오르려고 시도하던 벼룩은 계속해서 유리병 뚜껑에 부딪혔다. 벼룩은 매번 튀어 오를 때마다 뚜껑에 부딪혀 소리를 냈다.

그러나 잠시 후 놀라운 일이 일어났다. 벼룩은 유리병의 높이에 맞추어 튀어 오르는 것이었다. 그 후 벼룩은 뚜껑에 몸을 부딪치지 않기 위해 뚜껑 바로 아래까지만 튀어 올랐다.

다음 날 남자는 유리병 뚜껑을 열어주었다. 그러나 벼룩은 유리병의 높이만큼만 튀어 오를 뿐 유리병 밖으로 나오려고 하지 않았다. 일주일 후에도 마찬가지였다. 벼룩은 유리병보다 더 높이 뛸 수 있는 자신의 능력을 잃어버렸던 것이다.

벼룩은 자신의 몸길이보다 수백 배 높이 뛰어오를 수 있는 힘을 가지고 있다. 그러나 스스로 한계를 정했기에 능력을 상실하고 말았다. 주위에는 벼룩처럼 스스로 자신의 한계를 정해놓고 괴로워하는 사람들이 있다.

"난 왜 이리 머리가 나쁜 걸까? 이번 시험 성적 안 봐도 뻔하지 뭐."
"그래, 이 정도 한 것만도 어딘데. 남들은 나보다 더 못한걸."

이런 사람들은 벼룩과 다를 바 없다. 결코 유리병이라는, 스스로 그어 놓은 한계를 벗어날 수 없다. 지금보다 더 잘하고 싶고, 더 나은 사람이 되고 싶다면 무엇이든 가능하다는 생각을 가져야 한다.

"나에게 한계란 없어."

"나는 내가 생각하는 것보다 더 잘할 수 있어."

이처럼 한계를 깨뜨릴 때 지금보다 나은 결과를 얻을 수 있다. 한계라는 유리병 뚜껑 아래 머물기보다 더 잘할 수 있다는 믿음을 갖고 도전할 때 꿈과 가까워지게 된다. 무엇보다 한계라는 틀에서 벗어날 때 후회 없는 인생을 살 수 있는 것이다.

05

항상 갈망하고 우직하게 나아가라

도중에 포기하지 마라. 망설이지 마라. 최후의 성공을 거둘 때까지
밀고 나가자. – 데일 카네기(성공학 저술가)

세상에는 두 부류의 사람이 있다. 꿈을 이룬 사람과 이루지 못한 사람이다. 비록 한쪽은 꿈을 실현하고, 또 다른 쪽은 꿈을 실현하지 못했지만 그들에게는 한 가지 공통점이 있다. 바로 두 부류 모두 꿈을 가졌다는 것이다. 그런데 왜 한쪽 부류는 꿈을 이루지 못하는 걸까?

그 해답은 바로 꿈을 향한 갈망과 우직함에 있다고 할 수 있다. 아무리 재능이 있고 두뇌가 명석한 사람일지라도 갈망과 우직함이 없다면 쉽게 포기하게 된다. 쉽게 포기하는 사람치고 성공한 사람은 없다. 자신이 가진 재능을 십분 발휘할 수 없기 때문이다.

덴마크의 철학자 키르케고르는 이런 말을 남겼다.

"절망은 죽음에 이르는 병이다. 쉽게 절망해 포기하면 마음까지 해친다."

자신의 꿈과 목표를 명확히 알고 있는 사람은 절대 포기하지 않는다. 항상 자신의 꿈을 갈망하고 우직하게 나아간다. 물론 꿈을 향해 전진하다 보면 시련과 역경에 처하거나 실패할 때도 있다. 그러나 절대 포기해선 안 된다. 실패와 포기는 확연히 다른 의미이기 때문이다. 실패를 했다는 것은 더 잘할 수 있는 이유를 찾았다는 뜻이지만 포기한다는 것은 하던 일을 그만둔다는 뜻을 담고 있다. 그래서 성공자들은 실패는 하더라도 절대 포기는 하지 말라고 충고한다.

원자론을 처음 제시한 돌턴이 시골에서 초등학교를 다닐 때의 일이다.

선생님이 학생들에게 아주 어려운 수학 문제를 냈다. 학생들은 그 문제를 푸느라 골치를 앓아야 했다.

한참 뒤 선생님이 학생들에게 물었다.

"20분 지났으니 모두 다 풀었겠지?"

그러고는 학생들의 이름을 하나하나 부르면서 답을 물었다.

"잘 모르겠어요."

"너무 어려워요."

학생들의 대답은 한결같았다. 한 학생도 그 문제를 풀지 못했던 것이다. 그러나 그때까지도 문제 풀기를 포기하지 않은 학생이 있었다. 그 학생은 바로 돌턴이다. 선생님은 그때까지 열심히 문제를 풀고 있는 돌턴을 보고 물었다.

"애야, 넌 답을 알겠니?"

그 아이는 고개를 들며 대답했다.

"선생님, 죄송해요. 아직 못 풀었어요."

"그럼 넌 계속 이 문제를 풀겠단 말이냐?"

"네!"

돌턴은 공책으로 눈을 돌려 다시 문제 풀기에 열중했다. 종이 울리고 아이들은 하나 둘 집으로 향했다. 선생님도 교무실로 돌아갔지만 돌턴은 텅 빈 교실에 남아 문제 풀이에 집중했다. 해가 지고 교무실에서 기다리던 선생님도 지쳐서 그만 집으로 가려는데 돌턴이 급히 달려왔다.

"선생님, 드디어 문제를 풀었어요!"

선생님이 받아 든 공책에는 그 어려운 문제를 풀이한 숫자가 어지럽게 적혀 있었다. 그리고 맨 끝에 정확한 답이 적혀 있었다.

자신이 찾고자 하는 것을 갈망하고 포기하지 않으면 반드시 답을 찾게 되어 있다. 성공은 늘 실패와 좌절 속에 답을 감추고 있기 때문이다. 그래서 성공을 꿈꾸는 사람이라면 절대 실패를 두려워해선 안 된다. 오히려 실패를 통해 자신을 더욱더 채찍질하고 성공을 갈망하는 계기로 삼을 필요가 있다.

살다 보면 때로 계획했던 일이 뜻대로 되지 않거나 꼬일 때가 있다. 믿었던 사람에게 배신을 당하거나 마음에 상처를 받을 때도 있다. 그렇다고 해서 그동안 해 왔던 일을 쉽게 그만두어선 안 된다. 그런 시련조차 성공을 향한 밑거름이 된다는 것을 기억해야 한다.

어느 성공 세미나에서 강사가 이렇게 물었다.

"여러분, 발명왕 에디슨을 생각해보십시오. 얼마나 실패를 많이 했습니까? 그러나 그가 포기했나요?"

그러자 수강생들은 대답했다.

"포기하지 않았습니다."

강사가 다시 물었다.

"비행기를 처음 만든 라이트 형제도 실험에 많은 실패를 했습니다. 라이트 형제가 포기했습니까?"
"포기하지 않았습니다."

강사가 또 이렇게 물었다.

"맥키스트가 포기했을까요?"

그러자 사람들은 가만히 있었다. 그 이유는 맥키스트가 누군지 몰랐기 때문이다.
그때 한 사람이 물었다.

"강사님, 맥키스트가 누구입니까?"

강사가 대답했다.

"맥키스트는 쉽게 포기한 사람입니다. 역사는 포기한 사람을 기억하지 않습니다. 위대한 정치가 윈스턴 처칠은 인생의 가장 중요한 교훈을 한 문장으로 압축했습니다. 그것은 'Never give up, Never give up!'이란 말입니다. '절대로 포기하지 마라. 절대로, 절대로 포기하지 마라!'"

누구나 바라는 성공은 쉽게 얻을 수 없다. 그래서 그만큼 더 값진 것이다. 지금 하는 일에서 최고가 되고 싶다면 절대 포기하지 마라. 포기하고 싶은 마음을 포기하라. 성공은 쉽게 등을 돌리는 사람에게 다가가지 않는다.

나는 가끔 나 자신에게 오늘이 인생의 마지막 날이라면 무엇을 후회하게 될까, 라고 자문한다. 당신이라면 무엇을 후회하게 될까? 사람들 중에 돈이나 명예, 권력을 떠올리는 사람도 있을 것이다. 그러나 임종의 순간을 앞서 맞았던 사람들의 '깨달음'을 참고하면 우리가 인생의 마지막 날에 후회하게 되는 것은 전혀 그 반대라는 것을 알 수 있다.

오스트레일리아에서 말기환자들을 돌보았던 간호사 브로니 웨어. 그녀가 블로그에 올렸던 글을 모아 펴낸 《죽을 때 가장 후회하는 다섯 가지》라는 책이 있다. 수년간 말기환자 병동에서 일하며 환자들이 생의 마지막 순간에 보여준 통찰을 꼼꼼히 기록한 것이다. 그녀가 지켜본 사람들은 임종 때 경이로울 정도로 맑은 정신을 가졌는데 놀랍게도 후회하는 것은 거의 비슷했다.

그녀의 말에 따르면, 말기환자들은 죽을 때 다음의 다섯 가지를 후회한다고 한다.

첫째, 내 뜻대로 살걸

둘째, 일 좀 덜 할걸

셋째, 화 좀 더 낼걸

넷째, 친구들을 챙길걸

다섯째, 도전하며 살걸

이 가운데 그들이 가장 크게 후회하는 것은 '다른 사람들의 기대에 맞추지 말고, 스스로에게 진실한 삶을 살 용기가 있었더라면' 하는 것이었다. 그들은 인생이 끝나갈 때쯤 되어서야 얼마나 많은 꿈을 이루지 못했던가, 명확하게 볼 수 있었던 것이다. 그리고 어떤 것을 하거나 하지 않기로 한 자신의 선택 때문에 꿈의 절반조차 이루지 못한 채 죽어야 한다는 데 대한 회한이 서려 있었다.

인생은 단 한 번뿐이기에 훗날 인생의 뒤안길에서 후회가 남지 않도록 잘 살아야 한다. 그렇다면 어떻게 살아야 잘 사는 것일까? 드라마보다 더 극적인 삶을 살았던 스티브 잡스를 통해 어느 정도 그 답을 찾을 수 있지 않을까 생각한다.

양부모 아래에서 자란 스티브 잡스는 명문 리드 대학에 입학했으나 6개월 만에 중퇴하면서 힘든 생활을 이어가야 했다. 당시 친구의 방의 바닥에서 자고 먹을 것을 위해 콜라병을 반납해 5센트를 모았는가 하면, 한 사원에서 일주일에 한 번 주는 식사를 얻어먹으려고 7마일^{11.3킬로미터}을 걸어가기도 했다.

그런 힘든 시간을 보내면서도 그는 우주를 깜짝 놀라게 해주겠다는 자신의 꿈을 포기하지 않았다. 그래서 1976년 '컴퓨터 천재' 스티브 워즈니악과 양부모의 집 창고에서 애플을 창업하는 모험을 감행했다. 이듬해 개인용PC 애플 Ⅱ를 내놓아 성공을 맛보았지만 30세 때인 1985년 자신이 영입한 CEO 존 스컬리와 이사회에 의해 쫓겨나는 아픔을 겪어야 했다. 그런 시련 속에서도 그는 결코 좌절하지 않았다. 오히려 시련 속에 숨어 있는 인생의 교훈을 배웠다.

그가 대학을 중퇴한 뒤 배운 서체교육은 이후 서체를 탑재한 최초의 컴퓨터 매킨토시를 세상에 탄생시켰다. 그는 자신이 애플에서 쫓겨난 것은 인생에서 최고의 창의력을 발휘할 수 있는 기회를 가지게 된 일생일대의 사건이라고 일갈했다. 심지어 스티브 잡스는 췌장암 선고를 받은 뒤 죽음에 직면하고도 '죽음은 삶이 만든 최고의 발명품'이라는 긍정적인 사고를 견지하면서 아이폰과 아이패드 신화를 일구어냈다.

나는 당신도 스티브 잡스처럼 자신의 꿈을 끊임없이 갈망하고 어떤 어려움이 따르더라도 우직하게 나아가기를 바란다. 세찬 비바람에도 흔들리지 않는 태도를 가진다면 당신은 머지않아 꿈을 이룬 성공자의 모습으로 거듭날 것이다.

2005년, 스티브 잡스는 미국 서부 명문대학인 스탠퍼드 대학 졸업식 연설에서 다음과 같이 충고했다. 그의 말을 가슴 깊이 새겨보라.

"1970년대 중반으로 내가 여러분의 나이였을 때였습니다. 매킨토시의 최종판의 뒤쪽 커버에는 이른 아침 시골길 사진이 있었는데 모험을 좋아하는 사람이라면 히치하이킹을 하고 싶게 만드는 그런 길이었지요. 그 사진 밑에는 다음과 같은 말이 있었습니다. '늘 갈망하라, 여전히 우직하게.' 그리고 저는 항상 그렇게 살기를 원했으며 이제는 새로운 시작을 향해 졸업하는 여러분도 그렇게 살기를 바랍니다. 늘 갈망하라, 그리고 우직하게."

일곱 번째 자기혁명

스펙보다
인간관계가
먼저다

인생을 바꾸는 **자기혁명**

01

스펙보다 인간관계가 먼저다

평소에 공손하고 일을 하는 데 신중하고 사람을 대하는 데 진실하라.
그러면 비록 오랑캐 땅에 간다 할지라도 버림받지 않을 것이다.
– 공자(중국 춘추시대 철학자)

경기 불황으로 취업난이 심해지자 대학생들은 스펙을 쌓느라 마음이 급해지고 있다. 그들 중에는 영어는 물론이고, 중국어와 일본어까지 공부하는 이들도 제법 많다. 그리고 외국어뿐만 아니라 자원봉사, 해외 유학, 마이크로소프트 인증 국제공인 자격증MOS을 준비하는 이들도 있다.

몇 해 전 취업포털 커리어가 나흘 동안 대학생 670명을 대상으로 조사한 결과, 10명 중 9명85.7%이 당시의 심각한 취업난으로 인해 '스펙 강박증'에 시달리고 있다고 답했다. 학년별로 보면 4학년이 91.6%로 가장 많았고, 3학년 85.2%, 2학년 78.5%, 1학년 74.7% 순으로 나타났다. 스펙 강박증에 시달리는 이유를 물으니 74.6%가 '지금 스펙으로는 취업할 수 없을 것 같아서'라고 대답해 가장 높은 비율을 보였다.

나는 한 가지 의문이 든다.

'정말 남들보다 뛰어난 스펙을 갖추면 취업하는 데 유리할까?'

물론 그럴 수도 있을 것이다.

그러나 주위에는 스펙을 만만치 않게 쌓았음에도 아직 백수신세를 벗어나지 못하고 있는 사람들도 있다. 무엇이 잘못된 걸까? 나는 스펙보다 인간관계가 먼저라고 생각한다. 일찍 취업에 성공하거나 직업세계에서 성공가도를 달리는 사람들은 거의가 좋은 인간관계를 맺고 있다는 것을 알 수 있다. 그래서 그들은 인간관계가 좋지 않은 사람들에 비해 훨씬 많은 기회를 누릴 수 있다. 그리고 때로 어려움이 있을 때 사람들로부터 도움을 받아 쉽게 해결할 수 있다.

청춘들을 위한 책 《아프니까 청춘이다》를 펴냈던 김난도 서울대 교수. 그는 2011년 12월 31일 트위터를 통해 "새해엔 항상 상대편 입장에서 생각하시길 빕니다. 사업이든, 인간관계든, 조직생활이든, 모든 성공의 비결이라고 생각합니다."라는 말을 남겼다. 그만큼 나보다 남을 생각하는 마음, 즉 역지사지하는 마음가짐이 중요하다는 것이다.

미국의 25대 대통령 윌리엄 매킨리 대통령에 관한 일화다.

대통령에 당선된 매킨리는 미국의 외교를 떠맡는 중요한 자리에 누구를 앉힐까 고심하게 되었다. 당시 외교 책임자로 물망에 오른 사람은 두 사람이었기 때문이다. 두 사람 모두 대통령의 오랜 친구에다 능력 면에 있어서도 누구 하나 나무랄 데가 없는 후보들이었다.

두 사람 모두 아까운 인재들이어서 매킨리는 거듭 고민이 되었다. 그러나 외교 책임자가 공석이어서 계속 고민만 하고 있을 순 없었다.

매킨리가 선택의 고민에 빠졌을 때 문득 한 가지 일이 떠올랐다. 어느 날 그와 한 친구가 함께 전차를 탔는데 마침 비어 있는 자리에 앉을 수 있었다. 그때 나이 많고 행색이 초라한 아주머니가 무거운 바구니를 이고 전차에 올랐다.

그러나 아무도 그 아주머니에게 자리를 양보하지 않았다. 매킨리의 친구도 신문을 보는 척하며 그녀를 외면했다.

문득 그 일이 떠오른 매킨리는 아주머니를 외면했던 친구를 탈락시켰다. 어려운 처지에 있는 사람에게 무관심한 사람을 외교관으로 임명한다는 것은 부적합하다고 생각했기 때문이다.

매킨리 대통령은 인성을 가장 중요한 선택 기준으로 삼았던 것이다. 이처럼 평소 좋지 않은 행동은 훗날 중요한 순간에 발목을 잡게 된다. 그래서 성공하는 인생을 살고자 하는 사람은 매사 언행을 조심해야 하는 것이다.

러시아의 대문호 톨스토이는 이렇게 말했다.

"남과 사이가 좋지 못하거나 그 사람이 당신과 있는 것을 싫어하거나 당신이 옳은데도 그 사람이 동조하지 않으면, 그 사람이 책망받을 것이 아니라 정작 책망받아야 할 사람은 바로 당신이다. 왜냐하면 당신이 그 사람에게 마음과 정성을 다하지 않았기 때문이다."

사람들 가운데 원만한 인간관계를 형성하는 사람이 있다. 이런 사람은 항상 좋은 사람들에게 둘러싸여 있다. 그래서 그렇지 않은 사람들에 비해 훨씬 신속하고 다양한 정보를 얻게 된다. 이는 곧 빛의 속도로 변하는 요즘과 같은 시대에 남들보다 앞서가는 경쟁력이 된다. 무엇보다 주위에 마음을 터놓을 사람들이 있기에 외롭지 않다. 사실 속마음을 터놓을 사람이 없는 사람보다 더 불행한 사람은 없다. 이런 사람은 아무리 많은 부※와 권력을 가졌다고 하더라도 마음은 늘 허전하고 외롭기 때문이다.

그래서 나는 청춘들에게 원만한 인간관계를 형성하기 위해 노력하라고 조언한다. 다양한 사람들과 인맥을 형성하는 사람은 무슨 일을 하더라도 성공할 확률이 높다. 결정적인 순간에 형성한 인맥으로부터 기회를 얻을 수 있기 때문이다. 인생의 기회는 사람과 사람 사이에서 생겨난다. 따라서 인간관계가 좋은 사람은 그만큼 많은 기회를 누리게 된다.

어느 조직이라도 꼭 한두 명씩 타인을 배려할 줄 모르는 이기적인 사람이 있다. 이른바 인간관계가 '꽝'인 사람들이다. 이런 사람들은 상사나 동료들에게 환영받지 못한다. 그 어떤 사람도 자기중심적인 사람을 좋아하지 않기 때문이다. 그래서 다들 내심 그가 회사를 그만두기를 바라고 있을지도 모른다. 그러면서 은근히 왕따를 시키곤 한다. 준 것 없이 괜스레 얄밉기 때문이다. 조화를 이루지 못하는 그는 그들에게 튀어나온 못과 같다. 결국 이런 사람은 회사가 어려워지면 구조조정 1순위에 오르게 된다.

어느 날 돈 많은 사업가가 길에서 우연히 어릴 적 친구를 만났다. 두 사람은 반가운 마음에 근처 커피숍에서 그동안 못다 한 이야기를 나누었다.

사업가가 친구에게 물었다.

"자네 요즘 일이 잘 안 풀리는 모양이야."

친구가 대답했다.

"아무리 노력해도 뜻대로 되지 않아. 있는 사람만 잘되고 나처럼 없는 사람은 자꾸만 어려워지니 큰일이야."

사업가가 양복 주머니에서 흰 봉투를 꺼내며 말했다.

"얼마 되지 않지만 생활비에 보태 쓰게나. 자네와 나는 우정을 나눈 친구 사이이니 부담을 갖지는 말게."

친구의 두 눈에는 눈물이 맺혔다. 친구는 돈을 고맙게 받아 들며 마음속으로 꼭 성공을 다짐했다.

어느 덧 3년이 흐른 어느 날 두 사람은 우연히 시내 한복판에서 마주치게 되었다. 그런데 그 친구는 여전히 힘없는 모습을 하고 있었다.

사업가가 친구에게 말했다.

"아직 형편이 나아지지 않았나 보군. 얼마 되지 않지만 도움이 되었으면 좋겠네. 자넨 꼭 성공할 수 있을걸세."

친구는 예전처럼 거듭 고맙다고 말했다.

어느덧 10년이라는 세월이 흘렀다.

사업가가 고객을 만나기 위해 걸어가다 우연히 그 친구와 마주쳤다. 그 순간 사업가는 깜짝 놀라고 말았다. 그 친구는 말끔한 양복차림에 10년 전과는 전혀 다른 모습을 하고 있었기 때문이다. 형편이 좋아졌는지 혈색도 좋고 얼굴에 여유로움이 묻어났다.

사업가가 친구에게 물었다.

"자네 정말 딴 사람이 되었군 그래. 이제 형편이 많이 나아졌나 보군."

친구는 빙그레 웃으며 대답했다.

"이 모두가 자네 덕분일세."

사업가는 영문을 몰라 휘둥그레진 눈으로 다시 물었다.

"무슨 말을 하는지 도통 모르겠네. 자세하게 좀 말해보게."

친구는 사업가의 두 손을 꼭 잡으며 말했다.

"그땐 정말 힘들었다네. 집에서 굶고 있는 처자식 생각에 죽고 싶은 생각이 수도 없이 떠올랐었지. 하지만 자네가 나에게 선뜻 베푼 고마움 때문에 나는 다시 용기를 가질 수 있었고 이렇게 다시 일어설 수 있었다네. 자네는 내가 평생 은혜를 갚아야 할 고마운 사람일세."

세상에는 세 부류의 사람이 있다. 부를 소유한 사람과 두루 학식을 갖춘 사람, 진정한 친구를 가진 사람. 이중에서 가장 값진 보물을 지닌 사람은 바로 진정한 친구를 가진 사람이다. 재산은 한순간에 잃어버릴 수도 있다. 뛰어난 학식도 세월이 지남에 따라 망각하게 된다.

그러나 우정을 나눈 친구는 세월이 흘러도 변하지 않는다. 오히려 우정은 더욱더 두터워지게 마련이다.

미국의 카네기 공대는 졸업생 가운데 성공한 사람들을 추적 조사한 결과 한 가지 성공 비결을 알 수 있었다. 성공자들은 자신들의 성공 비결에 대해 이구동성으로 "성공하는 데 전문적인 지식이나 기술은 15% 밖에 영향을 주지 않은 반면 인간관계가 나머지 85%의 영향을 주었다." 라고 대답했다. 성공하는 사람의 곁에는 항상 좋은 사람들이 있다. 그래서 그들이 성공할 수 있었던 것이다.

가장 값진 재산은 '사람'이다. 사람은 그 무엇과도 바꿀 수 없는 든든한 재산이라는 것을 기억해야 한다. 성공으로 이끄는 기회 역시 사람에게서 나오는 법이니까. 항상 좋은 인간관계를 형성하기 위해 노력하라. 다양한 스펙보다 인간관계, 즉 사람이 먼저라는 것을 잊어선 안 된다.

02

상대의 입장에서
생각하고 행동하라

사람들 중에 같이 있으면 왠지 편안해지는 사람이 있다. 시간 가는 줄 모르고 대화를 나누게 되고 헤어지게 되면 아쉬운 마음에 다음 만남을 기약하게 된다. 이처럼 편안한 사람에게는 한 가지 특징이 있다. 상대의 입장에서 생각하고 행동한다는 것이다. 그래서 함께 있어도 전혀 어색하지 않고 친밀하게 느껴진다.

가끔 상대에게서 그동안 몰랐던 따뜻한 면을 보게 되면 이런 생각이 든다.

'저런 모습은 나도 닮고 싶어.'
'저 사람과 함께 있으면 왠지 기분이 좋아.'

'저 사람에게 저런 따뜻한 면이 있었구나.'

이런 생각과 함께 그와 더욱 친하게 지내고 싶은 마음이 생긴다. 왜 그럴까? 사람은 누구나 상대가 나의 입장에서 생각하고 행동해주는 것을 좋아하기 때문이다. 그래서 사려 깊은 사람을 좋아하는 것이다.

주위에 이런 사람들이 있다.

- 어려움에 처했을 때 만사 제쳐두고 달려오는 사람
- 발 디딜 틈 없는 버스에서 내리는 사람을 위해 대신 하차 벨을 눌러주는 사람
- 약속에 늦은 친구를 나무라는 대신 미소를 짓는 사람
- 지하철에서 노인에게 선뜻 자리를 양보해드리는 사람
- 나의 고민을 자신의 일인 것처럼 살갑게 들어주는 사람

이런 사람들은 상대방을 배려할 줄 아는 따뜻한 마음을 지니고 있다. 이런 사람들을 곁에 친구로 둔 사람은 정말 행복한 사람이다. 가장 외롭고 힘이 들 때 나를 이해해주고 공감해주는 사람보다 더 큰 선물은 없기 때문이다.

배려는 사람의 마음을 움직이는 힘이다. 배려가 사람의 마음을 움직일 수 있는 것은 타인을 위하는 마음이 담겨 있기 때문이다. 배려는 말

로만 사랑을 실천하는 것이 아닌, 몸소 행동으로 표현하는 것이다. 그래서 우리는 누군가로부터 배려를 받으면 기분이 좋아지는 것이다.

남을 배려할 줄 모르는 사람은 절대 사람들의 마음을 얻지 못한다. 그만큼 외로워질 수밖에 없다. 그래서 이기적인 사람은 외딴섬과 같다. 누구 한 사람 마음을 나눌 사람이 없기에 철저하게 고립된다. 이기주의는 스스로를 외롭게 만드는 늪과 같다. 사람들의 마음을 얻고 더불어 살기 위해선 나보다 타인을 생각하는 마음을 지녀야 한다.

그동안 내가 만났던 성공자들은 모두 타인을 아끼고 배려하는 모습이 몸에 배어 있었다. 그들에게 배려는 타인의 마음을 얻기 위해 의도적으로 하는 것이 아닌, 자신이 기쁘고 행복해지고 싶어서 하는 일종의 습관이었다. 그런 아름다운 습관이 사람들을 자석처럼 끌어당겼고, 그들은 그의 인생에 든든한 지원군이 되어주었다.

옛날 어느 마을에 지돌석이라는 노인이 있었다.

노인은 평생을 백정 일을 했던 사람이었다. 그는 그동안 모은 돈으로 저잣거리에 푸줏간을 내고 장사를 시작했다.

어느 날 양반가의 젊은 자제 두 사람이 거의 비슷한 시간에 고기를 사러 왔다. 먼저 온 사람이 노인의 이름을 바꾸어 부르며 말했다.

"석돌아, 쇠고기 한 근만 다오!"

"알겠습니다."

노인은 대충 고기를 잘라 주었다. 그런데 뒤이어 들어온 또 다른 사람은 아무리 백정 출신의 천한 신분이라 해도 노인에게 말을 놓기가 거북했다. 그래서 나름대로 좋은 말을 골라 고기를 청했다.

"지 서방, 나도 쇠고기 한 근만 주시게!"
"예, 나으리. 조금만 기다리시지요."

자신을 높여 불러준 데 기분이 좋아진 지 노인은 제일 좋은 부위의 고기를 그에게 뭉텅 잘라 주었다. 먼저 고기를 받아 든 사람이 가만히 보니 두 번째 온 사람이 들고 있는 고기가 자신이 산 것보다 부위도 좋을 뿐 아니라 양도 많아 보였다.
화가 난 그는 노인에게 큰 소리로 말했다.

"이놈아! 한자리에서 똑같이 한 근을 샀는데 어째서 이 사람 것이 내 것보다 더 많은가?"

그러자 지 노인은 태연히 이렇게 말했다.

"그러니까 손님 것은 석돌이 놈이 자른 것이고 이분 것은 지 서방이 자른 탓이라오!"

위의 예화를 통해 왜 상대의 입장에서 생각하고 행동해야 하는지 알 수 있다. 남에게 대접받고 싶은 대로 남을 대접해야 하는 것이다. 내가 상대를 하찮게 대한다면 상대 역시 자존심이 상해 나를 함부로 대하게 된다. 결국 관계만 악화되고 만다.

어느 회사 쓰레기통에 반짝이는 물건이 들어 있었다. 그것은 바로 회사에서 사원들이 퇴직할 때 수여하는 재직기념패였다. 퇴직하는 사원들이 있을 경우에 가끔 이런 일이 발생하곤 했다.

'왜 재직기념패를 버리는 걸까?'

이를 이상하게 여긴 인사담당자는 기념패를 버린 여사원을 찾아서 그 이유를 물었다.
여사원은 이렇게 대답했다.

"저는 객지생활을 하기에 재직기념패를 마땅히 둘 곳이 없습니다. 그리고 제 남자 친구는 제가 생산부서에서 일하는 것을 모릅니다. 그런데 기념패에는 생산과 아무개라고 되어 있습니다. 혹시라도 남자 친구가 이 기념패를 본다면 우리 관계는 나빠질 것입니다. 그래서 저는 기념패를 버린 것입니다."

그녀는 회사의 배려와 자신의 자존심 사이에서 갈등하다 자존심을 택한 것이다. 사원과 면담을 한 이후 회사는 재직기념패를 없애기로 결정했다. 여사원들에게는 재직기념패를 주는 대신 예쁜 반지를 선물로 주었다.

갈수록 세상은 복잡해지고 경쟁이 치열해져간다. 때문에 세상을 혼자 힘으로 살아가겠다는 생각은 아주 무모한 생각이다. 제아무리 잘났다고 하더라도 한계가 있기 때문이다. 무엇보다 기회들은 사람을 통해 나에게 찾아온다. 주위에 사람들로 넘쳐난다면 많은 기회들을 누릴 수 있다. 따라서 휴먼 네트워크를 갖춘 사람은 보다 쉽게 자신의 꿈을 실현할 수 있다.

1967년 하버드 대학의 사회심리학자 스탠리 밀그램 교수가 흥미로운 실험을 진행했다.

미국 캔자스 위치타와 네브래스카 오마하의 주민들에게 편지를 준 뒤 이를 매사추세츠 보스턴의 한 주식중개인에게 전달하도록 했다. 특정인을 안다면 직접 전달하고, 모른다면 주변인 중 그 사람을 알 것 같은 사람에게 주도록 했다. 실험을 통해 평균 5.5명을 거치면 모든 사람들이 연결된다는 사실을 발견할 수 있었다.

이는 휴먼 네트워크가 갖추어져 있을 경우 5.5명만 거치면 자신이 원하는 기회를 가질 수 있다는 것을 뜻한다. 이 실험을 통해 인간관계가 얼마나 중요한지 알 수 있다.

살다 보면 때로 나의 배려가 상대를 힘들게 하는 경우도 있다. 이런 경우 대부분 상대방의 입장이 아닌, 나의 입장에서 생각하고 행동했기 때문이다. 따라서 배려를 하기 전에 먼저 스스로에게 이런 질문을 던져볼 필요가 있다.

"내가 상대의 입장이라면 어떻게 생각할까?"

"내가 이런 행동을 한다면 상대는 기뻐할까? 아니면 기분 나빠할까?"

"지금 상대의 감정은 어떠할까? 이런 상황에서 어떤 말을 건네는 것이 좋을까?"

이와 같은 자기 질문을 통해 사려 깊은 말과 행동을 할 수 있다. 사람들이 상대의 자존심에 상처를 주거나 감정을 상하게 하는 것은 신중하지 못하기 때문이다. 신중하지 못한 언행은 자주 오해를 불러일으킨다. 그래서 인간관계의 달인들은 항상 상대의 입장에서 깊이 생각해본 뒤 말하고 행동한다.

미국의 전설적인 자동차 판매왕 조 지라드. 그는 어떤 사람에게 결혼식이나 장례식같이 중요한 행사가 생기면 평균 250명 정도의 사람들이 참석한다는 사실에 주목했다. 그리고 한 사람의 고객에게 감동을 주면 자연히 그가 인간관계를 맺고 있는 250명에게 홍보가 된다는 것을 깨달았다.

그래서 그는 새로운 고객을 만들기 위해 노력하기보다는 기존의 고객 한 명 한 명에게 최선을 다했다. 그런 노력에 대한 보답으로 고객은 그에게 자신의 지인들을 소개해주었는데 이로써 그는 세계 최고의 판매왕이 될 수 있었다.

그는 저서 《최고의 하루》에 다음과 같은 말을 남겼다.

"내가 일주일에 50명을 만나는데 그중 2명이 내가 그를 대하는 태도에 불만을 가지고 있다면 그들에게 영향을 받는 사람은 한 달이면 2천 명에 달한다. 1년이면 2만 5천명이 나에게 손가락질하는 것과 같다. 나는 지금까지 자동차 판매 분야에 12년간 종사해 왔다. 따라서 내가 만나는 모든 사람 중에서 일주일에 2명꼴로 불쾌감을 주었다면 그동안 30만 명의 사람이 나를 비난했을 것이다."

세상에는 성공한 사람들이 수없이 많다. 분야는 다르지만 그들의 성공 비결 속에는 마치 법칙처럼 '인간관계'가 포함되어 있다. 사람의 마음을 얻지 못한다면 절대 꿈을 이룰 수도, 성공할 수도 없다. 따라서 눈부신 인생, 꿈꾸는 미래를 창조하고 싶다면 먼저 사람의 마음을 얻는 법부터 배워야 한다.

03

상대의 단점보다 장점을 찾아라

내가 적을 없애는 방법은 적을 친구로 만드는 것이다.
― 에이브러햄 링컨(미국의 제16대 대통령)

인맥이 힘이라는 말이 있다. 인생을 살다 보면 종종 뜻하지 않은 어려움에 처하게 된다. 나 혼자의 힘으로는 도저히 어떻게 해볼 수 없는 그런 경우가 있다. 나 역시 이럴 때 다른 누군가의 도움을 받아 쉽게 어려움을 해결했던 경험이 있다.

어느 정도 인생을 살아본 사람은 청춘들에게 사람을 소중히 여겨야 한다고 충고한다. 그만큼 사람이 소중하기 때문이다. 성공한 사람들을 보면 거의가 원만한 인간관계를 맺고 있다는 것을 알 수 있다.

인간관계에 대해 이야기할 때마다 떠오르는 2명의 CEO가 있다. 그 가운데 한 사람인 B 사장은 직장생활 8년 만에 독립해 30대 중반에 CEO

가 되었다. 지금은 중견기업을 일구어내 주위로부터 부러움을 사고 있다. 그는 자신의 성공 비결을 인맥이라고 말했다. 그래서 그는 입버릇처럼 "돈 벌 생각을 하지 마라. 사람만 벌면 돈은 해결된다."라고 말한다.

반면에 K 사장은 정반대다. 그 역시 30대 중반에 기업체를 세워 승승장구하고 있다. 사람들 사이에서 그에게 현금으로 500억 원이 있다는 소리가 나올 만큼 대단한 재력가다. 그런 그는 사람보다는 돈을 믿는다고 말한다.

"돈을 잃느냐, 사람을 잃느냐를 택해야 한다면 나는 후자를 택하겠다."

이 두 사람은 비슷하게 성공했지만 인맥에 있어선 분명한 차이가 있다. 돈보다는 사람을 벌겠다는 B 사장 주변에는 항상 사람들로 넘쳐난다. 한때 그는 사업에 실패해 좌절하고 절망했지만 여러 사람들의 도움으로 일어설 수 있었다.

사람보다 돈을 믿는다는 K 사장은 어떨까? 그의 주위는 삭막한 사막과 같다. 아무도 그를 좋아하지 않기 때문이다. 특히 저녁이 되면 만나서 술 한잔 기울일 사람이 없어 가끔 혼자 술집에서 술잔을 기울인다. 그는 마음이 맞는 친구들과 고깃집에서 삼겹살에다 소주를 마시는 사람이 제일 부럽다고 말한다.

현재 그는 사람이 그리워서 자신의 사고방식을 조금씩 고치고 있다. 그리고 서울에 있는 대학의 최고경영자 과정에 다니며 사람들을 사귀기 위해 노력하고 있다.

원만한 인간관계를 형성하는 사람들에게는 공통점이 있다. 그것은 다름 아닌 상대방의 단점보다 장점을 찾아 칭찬한다는 것이다. 그들은 상대방의 사소한 부분조차 간과하지 않고 장점으로 생각한다. 그리고 반드시 생각에 그치지 않고 진심을 담아 표현한다. 그러면 상대방은 자신도 모르는 장점을 알게 되어 기쁨과 함께 고마움을 느끼게 된다.

세상에는 두 부류의 사람이 있다. 상대방의 단점보다 장점을 먼저 보는 사람과 장점보다 단점을 먼저 보는 사람이다. 전자는 상대방을 배려할 줄 아는 따뜻한 마음을 지니고 있다. 따라서 상대방의 단점보다 장점에 초점을 맞춘다.

반면에 후자는 사람들로부터 사랑받지 못하는 유형에 속한다고 할 수 있다. 누구나 자신에게 관심을 가져주고 좋게 보아주는 사람을 좋아한다. 그런데 자신의 장점보다 단점에 초점을 맞추어 이러쿵저러쿵한다면 감정이 몹시 상하게 된다. 이런 사람과 좋은 관계를 유지하고 싶은 사람은 아무도 없다.

누구에게나 장점과 단점이 있다. 장점만 있고 단점이 없거나 단점만 있고 장점이 없는 사람은 단 한 사람도 없다. 다만 어느 부분이 많고 적으냐의 차이일 뿐이다. 자신을 살펴보아도 장점과 단점이 고루 있다는 것을 알 수 있다. 그런데도 대부분의 사람들은 상대방의 장점보다 단점을 찾기에 급급하다. 그러다 보니 상대방을 칭찬하기보다 질책하는 일이 많은 것이다.

지인 중에 늘 동료들의 장점을 찾아서 칭찬하는 사람이 있다.

"김 대리, 정말 꼼꼼하네. 역시 김 대리야."
"자넨 항상 웃는 얼굴이 보기 좋아. 내 마음까지 다 환해진다니까."

이런 말을 들은 상대는 겉으로는 내색하지 않아도 마음속으로는 기쁘게 마련이다. 무엇보다 누군가가 자신에게 관심을 가져준다는 사실에 행복할 것이다.

반면에 장점보다 단점에 초점을 맞추어서 의욕을 꺾는 사람도 있다.

"김 대리, 자넨 너무 느려터졌어. 좀 더 서두를 수 없나."
"자넨 뭐가 좋아서 하루 종일 싱글벙글해. 날아가는 참새 뭐라도 본 거야?"

두 사람 가운데 누가 더 사람들로부터 사랑받고 존중받을 수 있을까? 당연히 전자다. 때로 이런 사람이 어려움에 처하면 선뜻 나서서 도와주고 싶어진다. 왜? 나의 가치를 인정하고 존중해준 것에 대한 보답을 하고 싶기 때문이다.

스펙보다 인간관계가 더 중요하다. 사람을 얻지 못하는 사람은 아무것도 얻지 못하기 때문이다. 미래를 바꾸고 세상을 바꾸는 자기혁명의 시작 역시 인간관계에서 비롯된다. 그래서 잘나가는 개인이나 기업은 관계, 즉 소통을 중시하는 법이다.

사람을 얻기 위해선 상대의 장점을 찾아서 칭찬하는 사람이 되어야 한다. 특히 남들이 대수롭지 않게 여기는 장점을 칭찬할 때 상대는 기뻐하게 마련이다. 그런데 간혹 이렇게 말하는 사람이 있다.

"눈을 씻고 찾아봐도 장점이 안 보이는 걸 어떡해?"

그러나 장점이 없는 사람은 아무도 없다. 그저 건성으로 보았거나 부정적인 색안경을 끼고 바라보기에 단점만 눈에 띄는 것이다. 작고 사소한 부분도 장점이 될 수 있다. 하다못해 거짓말을 하지 않거나 약속을 잘 지키는 것, 사람들의 마음을 잘 이해해주는 것, 자주 질문해도 화를 내기보다 친절하게 대답해주는 것……. 이런 모든 것이 장점이 될 수 있다. 상대에게 갖는 관심의 깊이만큼 상대의 장점이 보이게 마련이다. 따라서 당신이 상대에게서 장점을 찾지 못하는 것은 그만큼 상대에게 깊은 관심을 갖지 않아서인지도 모른다.

세상에서 가장 귀중한 재산은 사람이다. 그래서 현명한 사람은 좋은 사람을 많이 사귀기 위해 노력한다. 누군가가 어려움에 처했다는 소식을 들으면 달려가 위로를 아끼지 않는다. 그러나 대다수의 사람들이 어려움에 직면했을 때 대부분의 사람들은 그들과 거리를 둔다. 혹시나 상대가 자신에게 경제적인 도움을 바라지 않을까, 염려해서다. 그러나 어려움에 처한 사람에게 가장 큰 위로는 따뜻한 말 한마디다. 사실 위로의 말을 건네는 데는 돈 한 푼 들지 않는다. 이는 돈 한 푼 들이지 않고 사람을 얻을 수 있다는 말이다.

세상에서 혼자 힘으로 성공한 사람은 없다. 알게 모르게 주변 사람들의 도움을 받아 기회를 잡을 수 있었고 꿈을 이룰 수 있었던 것이다.

독일 속담에 "상대를 칭찬할 때는 널리 알리도록 하고 상대를 책망할 때는 남이 모르게 하라."라는 말이 있다. 상대의 좋은 점을 발견해 칭찬해주는 것은 상대의 용기를 북돋워주는 것과 같다. 이는 그 사람을 소중히 여기는 것이다. 그러나 상대의 단점을 자꾸 들추어내 책망한다면 상대의 반감을 사게 될뿐더러 상대를 적으로 만들게 된다.

사람을 얻는 방법은 쉽고 간단하다. 먼저 나보다 상대의 입장에서 생각하고 행동하는 것이다. 그리고 상대의 말을 경청하고 고민을 함께 나누다 보면 자연스레 친밀감이 생겨난다. 그리하여 두 사람 사이에 우정이 싹트게 된다.

여러분 가운데 사람의 마음을 얻는 데 힘들어하는 사람이 있다면 다음에 소개하는 여덟 가지를 실천해보길 바란다.

첫째, 받기보다 준다.

둘째, 사소한 것에 감동한다.

셋째, 칭찬을 잊지 않는다.

넷째, 상대의 말을 경청한다.

다섯째, 상대의 고민을 같이 공감해준다.

여섯째, 상대를 배려한다.

일곱째, 상대의 입장에서 생각한 뒤 말한다.

여덟째, 상대의 단점보다 장점에 초점을 맞춘다.

04

친구가 나의 미래를 결정한다

우리의 인생을 축복으로 만들기 위해 요구되는 것 중에 가장 위대한 것은
바로 좋은 우정을 얻는 일이다. - 에피쿠로스(그리스의 철학자)

2009년 5월, 나는 대구 〈영남일보〉에 '나도 작가가 될 수
있다'라는 칼럼을 4개월간 연재한 적이 있다. 내가 10여 년
간 수많은 시행착오를 반복하며 익혀 온 글쓰기와 한 권의 책이 만들어
지기까지의 과정을 여러 사람과 공유하고 싶은 바람에서 연재를 시작했
다. 칼럼이 연재되자 자기 이름으로 된 한 권의 책을 갖기를 바라는 많
은 독자들이 아낌없는 성원을 보내주었다.

그 가운데 특별한 한 사람이 있었다. 그는 특수강도죄로 15년 형을 선
고받고 청송교도소에서 복역 중인 재소자 강우영 씨였다. 자신도 글을
쓰고 싶다며 장문의 편지와 함께 구상 중인 소재들, 그리고 이제 막 시

작한 원고를 동봉해왔다. 그는 아내와 두 아이를 둔, 그의 말을 빌리자면 인생낙오자에 이름뿐인 가장이었다. 그런 그가 아내를 위해, 불쌍한 아이들을 위해 뭔가 하고 싶다는 것이었다.

나는 그에게 조금이나마 경제적인 도움을 주기 위해 그의 인생 이야기를 《후회 없는 삶》이라는 책으로 펴냈다. 그리하여 책의 인세 가운데 절반을 그의 가족에게 전달할 수 있었는데 개인적으로 정말 보람되고 기뻤다.

지금은 한 평 남짓한 감옥에서 생활하고 있는 그지만 어린 시절에는 그 역시 남들과 똑같은 평범한 사람이었다. 그는 초등학교 저학년 시절엔 공부를 잘했던 편에 속했다. 그러나 중학생이 되면서 불량한 친구들과 어울리기 시작했다. 그는 그 친구들과 어울려 낮에는 오토바이를 이용한 날치기로, 밤에는 오토바이에 여자애를 태워 폭주를 하며 스릴과 자유를 만끽했다. 그렇게 그는 공부와 학교가 죽도록 싫었던 10대 시절에 어른들의 간섭을 받지 않기 위해 조금씩 늪 속으로 빠져들었던 것이다. 자퇴 후 그는 더욱 대범해졌다. 시간이 흐르면서 양심은 무뎌져갔고, 급기야 명품 옷과 가방, 신발을 사기 위해 범죄를 저지르고 말았다.

그는 노력해서 돈을 벌기보다 한탕 범죄를 저질러서 쉽게 돈을 벌고 싶었다. 쉽고 편하게 원하는 것을 얻고 싶었던 것이다. 그는 그 벌로 어떤 혹독한 대가를 치러야 할지도 알고 있었지만 개의치 않았다.

그렇다고 해서 그가 범죄를 저지르고 난 뒤 마음이 편했던 것은 아니었다. 언제 형사들이 들이닥쳐 그의 손에 수갑을 채울지 몰랐기 때문이다. 밤이 깊어도 잠들 수 없었던 그는 술에 의지해 살았다고 한다. 그는 차라리 형사들이 얼른 나를 잡아갔으면 하는 생각이 들 정도로 불안 속에서 살아야 했다. 매일 범죄를 저지른 자신이 죽도록 싫었고 머릿속에서는 후회가 떠나지 않았다.

현재 그는 자신이 지은 죄의 대가로 대전교도소에 수감되어 있다. 나는 책을 쓰기 위해 그와 인터뷰하면서 교도소 생활이 얼마나 비참한지 생생하게 알 수 있었다. 사실 그에게서 직접 듣기 전까지는 영화에서처럼 어느 정도 낭만도 있지 않을까, 하는 생각을 가지고 있었다. 그런데 그런 생각은 산산이 부서지고 말았다.

다음은 그의 이야기를 다룬 저서 《후회 없는 삶》에 소개된 내용 중 일부분이다.

아침 6시 20분. 기상하라는 방송이 외부의 담벼락 스피커에서 흘러나오자 복도에 있던 교도관은 각 방 안을 일일이 들여다보며 외친다.

"기상! 기상!"

독거실에 혼자 있는 재소자가 기상 방송을 못 들었을까 봐 잠을 깨우러 다니는 것이다. 강 씨는 새벽까지 아이들을 걱정하며 뜬눈으로 지새

우다 깜빡 잠이 들었었다. 시계를 보니 겨우 두 시간 잠을 잔 것 같았다. 저녁 취침 시간인 9시까지 앉아 있어야 할 것을 생각하니 모포를 갠다는 것이 너무 싫다. 따뜻한 아랫목은 아니지만 마냥 누워 있고만 싶다. 하지만 감독교도관의 점호를 받기 위해서는 10분 만에 침구 정리와 방 안 정돈을 마쳐야 한다. 그리고 서둘러 방 안 중앙 정위치에 앉아 점호 준비를 해야 한다.

만약 이런 점호 준비를 세 번 어겼을 시에는 징벌독방으로 가는 처벌을 받는다. 스트라이크 삼진아웃제다. 그렇다고 이 제도가 점호 불량에만 국한된 것은 아니다. 가령 교도관의 허락 없이 다른 동료와 얘기하다 적발되면 1건, 또 쇠창살에 빨래를 널었다 적발되면 1건, 점호 불량 1건이면 삼진아웃 되어 징벌독방으로 간다.

점호가 끝나고 세수를 하고자 수도꼭지를 트니 얼음 같은 물이 나온다. 강 씨는 마치 제비가 빠르게 강물 위를 스치고 지나가듯 손에 찬물을 묻히고는 눈가의 눈곱을 떼어낸다. 그다음 찬 마룻바닥 위에 모포 한 장을 깔고 앉아 추위에 웅크린 채 식수를 기다린다. 식수는 정량이 1.5리터로 하루 3회 주는데 감방 안에서 유일하게 보온효과를 누릴 수 있게 해준다. 따뜻한 식수를 플라스틱 통에 담아 끌어안고 있는 것이다. 그리고 물이 미지근해지면 양말, 속옷, 내복 등을 세탁하는 데 사용한다. 겨울철 찬물로는 빨랫비누에 거품이 일질 않아 세탁하기가 어렵기 때문이다. 결국 하루 종일 세 번 주는 총 4.5리터의 온수로 몸도 따뜻하게 하고 마시고 세탁할 때도 사용해야 한다. 머리를 한번 감으려면 한 끼 아낀 따뜻한 식수로 샴푸하곤 헹굴 때는 찬물에 머리가 깨져나가는 고통을 감수해야 한다.

아침 7시 식사시간. '미역국, 오이양파무침, 배추김치' 아니면 '시금치 된장국, 깍두기, 콩나물무침'이 나온다. 1식 3찬인 이 메뉴는 어느 교도소나 흡사하다. 구매물 간식이라도 사 놓은 것이 있다면 아침을 걸러도 되겠지만 그렇지 않다면 입맛이 없어도 먹어야 한다. 점심시간인 12시까지 배고픔을 이겨내기 위해서다. 특히나 공장에 나가서 일해야 하는 사람은 억지로라도 먹어야 한다.

운동은 하루 오전, 오후 교대로 한 시간씩 한다. 한 번에 12명이 약 60~70평 되는 공간에서 왔다 갔다 한다. 자신의 인생이 그 가로막힌 사방의 시멘트 벽 안에 갇혀 있다는 걸 생생하게 느끼게 만드는 막막하고 암담한 공간에서 말이다. 어떤 이는 땅만 보고 걷고, 어떤 이는 하늘만 쳐다보며 걷고, 또 어떤 이는 가만히 선 채로 먼 허공만을 응시한다. 그리고 운동 종료 호루라기 소리가 울려 각자 방으로 돌아가는 순간 철컥 철문은 잠긴다. 그러고 나면 한 평 남짓한 냉장고 안에 스물두 시간 동안 갇혀 있어야 한다. 규칙대로 모든 움직임에 따르면서 강 씨는 화재가 발생해도 교도관이 문을 열어주지 않으면 불에 타 죽을 수밖에 없다는 두려움을 느낀다고 한다.

그를 범죄자로 이끈 원인 중 하나로 불량한 친구들과 어울린 것을 꼽을 수 있다. 그는 불량한 친구들과 어울리면서 차츰 공부, 학교와 멀어졌다. 급기야 폭력으로 인한 자퇴, 가출을 일삼게 되었다. 범죄로 번 돈으로 명품 옷과 신발을 사고 오토바이를 훔치면서 구치소, 소년원, 소년교도소라는 수순을 밟았다.

당시 그는 공부가 아예 자신과 맞지 않는다고 결론을 내려버렸다. 공부하라는 부모님의 잔소리가 싫어 가출을 감행했다. 살기 싫어했던 동네를 벗어나 오토바이 폭주족이 되었다. 행인을 괴롭히고 희롱하는 재미에 빠지면서도 경찰에 잡히면 그만이라는 대범함을 보이기까지 했다.

나는 만약 그가 행실이 바르지 못한 친구들과 어울리지 않았다면 지금과 같은 비참한 인생을 살지 않았을지도 모른다는 생각이 들었다. 사실 그가 오토바이 폭주족이 되는가 하면 소매치기 등 나쁜 행동을 일삼게 된 것은 그런 불량한 친구들과 어울렸기 때문이다. 그는 가랑비에 옷 젖듯이 자신도 모르게 조금씩 그들처럼 변해갔던 것이다.

지금 그는 교도소에서 지난날들을 뼈저리게 후회하고 있다. 만약 다시 학창시절로 돌아간다면 자신을 범죄의 늪으로 이끌었던 불량한 친구들을 절대 가까이하지 않을 것이며, 최선을 다해 공부하겠다는 생각을 수없이 한다. 그러나 흘러간 물로 물레방아를 돌릴 수 없듯이 이미 지나간 과거는 되돌릴 수 없는 법이다.

여러분의 미래는 꿈과 공부, 친구에게 달렸다고 할 수 있다. 확고한 꿈이 있고 열심히 공부하더라도 그릇된 친구들과 가까이한다면 꿈과 공부와 차츰 담쌓게 된다. 그러다 어느 순간 되돌아올 수 없는 강을 건너게 되는 것이다. 그러니 절대 행실이 옳지 않은 친구들과 어울려선 안 된다.

내가 학교에 다닐 때는 뒷자리에 앉아 있는 학생들 가운데 교실 바닥에 아무렇게나 침을 뱉거나 담배를 피우고 술을 마시는 친구들이 많았다. 나는 그런 친구들과 가까이하지 않았다. 왜냐하면 나에게는 이루고 싶은 꿈이 있었고 무엇보다 나 자신을 소중하게 여겼기 때문이다.

친구를 사귀기 전에 그 친구의 평소의 언어 습관, 행동 습관을 살펴볼 필요가 있다. 그 사람의 언행을 보면 그가 어떤 사람인지 알 수 있기 때문이다. 자신의 꿈을 이루기 위해 열심히 공부하고 사람에 대한 예의를 아는 친구와 가까워지도록 노력했으면 한다. 자신에게 이로움보다 좋지 않은 영향을 더 많이 끼칠 것 같은 친구는 가까이해선 안 된다는 것을 꼭 명심해야 한다.

05

상대를 나에게 맞추려고 하지 마라

상대방에게 진정으로 흥미를 가지려고 노력하라. 그러면 당신이 2년 동안
악전고투한 끝에 겨우 얻을 수 있었던 친구보다 더 많은 친구를
얻을 수 있을 것이다. 친구를 얻는 최상의 방법은
먼저 상대방의 친구가 되어주는 것이다. — 데일 카네기(성공학 저술가)

우리는 종종 상대를 나에게 맞추려고 하거나 타인과 비교
하는 실수를 한다. 그리하여 소중한 사람과 다툼을 벌이거
나 소원해지기도 한다. 상대를 있는 그대로 받아들인다면 생기지도 않
을 문제들이다.

상대의 있는 그대로를 받아들이지 못하면 자꾸 사심이 들게 된다. 바
로 자신이 바라는 대로 바꾸고 싶어 하는 마음이다. 그래서 상대를 타인
과 비교하며 상태가 달라지기를 바라게 된다. 그 결과 상대는 자존심이
상하게 되고 반감을 느끼게 된다.

사람들과 오래도록 좋은 관계를 유지하고 싶다면 절대 다음 두 가지
를 잊어선 안 된다.

첫째, 상대를 자신에게 맞추려고 하지 말 것

둘째, 상대를 타인과 비교하지 말 것

상대를 자신에게 맞추려고 하거나 타인과 비교하려 할 때 상대와 불협화음이 생기게 된다. 그래서 인간관계의 달인들은 절대 자신의 의도대로 상대를 수정하려고 하지 않는다. 상대가 가진 면을 있는 그대로 인정해주고 받아들인다.

인간관계에서 오는 문제는 나이를 떠나 모든 사람들이 가지고 있는 고민 중 하나다. 며칠 전 한 10대로부터 한 통의 메일을 받았다. 그 메일은 초등학교 때부터 친하게 지내 온 친구에게 절교를 선언했는데 마음이 편치 않다는 내용이었다. 절교를 선언한 이유는 친구가 자주 다른 친구들과 자신을 비교하기 때문이었다.

"너는 왜 그것도 못 하니? 경수는 잘만 하던데."

"경수처럼 너도 농구 좀 잘해! 너 때문에 졌잖아."

메일을 보낸 학생은 친구가 누군가와 자신을 비교할 때 자존심이 매우 상한다고 토로했다. 그래서 그 친구가 괜스레 미워지고 그 친구의 단점을 헐뜯게 된다는 것이다. 그 학생은 오래도록 좋은 관계를 유지했던 친구와 금이 간 것에 대해 마음 아파했다. 하지만 그러면서도 앞으로 그 친구와 가까이하고 싶지 않다고 속내를 털어놓았다. 나는 학생의 메일을 읽으면서 정말 안타까운 마음이 앞섰다. 왜냐하면 그 학생을 다른 친구와 비교했던 당사자는 아무것도 모른 채 소중한 친구를 잃었기 때문이다. 친구를 있는 그대로 받아들이지 않고 누군가와 비교하면 안 되는 이유가 여기에 있다.

과거에 나 역시 절친한 친구에게 행동의 수정을 요구하다가 오랫동안 관계가 소원해졌던 적이 있었다. 학생의 메일을 읽고 나서 과거의 내 모습이 떠올랐다. 그동안 살아오면서 수많은 사람들을 만났고 그들 가운데 일부는 처음에는 좋은 관계를 맺다가 떠나가기도 했다. 사람이 무엇보다도 소중하다는 것을 알고 있는 지금은 과거와 같은 실수를 하지 않기 위해 내 마음을 단단히 단속하고 있다.

누구나 자신이 타인과 비교당하면 자존심이 상하게 된다. 그래서 비교당할 때 마음속으로 '그렇게 말하는 너는 얼마나 잘났냐!', '정말 재수 없어!' 하고 반감을 가지게 된다. 그 결과 둘 사이의 관계가 갈라지게 되는 것이다.

어떤 일이 있더라도 상대를 자신에게 맞게 재단하려고 하거나 남과 비교해선 안 된다. 상대 역시 나와 마찬가지로 지금 있는 그 자체로 마땅히 존중받아야 할 인격체라는 것을 명심해야 한다.

영국의 웨스트민스터 대성당의 지하 묘지에 있는 한 영국 성공회 주교의 무덤 앞에 다음과 같은 비문이 적혀 있다.

'내가 젊고 자유로워서 상상력에 한계가 없을 때, 나는 세상을 변화시키겠다는 꿈을 가졌었다.

좀 더 나이가 들고 지혜를 얻었을 때 나는 세상이 바뀌지 않으리라는 것을 알았다. 그래서 내 시야를 약간 좁혀 내가 살고 있는 나라를 변화시키겠다고 결심했다. 그러나 그것 역시 불가능한 일이었다.

황혼의 나이가 되었을 때 나는 마지막 시도로, 나와 가까운 내 가족을 변화시키겠다고 마음을 정했다. 그러나 아무도 달라지지 않았다.

이제 죽음을 맞기 위해 누운 자리에서 나는 문득 깨닫는다. 만약 내가 나 자신을 먼저 변화시켰더라면, 그것을 보고 내 가족이 변화되었을 것을, 또한 그것에 용기를 얻어 내 나라를 더 좋은 곳으로 바꿀 수 있었을 것을……. 그리고 누가 아는가? 세상도 변화되었을지!'

사람들은 주위 사람들을 변화시키기 위해 노력한다. 가족과 동료들을 자신이 원하는 스타일로 변화시키려고 한다. 사실 좋게 표현하면 '변화'이지만 부정적으로 표현하면 자신에게 맞추어 '재단'하는 것이다. 그러나 모든 사람에게는 자존심이라는 것이 있다. 그래서 누군가가 달라지기를 원한다고 해서 쉽게 달라지지 않는다. 그런데도 계속 "넌 이렇게 변했으면 좋겠어.", "넌 왜 그 모양이니?"라고 말한다면 바뀌기는커녕 불화만 생길 뿐이다. 이는 "너와 절교하고 싶어!"라고 선언하는 것과 다를 바 없다.

상대를 변화시키려고 하는 사람은 어리석은 사람이다. 이는 달걀로 바위를 깨뜨리겠다고 생각하는 사람과 같다. 상대를 변화시키기 위해선 자신이 먼저 달라질 필요가 있다. 자신이 먼저 상대가 달라졌으면 하는 모습으로 바뀌면 상대도 변화된 나를 보며 서서히 달라진다. 자신은 예전 모습 그대로이면서 상대만 달라지기를 바라선 안 된다는 것이다.

앞서 말했듯이 나 역시도 과거에는 친구를 다른 사람들과 비교하며 친구가 달라지기를 바랐다. 너는 이 부분이 마음에 안 들고, 또 저 사람은 저래서 싫으니 고쳤으면 한다고 간섭하는가 하면 충고했다. 나와 친했던 그 친구는 처음에는 내 말을 귀담아들으면서 고치기 위해 노력했다. 그러다 어느 순간 그 친구는 나와 거리를 두기 시작했다. 나는 한참 시간이 지난 뒤에야 그 친구가 거리를 둔 이유를 알게 되었다.

그 친구는 그 이유를 이렇게 말했다.

"나는 처음에 네 말대로 고치려고 노력했지만 어느 순간 왜 내가 이렇게 힘들게 살아야 하나, 라는 의문이 생기더라고. 그리고 자꾸만 나한테 이래라저래라 간섭하는 네가 귀찮고 짜증났어. 그래서 너와 거리를 뒀던 거야."

그 친구의 말은 나에게 충격과 같았다. 그 후로 나는 사람들을 나에게 맞추려고 하는 어리석은 짓을 하지 않는다. 아무리 타인을 나에게 맞추려고 노력해도 절대 그렇게 되지 않는다는 것을 그때 깨달았기 때문이다.

문득 내가 존경하는 한 선배가 했던 말이 떠오른다.

"모든 사람은 저마다 귀중한 존재야. 그 사람이 실패자이건, 성공자이건, 잘생겼건, 못생겼건 간에 모두 다이아몬드 같은 존재라고 할 수 있어. 그래서 그 사람의 있는 그대로를 보고 인정해줄 수 있어야 해. 자꾸만 그 사람을 내 의도대로 맞추려고 하거나 조종하려고 하기에 비극이 생기는 거야."

사람과의 관계에서 대부분의 기회들이 생겨난다. 따라서 좋은 인간관계를 맺지 못하는 사람은 그만큼 기회로부터 멀어질 수밖에 없다. 성공하는 인생을 사는 사람들을 보면 하나같이 주위에 좋은 사람들이 넘쳐나는 것을 알 수 있다. 그들이 성공할 수 있었던 것은 '사람'이라는 재산 때문이다. 사람과 사람과의 관계에서 다양한 기회들을 찾을 수 있었고 그것을 자신의 것으로 만들었던 것이다.

사람은 누구나 자신이 꿈꾸는 인생을 창조할 수 있다. 저마다 내면에 운명을 창조하는 에너지를 가지고 있기 때문이다. 그런데 그 에너지는 혼자보다 나를 지지해주는 사람들, 즉 가족과 친구들과 함께할 때 극대화된다는 것을 기억해야 한다. 그러기 위해선 먼저 그들과 돈독한 관계를 형성할 수 있어야 한다.

다시 말하지만, 상대를 나에게 맞추려고 하거나 타인과 비교해선 안된다. 그 대신 내가 먼저 상대가 변화되었으면 하는 스타일로 바뀌어야 한다. 그래야 그 상대 역시 나를 보며 조금씩 변화되기 때문이다.

여덟 번째 자기혁명

습관은
배신하지
않는다

인생을 바꾸는 **자기혁명**

01

현재에 집중하라

성공하려면 남을 떠밀지 말고, 또 제 힘을 측량해서 무리하지 말며,
한눈팔지 말고 자신이 뜻한 일을 향해 묵묵히 나아가야 한다. 평범한 방법이지만
이것이 성공을 가져다주는 방법이다. - 벤저민 프랭클린(미국의 정치인)

인생에서 가장 소중한 날은 바로 오늘이다. 오늘 중에서 가장 소중한 시간은 바로 지금 이 순간이다. 우리는 과거에 어떤 영향력을 미칠 수 없다. 미래 또한 아직 도래하지 않았기에 어떤 영향력을 행사할 수 없다.

그러나 현재는 어떤가? 지금 자신의 노력 여하에 따라 얼마든지 영향력을 미칠 수 있다. 자신이 생각하고 꿈꾸는 것을 현실로 이루기 위해 노력한다면. 무엇보다 꿈을 이루기 위해 노력할 수 있는 시간은 바로 현재밖에 없다.

그런데 이렇게 말하는 사람들이 있다.

"오늘은 좀 놀고 내일부터 열심히 하지 뭐."

"날이 오늘밖에 없나? 내일도 있고 모레도 있는데."

"오늘 하루 그냥 보낸다고 해서 내 인생이 어떻게 되겠어?"

이런 사람들은 지금 이 순간이 얼마나 소중한지 모르기에 이렇게 말하는 것이다. 지금 자신이 통과하고 있는 20대, 30대, 40대라는 시간이 언제까지나 계속될 거라고 착각하는 것이다. 그러나 세상에 그대로 머물러 있는 것은 아무것도 없다. 나 역시 20대 시절이 언제까지나 계속될 것이라는 착각 속에서 살았다. 하지만 30대 후반을 살고 있는 지금은 세월이 기다려주지 않는다는 것을 잘 알고 있다. 20대의 시간들이 주마등처럼 스쳐 지나가버렸기 때문이다. 이제는 마흔을 앞두고 있으니 세월이 참 빠르다, 라는 말이 절로 나온다.

화무십일홍花無十日紅이라는 말이 있다. 꽃이 피어야 열흘을 못 넘긴다는 뜻으로 아무리 아름다운 꽃도 시간이 흐르면 시들고 지게 마련이다. 사람 역시 세월이 흐름에 따라 예쁘고 탱탱했던 피부도 늙고 주름지게 된다. 하물며 시간인들 언제까지나 여러분을 20대, 30대, 40대에 머물러 있게 하진 않는다. 지금 이 순간에 집중해야 하는 이유가 여기에 있다.

일생을 최고의 시계를 만드는 데 바친 사람이 있었다. 그는 아들의 성인식 날 손수 시계를 만들어 선물로 주었다. 그 시계의 시침은 동으로 만들어져 있었고 분침은 은으로 만들어져 있었다. 그런데 초침만은 금으로 되어 있었다.

아들은 시계를 받아 들고 아버지에게 물었다.

"아버지, 시침이 가장 크니까 금으로 장식하고 가장 가는 초침은 동으로 만들어야 하지 않나요?"

그러자 아버지가 말했다.

"아니다. 초침이야말로 금으로 만들어야 한다. 초를 잃는 것이야말로 세상의 모든 시간을 잃는 것과 마찬가지니까."

그는 아들의 손목에 시계를 채워 주며 다음과 같은 말을 덧붙였다.

"초를 아끼지 않는 사람이 어떻게 시와 분을 아낄 수 있겠니? 세상의 흐름은 초에 의해 결정된다는 것을 명심하고, 너도 성인이 되는 만큼 1초의 시간도 책임질 수 있는 사람이 되도록 노력해야 한단다."

시간을 물 쓰듯 하는 사람이 있다. 이런 사람은 일분일초를 소홀히 보내면 나아가 하루를 헛되이 보내고, 일생을 헛되이 보내게 된다는 것을 망각하고 있다. 이런 사람의 특징은 현재에 몰입하지 않는다는 것이다. 오늘 안 해도 내일이 있고 모레가 있기에 게으름을 피우는 것이다. 그러다 보니 항상 저조한 성과를 내게 되고 늘 제자리에 머물러 있다. 이런 사람에게 성공은 물 건너간 거나 다름없다고 할 수 있다.

현재에 집중하지 않는 사람들치고 불평불만이 없는 사람은 없다. 지금 하는 공부에 최선을 다하지 않기에 성적이 저조하고, 직장에서 최선을 다해 일하지 않기에 늘 성과가 바닥이다. 그런데 웃기는 것은 성적이 낮고 일의 성과가 좋지 못한 것은 자신이 현재에 충실하지 못해서인데도 그 탓을 조상 탓, 부모 탓, 회사의 여건 탓, 사회 탓으로 돌린다는 것이다. 그러니 늘 입에 불평불만을 달고 사는 것이다.

반면에 현재에 집중하는 사람은 불평할 틈이 없다. 그들은 마치 단거리 달리기 선수처럼 줄곧 목표를 향해 달려가기 때문이다. 그들은 언제나 목표에 집중하는 습관을 가지고 있다. 여행자가 목적지를 향해 가듯이 목표와 계획을 세워 강도 높은 노력을 쏟는다. 그 결과 자신이 꿈꾸는 대로 성공하는 인생을 살게 되는 것이다.

어느 날 불평불만으로 가득 찬 청년이 왕을 찾아왔다. 그는 왕에게 인생을 성공적으로 사는 법을 가르쳐달라고 졸랐다.

왕은 잔에 포도주를 가득 부어 청년에게 주면서 이렇게 말했다.

"포도주 잔을 들고 시내를 한 바퀴 돌고 오면 성공 비결을 가르쳐주겠다. 단, 포도주를 한 방울이라면 쏟는다면 네 목을 벨 것이다."

청년은 땀을 뻘뻘 흘리며 포도주 잔을 들고 시내를 한 바퀴 돌고 왔다.

그러자 왕이 물었다.

"시내를 돌며 무엇을 보았느냐? 거리의 거지와 장사꾼들을 보았느냐? 혹시 술집에서 새어 나오는 노랫소리를 들었느냐?"

청년이 대답했다.

"포도주 잔에 신경을 쓰느라 아무것도 보고 듣지 못했습니다."

그러자 왕이 말했다.

"바로 그것이 성공의 비결이다. 인생의 목표를 확고하게 세우고 일에 집중하면 주위의 유혹과 비난이 들리지 않을 것이다."

청년은 시내를 도는 동안 포도주 잔에서 시선을 뗄 수가 없었다. 그래서 주위에서 일어나는 일들에 전혀 신경을 쓸 수가 없었던 것이다. 만약 청년이 포도주 잔에 신경을 쓰지 않았더라면? 분명 포도주를 엎지르거나 쏟고 말았을 것이다.

지금 자신이 하는 일에서 최고가 되고 성공하는 것 역시 이와 별반 다르지 않다. 지금 하는 일에 온전히 몰입할 수 있어야 한다. 그렇게 목표에 마음을 집중하다 보면 주위에서 일어나는 일에는 무감각해지게 된다. 머릿속에는 오로지 지금 자신이 세운 목표를 어떻게 하면 좀 더 빨리 이룰 수 있을까, 라는 생각으로 가득 차게 된다. 그래서 주위에서 부정적인 이야기를 해도 신경 쓰지 않고 자신의 목표 실현에 전념하게 되는 것이다.

성공 컨설턴트 지그 지글러는 이런 말을 했다.

"행동가가 되어라. 목표를 설정하고도 행동하지 않으면 당신의 목표는 이루어지지 않는다. 가만히 있지 말고 행동하라. 항상 진보적인 사람이 되어라."

아무리 자세한 지도를 가지고 있다고 해도 목적지를 향해 나아가지 않으면 아무 소용이 없다. 이 말은 아무리 뚜렷한 목표가 있더라도 지금 그 목표를 실현하기 위해 노력을 기울이지 않으면 실현되지 않는다는 뜻이다.

목표를 실현하기 위해선 반드시 실천이 따라야 한다. 실천이 뒷받침
될 때 목표는 현실이 되고 꿈과의 거리는 좁혀지게 되는 것이다. 그 어
떤 성공자도 가만히 앉아서 쉽게 꿈을 이루거나 성공하지 않았다. 그
들은 목표를 이루기 위해서 자신의 열정과 피땀을 바쳤던 사람들이다.

세상에는 현재에 집중하는 사람과 그렇지 않은 사람이 있다. 전자는
성공하는 인생을 살아갈 테지만, 후자는 실패 속에서 절망적인 삶을 살
게 될 것이다. 씨를 뿌리지 않은 땅에서 자신이 원하는 꽃이 피어날 리
만무하다. 그렇듯이 성공하는 인생을 살기 위해선 지금 이 순간에 최선
을 다하는 사람이 되어야 한다.

당신의 미래는 현재와 이어져 있다. 어떤 일이 있어도 현재 하는 일에
집중해야 된다. 헛되이 보내는 현재를 바꾸면 멋진 미래를 만들 수 있
다는 것을 기억해야 한다. 지금부터라도 일분일초를 소중히 여기고 고
군분투하길 바란다.

시간을 금쪽같이 생각하는 사람이 눈부신 미래의 주인이다.

02

해야 할 일과 하지 말아야 할 일을
구분해서 하라

계획 없는 목표는 한낱 꿈에 불과하다. – 생텍쥐페리(《어린왕자》의 작가)

성공한 사람과 아직 성공하지 못한 사람을 자세히 살펴보면 한 가지 사실을 알 수 있다. 전자는 '해야 할 일'과 '하지 말아야 할 일'의 리스트를 정해서 생활하지만, 후자는 구분 없이 그때그때 마음이 가는 대로 생활한다. 그래서 성공한 사람은 시간이 지날수록 계속 성공하는 반면에 후자는 시간이 지나도 제자리걸음이다.

여러분이나 나나 꿈과 성공을 실현하기 위해 쓸 수 있는 재료는 시간이다. 그런데 안타깝게도 시간은 한정되어 있다. 때문에 중요한 일과 중요하지 않은 일을 구분해서 해야 한다. 그렇지 않으면 덜 중요한 일을 하느라 소중한 시간을 허비하게 된다. 정작 중요한 일을 해야 할 때는 시간이 부족해서 그 일을 제대로 하지 못하거나 포기하게 된다.

베스트셀러《좋은 기업을 넘어 위대한 기업으로》를 쓴 세계적인 경영학자 짐 콜린스. 그는 '경영학의 아버지'라 불리는 피터 드러커를 멘토로 생각했다. 그는 중요한 결정을 앞두고 있거나 고민이 있을 때마다 그를 찾아가 조언을 구했다.

어느 날 짐 콜린스가 고민을 털어놓자 피터 드러커가 이렇게 물었다.

"해야 할 일의 리스트가 있습니까?"
"네, 있습니다."

그는 당연하다는 듯이 자신 있게 대답했다. 그러자 피터 드러커는 기다렸다는 듯이 다시 물었다.

"그러면 하지 말아야 할 일의 리스트도 있겠지요?"
"네? 하지 말아야 할 일의 리스트요?"

순간 짐 콜린스는 아무런 대답을 할 수 없었다. 간단한 질문이었지만 말문이 막혀버린 것이다. 당시 그는 여기저기서 밀려드는 기업들의 경영컨설팅 일 때문에 정신이 없었다. 그래서 그는 책 집필과 같은 콘텐츠를 개발하는 일에 집중해야 할지, 아니면 밀려드는 기업들의 경영컨설팅 일을 처리하기 위해 조직을 만들어야 할지 결정을 내리지 못하고 있었던 것이다.

한참 그의 고민을 듣고 있던 피터 드러커가 그에게 물었다.

"당신만의 아이디어를 생각하는 것과 회사를 만드는 것 중에 어떤 일을 먼저 하고 싶습니까?"

콜린스는 망설이다가 회사를 먼저 만들겠다고 답했다. 피터 드러커는 그에게 회사를 만들면 안 되는 이유를 말했다.

"당신이 회사를 만드는 순간 책임져야 할 가족이 많이 생기게 됩니다. 가족을 책임지기 위해 아이디어를 짜낸다면 당신이 받는 존경과 구성원에게 미치는 영향력은 크게 추락할 것입니다. 신선한 아이디어를 생각해내어 파는 것과 먹고살기 위해 아이디어를 내는 것에는 차이가 있기 때문입니다. 당신은 누구를 위해 일하고 싶습니까? 훌륭한 인품을 가진 사람들의 생각에 영향력을 미치기 위해 최선을 다해야 합니다."

피터 드러커의 조언이 짐 콜린스의 인생을 변화시켰다. 사실 피터 드러커를 만나기 전까지 그는 컨설팅을 비롯해 여러 가지 일을 해보고 싶은 마음이 있었다. 그러나 그것은 그저 욕심이었다. 그는 드러커의 조언대로 과감히 욕심을 버리고 자신이 해야 할 일의 첫 번째 리스트에 자신만의 아이디어를 개발하는 일, 즉 저술활동을 올려놓았다. 그리고 하지 말아야 할 일의 리스트에 당장의 수입을 위해 기업들의 경영컨설팅 일을 받는 일을 하지 않겠다고 적었다. 그 결과 짐 콜린스는 가장 중요한 아이디어를 생산하는 일에 집중할 수 있었다. 그리고 얼마 후 그는 베스트셀러《좋은 기업을 넘어 위대한 기업으로》를 집필해 세계적인 경영학자, 경영컨설턴트로 성장할 수 있었다.

역시 성공하는 사람에게는 그만한 이유가 있다. 자신에게 어떤 일이 중요하고 또 어떤 일이 덜 중요하거나 해가 되는지 잘 알고 있는 것이다. 지금의 나는 많은 사람들에게 조언을 해주는 책 집필과 강연 등을 하고 있지만 과거에는 힘든 인생을 살아야 했다. 당시를 곰곰이 되돌아보면 중요하지 않은 일, 해서는 안 되는 일을 하느라 에너지와 시간을 허비했다는 생각이 든다.

10대 때는 꿈을 찾는 일에 시간을 쏟지 않았고 공부의 중요성도 느끼지 못했다. 20대 초반 역시 꿈을 실현하기 위해 고군분투하기보다 친구들과 만나 술을 마시는 등 순간의 즐거움이나 쾌락을 맛보는 데 시간을 썼다. 그런 상황 속에서도 당시의 내가 대견스럽게 여겨지는 것은 꿈을 포기하지 않았다는 것과 담배를 배우지 않았다는 것이다. 어쨌거나 나는 10대와 20대 시절을 알차게 보내지 않았기에 내 꿈을 이루기 위해 남들보다 몇 배의 시간과 노력을 들여야 했다. 가끔 지난 20대 시절을 좀 더 알차게 보냈더라면 더 빨리 내 꿈이 실현되었을 텐데, 라는 생각이 든다.

서른 후반인 지금 나는 더 큰 성공을 이루기 위해선 해야 할 일과 하지 말아야 할 일을 구분해서 해야 한다는 것을 실감하고 있다. 그래서 항상 그 두 가지 일에 대한 리스트를 작성해서 생활하고 있다.

나는 이 책을 읽는 사람들특히 20대이 과거의 나와 같은 전철을 밟지 않았으면 하는 바람을 가지고 있다. 그런 바람으로 다음과 같은 '해야 할 일 리스트'를 소개할까 한다. '하지 말아야 할 일'의 리스트는 그 해야 할 일의 반대로 생각하면 될 것이다. 리스트는 각자의 상황에 맞게 빼거나 추가하면 된다. 당신이 항상 더 나은 사람으로 성장하는 데 도움이 될 것이다.

꼭 기억해야 할 것은 반드시 종이에 적어서 잘 보이는 곳에 붙여 두고 자주 들여다보아야 한다는 것이다. 그래야 자연스레 실천으로 이어지기 때문이다.

• 해야 할 일의 리스트

① 가슴 뛰게 하는 꿈 찾기

② 버킷리스트 작성하기

③ 자기계발에 힘쓰기

④ 새벽 5~6시에 기상하기

⑤ 좋은 습관 가지기

⑥ 술, 담배 줄이거나 끊기

⑦ 주말을 생산적으로 보내기

⑧ 돈 절약하기

⑨ 신문과 뉴스를 보며 지식과 상식 쌓기

⑩ 허세 부리지 않기

★ 성공으로 가는 징검다리 '해야 할 일의 리스트' 직접 써보기

• 해야 할 일의 리스트

① _____

② _____

③ _____

④ _____

⑤ _____

⑥ _____

⑦_____

⑧_____

⑨_____

⑩_____

03

배우고, 익히고, 실천하라

천천히 조급하지 않게 걷는 자에게 이르지 못할 먼 길은 없으며 끈기 있게 준비하는 자에게 얻지 못할 이득은 없다. - 라 브뤼에르(프랑스의 잠언가)

우리가 과거 학교에서 배웠던 지식에는 한계가 있다. 세상에서 배우는 지식에 비하면 빙산의 일각에 불과하다. 그래서 성장하고 발전하는 인생을 살기 위해선 많이 읽고, 경험하고, 사고하면서 지식과 지혜를 얻어야 한다.

나는 그동안 다양한 분야에서 성공한 사람들을 많이 만났다. 그들을 통해 지식은 얼마든지 다양한 방법을 통해 얻을 수 있다는 것을 알게 되었다. 굳이 내가 직접 경험하지 않아도 책이나 다른 사람들로부터의 간접경험을 통해 얻을 수 있는 것이다. 나 역시 다양한 장르의 책을 읽음으로써 많은 지식을 갖출 수 있었다. 이는 지금과 같이 많은 책을 쓰는 데 자양분이 되고 있다.

책은 오늘보다 더 나은 내일을 살기 위해서 반드시 필요한 성공 요소다. 책은 우리가 매일 섭취하는 필수 영양분처럼 인생을 살아가는 데 필요한 자양분이 되어준다. 그런데 사람들 가운데 책을 멀리하는 사람이 있다. 기억해야 할 것은 책과 담을 쌓게 되면 성공과도 담을 쌓게 된다는 것이다.

책을 통해 다양한 지식과 지혜를 얻을 수 있지만 그래도 자신이 직접 경험하는 것에는 비하지 못한다. 개인적으로 나는 세상 속에서 배우는 지식이 참 지식과 지혜라고 생각한다. 살아 있는, 즉 깨달음이 있는 지식과 지혜이기 때문이다. 그래서 청춘들에게 자신이 하고 싶은 일이 있다면 주저하지 말고 가급적 도전하라고 말한다. 도전을 통해 생각과 견문이 넓어지고 통찰력이 깊어지기 때문이다.

다시 말하지만 우리에게 가장 큰 깨달음을 주는 학교는 바로 세상이다. 다양한 경험을 통해 그동안 알지 못했던 지식을 쌓을 수 있기 때문이다. 뿐만 아니라 타인들의 생각이나 철학, 태도 등을 통해 '나'라는 그릇을 깊고 넓게 키울 수 있다.

성공한 사람들이 성공할 수 있었던 요소로 꼽는 것 가운데 하나가 여행이다. 여행을 통해 자신을 돌아볼 수 있을 뿐 아니라 현주소를 알 수 있기 때문이다. 또, 다른 사람들의 모습을 통해 배움과 깨달음을 얻을 수 있기 때문이다.

물은 쉬지 않고 흐를 때 썩지 않는다. 아니, 오히려 더 맑아진다. 그러나 물이 막히고 고이면 썩게 마련이다. 우리 역시 배움을 거부하고 그 자리에 머물러 있게 되면 고인 물과 같은 신세가 된다. 나는 성장을 멈추고 서 있는 반면에 다른 사람들은 계속 성장할 것이기 때문이다. 결국 경쟁에서 밀려나 도태되고 말 것이다.

무엇보다 우리가 가슴에 품고 있는 꿈과 멀어지게 된다. 이는 곧 불행한 인생, 실패하는 인생을 살게 된다는 것을 뜻한다.

프랜시스 베이컨은 "아는 것이 힘이다."라는 말을 남겼다. 지식이 바탕이 될 때 사고의 확장뿐만 아니라 더 넓은 세계로 나아갈 수 있다. 지식은 자신의 꿈을 좀 더 쉽고 빠르게 이룰 수 있도록 도와준다. 그래서 성공하는 인생을 사는 사람들은 바쁜 와중에도 책을 읽고 계속 부족한 부분을 보완하기 위해 자신을 갈고닦는다.

독일의 시인 괴테는 "유능한 사람은 언제나 배우는 사람이다."라고 말했다. 그렇다. 지혜롭고 능력이 있는 사람은 언제 어디서든 배움의 끈을 놓지 않는다. 세상에는 자신이 배워야 할 지식들로 가득 차 있다는 것을 잘 알고 있기 때문이다. 그래서 누군가를 만나더라도 절대 자만하거나 잘난 체하지 않는다. 오히려 모르는 사람처럼 행동해 상대로부터 지식, 정보, 지혜를 취한다.

당신은 지금 성공하는 인생이라는 집을 짓는 건축가다. 자신이 원하는 훌륭한 집을 짓기 위해서는 우선 좋은 재료들이 갖추어져 있어야 한다. 이때 좋은 재료는 폭넓은 지식과 정보, 경험이라고 할 수 있다. 그러나 아무리 좋은 재료가 있다고 하더라도 그 재료를 제대로 활용하지 않는다면 원하는 집을 지을 수 없다. 따라서 자신이 배우고 깨달은 것들을 생활에서 실천하는 것이 중요하다. 그리할 때 자신의 진정한 잠재력을 발휘할 수 있기 때문이다. 또, 성공하는 하는 인생이라는 멋진 집을 지을 수 있기 때문이다.

앞으로 잘되고 싶고, 성공하고 싶다면 끊임없이 배우고, 익히고, 깨닫고 그것을 실천하는 것을 습관화해야 한다. 아무리 뛰어난 지식과 경험, 지혜를 갖고 있더라도 그것을 생산적으로 활용하지 않는다면 죽은 지식과 같다.

경영학의 아버지라 불리는 피터 드러커는 저서 《프로페셔널의 조건》에서 다음 일곱 가지를 조언하고 있다. 배우고, 익히고, 실천하기 위해선 그의 조언에 귀 기울일 필요가 있다.

첫째, 목표와 비전을 가져라.

둘째, 신들이 보고 있다.

셋째, 끊임없이 새로운 주제를 공부하라.

넷째, 자신의 일을 정기적으로 검토하라.

다섯째, 새로운 일이 요구하는 것을 배워라.

여섯째, 피드백 활동을 하라.

일곱째, 어떤 사람으로 기억되기 바라는가?

피터 드러커는 성공은 차치하고서 더 나은 사람이 되기 위해서라도 목표와 비전을 가지고 끊임없이 공부하라고 충고한다. 그리고 자신이 어떤 사람으로 기억되기를 바라는지에 대해 스스로 질문해야 한다고 말한다. 사실 사람들이 꿈을 가지고 그것을 실현하기 위해 노력하는 것은 자신이 바라는 인물이 되기 위해서다.

그러나 자신의 꿈이 다른 사람들에게 해를 가하거나 원한을 사는 일이라면 그 꿈은 진정한 꿈이라고 할 수 없다. 이런 꿈은 절대 실현되지도 않는다. 나의 인생뿐만 아니라 다른 사람의 삶에 긍정적인 영향을 미치고 변화를 일으킬 수 있어야 진짜 꿈이다.

서른 살에 상하이 푸단 대학교의 최연소 교수가 되어 화제가 되었지만 안타깝게도 암으로 세상을 떠난 위지안. 서른 살이라는 젊은 나이에 중국의 3대 명문대학이자 세계 100대 대학에 꼽히는 상하이 푸단 대학교의 최연소 교수가 된 그녀는 그 자리에 오르기 위해 과거 피나는 노력을 기울여야 했다.

위지안은 노르웨이의 오슬로 대학교에 유학, 환경과 경제학을 접목시킨 새로운 시도를 가지고 귀국해 중국 학계의 주목을 받았으며, 북유럽의 바이오매스 에너지 시스템을 중국에 도입하기 위해 고군분투했다. 그녀는 중국 정부는 물론 노르웨이에 거대한 프로젝트를 제안해 성사 단계에 있었다. 그녀는 돌이 막 지난 아들로부터 "엄마", "아빠"와 같은 말을 들으며 행복에 겨워 눈물짓곤 했다. 또, 외동딸을 '세계 100대 명문대' 교수로 만든 부모님이 어깨를 펴고 성공한 딸을 자랑하는 것을 들으며 흐뭇해했다.

그렇게 그녀가 더 큰 꿈을 향해 비상하려는 순간, 그녀는 말기암이라는 청천벽력 같은 말을 들었다. 그러나 암은 그녀에게 '마지막'이 아니었다. 암은 오히려 그녀 인생의 분수령이 되어주었다. 그녀는 온몸에 전이된 암세포 때문에 뼈가 녹아내리는 고통 속에서도 희망을 잃지 않았으며 오히려 나날이 새로워지는 자신을 발견했다. 자신의 과거와 현재를 넘나들며 소중한 가치들을 돌아볼 수 있었다. 그렇게 '삶의 끝에 와서야 알게 된 것들'을 자신의 블로그에 기록하기 시작했다.

그녀가 자신의 블로그에 올린, 평범하지만 긴 울림을 주는 글들은 네티즌의 주목을 받았다. 글마다 10만 회 이상의 조회 수를 기록하고, 수백여 건의 댓글이 달릴 정도로 화제가 되었다. 그녀의 글은 사람들에게 덜 중요한 것을 위해 가장 중요한 것을 잃고 사는 자신을 돌아보는 계기가 되어주었으며 반성의 눈물을 흘리게 했다. 그리고 한 출판사의 눈에 띄어 한 권의 책으로 세상에 나올 수 있었다.

이 책의 인세는 그녀의 병간호 때문에 빚을 잔뜩 진 가족과 생전에 꼭 이루고 싶어 했던, 환경보호에 중요한 역할을 할 '에너지 숲' 프로젝트를 위해 쓰이고 있다. 그녀는 이 세상을 떠났지만 그녀가 남긴 고귀한 뜻은 많은 사람들의 마음에 남아 계속 이어지고 있는 것이다.

나는 위지안이 쓴 책을 읽으면서 나도 모르게 거듭 눈물을 흘렸다. 고생 끝에 낙이 아닌 절망이 닥친 그녀의 불행에 대한 안타까운 마음과 함께 그녀의 책을 통해 인생에서 무엇이 소중한지 비로소 깨달았기 때문이다. 나 역시 그녀의 책을 읽은 수많은 사람들처럼 어떻게 사는 것이 제대로 사는 것인지, 생각해보는 계기를 가졌다. 그녀는 생명의 빛이 꺼져가는 순간까지 자신의 지식과 깨달음을 블로그에 연재했는가 하면, 자신이 주도했던 '에너지 숲' 프로젝트에 대해 관심과 염려를 놓지 않았다. 그녀는 짧지만 누구보다 뜨겁고, 아름답고, 행복하고 후회 없는 인생을 살다가 갔다.

스티븐 코비의 저서 《성공하는 사람들의 8번째 습관》에 보면 이런 말이 있다.

"알고도 행하지 않으면, 실제로는 모르는 것이다. 배우고 실천하지 않으면, 실제로는 배운 것이 아니다. 이해하고도 적용하지 않으면, 실제로는 이해한 것이 아니다. 지식과 이해를 자기 것으로 만드는 길은 실행과 적용뿐이다. 우리는 책을 읽고, 강연을 들으며 테니스를 배울 수 있지만, 실제로 경기를 해보기 전까지는 테니스를 알 수 없다."

스티븐 코비의 말처럼 배우고 실천하지 않으면 실제로는 배운 것이 아니다. 항상 배우고 익힌 것을 실천해야 한다. 인생의 모든 성과나 성공은 이 세 가지에서 비롯된다.

마지막으로 영국의 철학자이자 경제학자였던 허버트 스펜서의 말을 기억하길 바란다.

"교육의 위대한 목표는 배우기만 하는 것이 아니라, 배운 것을 실천하는 '행동'이다."

04

스스로를 감동시키는 노력을 하라

며칠 전 수도권 지역의 한 고등학교에서 공신들의 공부 비결에 관한 저자 특강을 했다. 특강을 하면서 강의실 앞자리에 앉아 있는 학생들과 뒷자리에 앉아 있는 학생들의 자세가 확연하게 차이가 난다는 것을 알 수 있었다. 몇 명의 학생들에게 반에서 몇 등을 하느냐고 물어보았다. 그러자 역시나 앞자리에 앉은 학생들보다 뒷자리에 앉은, 자세가 불량한 학생들이 등수가 낮다는 것을 알 수 있었다.

그런데 흥미로운 사실은 성적이 저조한 학생들이 기대는 높은 데 반해 노력은 낮다는 것이다. 그러면서 자신의 성적이 저조한 데 대해 이렇게 변명한다.

"아, 정말 열심히 공부했는데 성적이 그대로네."

"죽어라 공부했는데도 나는 안 되나 봐."

"진짜 열심히 공부했어요. 그런데 뭐가 문제죠?"

물론 저들도 나름대로 열심히 공부했을 것이다. 그런데 문제는 그 '열심히'라는 단어에 담겨 있는 노력의 강도를 측정할 수 없다는 것이다. 어떤 학생은 성적이 오르지만 어떤 친구는 제자리걸음이거나 오히려 더 떨어진다. 이것은 어떻게 해석해야 할까?

학생들의 공부뿐만 아니라 직장인들의 업무 성과 역시 마찬가지다. 본인들은 최선을 다해 노력했다고 하지만 성과는 미미한 경우가 많다. 나는 분야를 막론하고 그 분야에서 성과를 내기 위해선 집중된 노력을 기울여야 한다고 생각한다. 사실 집중된 노력이라고 할 때 선뜻 이해가 잘되지 않을 수도 있다. 그렇다면 대하소설 《태백산맥》, 《아리랑》을 쓴 소설가 조정래의 말을 빌려보자. 집중된 노력이라는 말에 어떤 뜻이 담겨 있는지 알 수 있을 것이다.

"최선을 다했다는 말을 함부로 쓰지 마라. 최선이란 자신의 노력이 스스로를 감동시킬 수 있을 때 비로소 쓸 수 있는 말이다."

자신의 분야에서 일가를 이룬 사람들은 하나같이 그저 열심히 일했다고 말하지 않는다. 세상에 열심히 일하고 노력하지 않는 사람이 어디에 있겠는가. 그러나 조정래의 말처럼 자신의 노력이 스스로를 감동시킬 수 있을 정도로 죽을힘을 다할 때 비로소 노력했다고 말할 수 있다.

소설가 조정래의 소설을 읽어본 사람들은 하나같이 그의 필력에 감탄사를 내뱉는다. '조정래라는 작가는 정말 글을 잘 쓰는구나!'라고 느끼게 된다. 이런 감탄사가 절로 나오는 것은 그가 글을 감옥에 비유할 정도로 장인정신으로 쓰기 때문이다.

그가 쓴 《태백산맥》은 무려 20년 동안이나 스스로 '글감옥'에 갇혀 우리 역사의 아픔을 한 글자 한 글자 육필로 아로새긴 산고의 역작이다. 3부작 《태백산맥》, 《아리랑》, 《한강》은 요즘 문학계에서는 보기 드물게 치열한 장인정신으로 완간되었다는 점에서 '문화사적 대사건'으로 평가되고 있다.

그의 역작인 3부작은 6·25전쟁을 다룬 《태백산맥》이 10권, 그보다 조금 아래 시대로 내려가 개화기부터 6·25전쟁 직전까지를 다룬 《아리랑》이 12권, 그리고 6·25전쟁 이후부터 1980년 광주민주화운동 직전까지 다룬 《한강》이 10권으로 모두 32권에 이를 정도로 양이 방대하다. 그가 육필로 쓴 원고지의 양은 무려 5만 3천여 장으로 높이 5미터 50센티미터에 이를 만큼 거대한 글자의 성城을 이루고 있다고 해도 과언이 아니다.

조정래는 이렇게 말했다.

"그동안 하루 평균 30장가량의 원고지를 쉼 없이 써 왔어요.《태백산맥》을 만년필로 썼는데 너무 무겁고 손가락이 눌려 군살이 박였지요. 그래서 세라믹 펜으로 바꿨어요. 다 쓴 펜을 작품마다 모아 놓고 보니 편마다 60개가 넘더군요."

그는 하루 평균 30장의 원고지를 썼다. 하루 평균 30장의 원고지를 쓰는 것은 글을 쓰는 사람이라면 누구나 공감하는, 뼈를 깎는 고통이라는 것을 잘 안다. 오죽했으면 그가 대하소설 쓰기를 '중노동'이라 표현했을까.

3부작을 완성하기까지 위궤양에다 오른팔 마비를 겪었고, 엉덩이에 생긴 종기 수술을 하고 난 뒤에도 원고 쓰기에 매달렸다. 심지어 소설을 마무리한 뒤에 위 수술을 하겠다면서 배를 움켜쥐고 글을 썼을 정도로 투혼을 발휘했다. 오랜 산고 끝에 탄생한 그의 대하소설 3부작은 독자들의 큰 호응을 불러일으켜 출판계 최초로 판매 부수 1천만 부를 돌파하기도 했다.

조정래는 지독한 노력파다. 그가 쓴 소설들이 하나같이 역작으로 평가받는 것은 그가 장인정신으로 글을 쓰기 때문이다.

"소설 쓰기는 일상을 살아내느라 지친 영혼을 흔들어 깨우고 각성케 하고 감동시키는 작업입니다. 하루에 여덟 시간 노동을 하고 지쳐 있는 독자 대중의 영혼을 감동시키기 위해서는 적어도 그 두 배의 시간 동안 글쓰기를 해야 한다고 생각해요. 독자들이 그 땀의 결실인 소설을 읽고 감동을 받는 것이지요. 술도 금하고 여행도 금하고 세상과 절연한 채 작품에 몰입하다 보니 한겨울인 엄동설한에도 겨드랑이에서 땀이 다 나더군요."

그런 지독한 장인정신으로 글을 쓰기에 사람들은 그가 신간을 펴내면 기다렸다는 듯이 서점으로 달려가 책을 사 본다. 그가 펴낸 책들은 그냥 소설이 아니라 그의 혼이 담긴 역작이기 때문이다.

명품으로 불리는 프랑스의 브랜드 루이비통이 있다. 누구나 하나씩 가지고 싶어 안달하는 가방이다. 루이비통이 세계적인 명품이 될 수 있었던 것은 장인정신 때문이다. 루이비통 가방을 만드는 장인들의 손은 기계보다 더 정확하다고 한다. 가방 하나를 탄생시키기 위해선 보통 200가지 공정을 거칠 정도로 정성과 세심한 손길이 요구된다.

재봉사들은 재봉틀에 가죽을 밀어 넣어 자동으로 박는 게 아니라, 발로 재봉틀을 한 번씩 밟아가며 한 땀 한 땀 박아나간다고 한다. 그런데 그 정밀도가 얼마나 높은가 하면 바느질 한 땀의 간격이 정확하게 2밀리미터다.

가방 하나 만드는 데 보통 며칠이 걸리는지 궁금하지 않은가? 특별

제작 트렁크의 경우 1년에 한두 개 정도 완성이 될 만큼 시간과 노력이 요구된다. 가로세로 15센티미터 작은 가방에도 특수 제작된 못이 500개 이상이 쓰일 정도라니 상상이 가지 않을 지경이다.

사람들이 들고 다니는 보통 가방은 200개의 공정을 거치고, 여행용 트렁크는 700개의 복잡한 공정을 거친다. 히트 상품인 '스피디'의 경우 10명이 하루 종일 매달려야 가방 하나를 만들 수 있다고 한다.

루이비통이 가장 중시하는 사람은 가죽을 선택하는 장인과 제품의 흠결을 보는 일명 '고문기술자'다. 가죽 매니저는 40년 경력자로 가죽을 만져보기만 해도 젖소인지, 육식용인지, 스트레스 정도는 어떠했는지 구분할 수 있다고 한다. 총괄 점검 장인은 최소 20년 이상 근무해야 그 직책에 오를 수 있다. 가방의 지퍼의 흠결을 살펴보기 위해 5천 번 이상 지퍼를 열었다 채웠다 하는가 하면, 견고성을 위해 가방 안에 3~4킬로그램짜리 돌멩이를 채운 뒤 일주일간 바닥에 내동댕이치는 작업을 거친다. 이런 지독한 장인정신이 누구나 하나씩 가지고 싶어 하는 루이비통이라는 명품을 만들어낸 힘이라고 할 수 있다.

과거에 본 한 방송에서 보아의 소속사인 SM 엔터테인먼트 이수만 회장은 보아를 캐스팅하게 된 배경에 대해 이렇게 밝혔다.

"초등학교 5학년 때 친오빠를 따라 오디션장에 왔다가 눈에 띄었다.

당시 중학교에 입학하지 않은 인재를 찾아 헤맸었다."

당시는 초등학생 솔로 여가수를 거의 찾아볼 수 없었던 1990년대 후반이었다. 그러한 때 보아가 2000년 8월 만 열세 살의 나이로 가요계에 데뷔한 것이다. 대부분의 사람들은 보아가 타고난 재능을 바탕으로 쉽게 데뷔했을 거라고 생각한다. 그러나 이런 예상과 달리 보아는 연습생 기간 3년 동안 늘 연습에 파묻혀 지내야 했다. 학업과 연습을 병행하며 평일에 다섯 시간, 휴일에는 열 시간씩 꼬박 연습과 훈련에 매진했던 것이다. 이런 지독한 노력 끝에 그녀는 아시아를 대표하는 가수가 될 수 있었다.

보아는 한 인터뷰에서 이렇게 말했다.

"가수의 꿈을 이루기 위해 그동안 많은 일들을 참아 왔다. 꿈은 마음속으로 바라기만 한다고 해서 이루어지지 않는다. 꿈을 이루겠다는 강한 의지와 그에 수반되는 노력이 필요하다. 노래를 좋아하는 것만으로는 무대에 설 수 없었다."

학생에게는 공부가 본분이고 직장인에게는 업무가 본분이다. 각자의 본분에서 최고의 성과를 내기 위해선 죽을힘을 다해 노력해야 한다. '죽을힘'이라는 말은 소설가 조정래의 말처럼 스스로를 감동시킬 수 있는 노력을 뜻한다. 이런 지독한 노력이 뒷받침되지 않고는 그저 그런

축에 머무르게 된다. 머지않아 나보다 더 지독하게 노력하는 사람들에 의해 뒤처지게 된다.

다음의 실험을 통해 우리가 왜 한 가지 일에 몰입해야 하는지 그 이유를 찾을 수 있다.

2009년 9월, 미국의 스탠퍼드 대학의 연구팀에서 동시에 여러 가지 일을 하는 멀티태스커들에 대해 실험을 진행했다. 연구팀은 각 대학교에서 멀티태스커 100명을 선발해 화면에 빨간색 사각형 2개를 연달아 보여주면서 "빨간색이 위치를 옮겼는지 관찰하라."라고 주문했다. 빨간색 사각형 주변에는 파란색 사각형들이 있었다. 한 번에 하나에 집중하는 일반 학생들은 파란색을 무시하고 빨간색만 찾아 비교적 문제를 쉽게 맞혔다. 그러나 멀티태스커들은 일일이 파란색에 신경을 쓰느라 빈번히 틀리는 것이었다. 그래서 연구팀은 다른 가능성을 열어두었다.

'빨간색만 보라고 했는데 파란색까지 보다니, 혹시 멀티태스커들은 여러 가지를 기억하고 정리하는 능력이 뛰어난 것이 아닐까?'

이런 가능성에 착안해 연구팀은 두 번째 실험을 진행했다. 실험 대상자들에게 알파벳 글자를 여러 개 보여준 뒤 같은 글자가 몇 번 겹치는지 세어보게 했던 것이다. 일반 학생들은 쉽게 맞혔다. 그러나 멀티태스커들은 실험할수록 틀리는 횟수가 늘어났다. 여러 개의 알파벳을 머릿속에 입력만 하고 정리해서 저장하지 못했기 때문이다.

'단순정리는 못 할지 몰라도 한 가지 일에서 다른 일로 전환하는 능력을 뛰어날지 몰라. 아마도 변화가 많은 게임은 더 잘하지 않을까?'

연구팀은 마지막으로 실험을 한 번 더 진행했다. 학생들에게 연속적으로 숫자나 글자를 보여주었다. 그리고 숫자가 나오면 짝수인지 홀수인지, 글자가 나오면 자음인지 모음인지를 맞히는 게임을 시작했다. 역시 이번에도 결과는 마찬가지였다. 하나에 집중하지 못하는 멀티태스커들은 빈번히 문제를 틀렸던 것이다.

실험을 진행한 클리포스 내스 교수는 이런 결론을 내렸다.

"멀티태스커들에게 특별한 능력이 있을 것이라는 가설을 미리 세워두고 실험을 시작했지만, 멀티태스킹 능력이 뛰어날수록 주위가 산만하고 맡겨진 일의 완성도가 떨어지는 사람들이라는 것이 밝혀졌다."

그는 덧붙여 말했다.

"멀티태스커들은 쓸데없는 정보를 빨아먹는 유령과 같았다. 불필요한 정보를 걸러내야 문제를 풀 수 있는데, 그들은 외부적인 것이든 마음속이든 떠오르는 것 모두에 신경을 쓰느라 무엇 하나도 제대로 하지 못하는 산만한 사람들이었다."

위의 실험을 통해 왜 한 가지 일만 집중해서 해야 하는지 알 수 있다. 여러 가지 일을 동시에 하거나 일을 하면서 딴 생각, 딴짓을 한다면 고도의 집중력을 발휘할 수 없다. 짧은 시간 동안 일공부하더라도 집중력을 발휘해서 한다면 건성으로 공부하는 세 시간보다 훨씬 효과적이다. 따라서 지금보다 더 나은 인생, 성공하는 인생을 살기 위해선 집중된 화력을 쏟아야 한다. 이런 집중된 시간들이 축적될 때 성공이라는 정상에 설 수 있다.

나 자신을 감동시키는 노력을 하는 습관을 가져보라. 모든 성공은 지독하게 노력하는 자세에서 비롯된다. 지금부터 이런 습관이 몸에 밴다면 5년 후에는 남들보다 더 멀리, 더 높이 비상하는 자신을 보게 될 것이다.

조정래의 말을 다시 한 번 가슴에 새겨보라.

"최선을 다했다는 말을 함부로 쓰지 마라. 최선이란 자신의 노력이 스스로를 감동시킬 수 있을 때 비로소 쓸 수 있는 말이다."

05

기회를 잡는 준비된 자가 되어라

기회는 없어지지 않는다. 당신이 놓친 것은 다른 사람이 잡는다.
— 작자 미상

성공자와 비성공자의 차이점은 무엇일까? 자신에게 찾아온 기회를 잡을 준비가 되어 있느냐, 그렇지 않느냐를 꼽을 수 있다. 성공자는 미리 기회를 잡을 준비를 갖추어놓았던 데 비해 비성공자는 기회를 잡을 준비가 갖추어져 있지 않았다. 이 기회 포착력이 성공자, 비성공자로 나뉘게 했던 것이다.

성공자들 가운데 불평불만을 하는 사람은 찾아보기 힘들다. 그들은 가난하고 힘들었던 과거에도 언제나 긍정적인 사고를 갖고 성공하기 위한 노력을 멈추지 않았다. 꾸준한 자기계발을 통해 자신의 부족한 점을 보완하고 인맥을 넓혔던 것이다.

반면에 비성공자들 가운데는 왜 그리도 불평불만을 하는 사람들이 많은지, 입만 열었다 하면 조상 탓, 부모 탓, 사회 탓, 친구 탓, 동료 탓을 한다. 그들은 자신들이 성공하지 못한 원인을 외부 탓으로 돌리는 것이다.

작가 박성철은 저서 《긍정의 한 줄》에서 이렇게 말했다.

"나에게는 왜 기회가 오지 않는 거야?"

"이런 불평을 하는 사람을 종종 보게 됩니다. 그런 사람에게 왜 기회가 찾아오지 않는 걸까요? 행운이 없어서일까요? 아니랍니다. 기회가 오지 않는 사람은 기회가 와도 그것이 기회인 줄 모르기에 그것을 잡을 수 없는 거랍니다. 기회는 미리 준비한 사람에게만 찾아오는 선물입니다.

기회를 손님처럼 생각하세요. 손님을 맞이할 때 미리 준비하지 않고 아무렇게나 맞이하면 예의에 어긋나는 일이지요. 기회라는 소중한 손님이 왔을 때 반갑게 맞이하는 여러분이 되세요."

사람들은 자신에게만 유독 기회가 찾아오지 않는다며 툴툴거리지만 사실 기회는 공평하게 찾아온다. 다만 준비가 되어 있지 않은 탓에 그것이 기회인지를 알아차리지 못할 뿐이다.

로마의 시인이었던 오비디우스는 이렇게 말했다.

"기회는 어디에도 있는 것이다. 낚싯대를 던져 놓고 항상 준비 태세를 취하라. 없을 것 같아 보이는 곳에 언제나 고기는 있으니까."

성공자들은 기회를 잡으려면 항상 준비가 되어 있어야 한다고 충고한다. 준비가 되어 있는 사람에게만 기회가 기회로 보이기 때문이다. 지인 중에 의류업으로 크게 성공한 J 사장이 있다. 언젠가 그에게 성공의 비결을 물었다. 그때 했던 그의 말이 생각난다.

"항상 준비된 사람이 되어야 합니다. 원칙에 충실하고 자기관리에 최선을 다하라는 뜻이지요. 열매가 매달려 있지 않은 앙상한 나무와 열매가 많이 달리고 나뭇잎이 풍성해 그늘을 만들어주는 나무 두 그루가 있다고 가정해보세요. 새들이 어디에 앉아서 쉬고 싶어질까요? 그늘이 많고 열매가 많은 나무에 앉아서 쉴 테지요. 그리고 나무는 새가 많이 날아와야 씨를 다른 곳에 많이 뿌릴 수 있습니다. 쉽게 말해 준비되어 있는 사람에게만 기회가 찾아오고, 그런 사람만이 찾아온 기회를 알아볼 수 있다는 겁니다."

2012년 1월 30일자 〈조선일보〉에 최규민 기자가 쓴, '하버드 박사도 떨어지는 직장에 고졸 출신이'라는 제목의 기사가 실렸다. 주인공은 금융공기업인 정책금융공사의 고졸 공채에 합격한 최다영 양이다. 그녀가 들어간 회사는 '신이 부러워하는 직장' 가운데 하나로 꼽히는 곳이다. 2012년의 대졸 신입사원 경쟁률이 114 대 1로서 국내외 명문대 석·박사 출신도 줄줄이 낙방하는 곳으로, 입사가 낙타가 바늘구멍에 들어가기보다 더 힘든 곳으로 잘 알려져 있다.

경북 영천이 고향인 그녀는 일곱 살 때 부모가 이혼하는 아픔을 겪었다. 그런데다 공장에 다니던 아버지가 3남매를 키우다 그녀가 열 살이 되던 해에 갑자기 배를 타겠다고 떠나게 되었다. 일곱 살 위인 언니와 두 살 위인 오빠 등 3남매만 남게 된 것이다. 그리고 얼마 후 언니마저 가난을 못 견디고 집을 떠나고 말았다. 그 후 엄마와 다시 몇 달을 함께 살았지만, 결국 영천희망원에 맡겨졌다. 평소 내성적이던 오빠는 희망원 생활에 적응하지 못하고 나가버렸다. 그리하여 그녀는 덩그러니 혼자 남게 되었다.

그녀에게는 더 이상 추락할 곳도 없는 최악의 상황이었다. 그러나 그런 힘든 현실이 오히려 그녀의 오기를 자극했다.

그녀는 당시를 이렇게 회상한다.

"복지시설에 있다 보니 돈 걱정 없이 학교에 다니며 공부할 수 있다는 점이 오히려 위안이 되었어요. 가족이 아무도 없으니 내 힘으로 살아야겠다는 생각이 들었고, 후원자나 선생님들에게 처음으로 관심과 사랑도 받아 행복했어요."

그러나 불행은 계속되었다. 중학교 2학년 때 아버지가 사고로 숨졌다는 소식이 들려왔던 것이다. 아버지가 돌아가셨다는 소식은 그녀에게 너무나 감당할 수 없는 충격이었다. 어느 정도 충격에서 벗어난 그녀는 가난에서 벗어나기 위해 독립해 살아가기로 결심했다. 그러곤 돈을 많이 모아야겠다는 생각에 일찌감치 실업계 고교로 진로를 정했다. 그 후 그녀는 죽기 살기로 공부했다. 그 결과 영천 성남여고에 다니는 3년 동안 반에서 1등을 놓치지 않았다. 또, 3년간 관악부 악장을 맡는 가운데서도 전산, 회계 등 자격증만 9개를 따내는 쾌거를 이루었다.

학교 선배들은 졸업 후 대부분 대기업의 생산직에 취업했다. 실력과 운이 좋아 금융회사에 취업한다고 하더라도 창구 직원으로 입사해야 한다. 때문에 대졸 사원과 같은 관리자로 크는 건 불가능했다. 이런 현실의 벽을 절감한 그녀는 더 큰 꿈을 위해 고3 막바지에 진로를 진학으로 바꾸고, 악착같이 수능을 준비해 영남대 경영학과에 합격할 수 있었다. 그런데 2011년 하반기부터 상황이 달라졌다. 금융감독원이나 산업은행 등의 기업들이 고졸 사원들을 대거 뽑기 시작한 것이다. 그때 그녀는 경제적으로 자립할 시기를 앞당길 기회가 왔다고 생각했다.

그녀는 2011년 처음으로 고졸을 뽑은 정책금융공사에 입사 원서를 냈다. 그러곤 그동안 고군분투한 실력으로 기회를 잡을 수 있었다. 그녀를 채용한 공사 관계자는 이렇게 말했다.

"최다영 양은 필기시험 성적이 우수할 뿐 아니라 면접에서노 밝고 자신감이 넘쳤고, 다양한 특기와 사회봉사 활동을 한 것이 높은 점수를 받았다."

그녀는 "후배들도 실업계 출신이라고 기죽지 말고, 자신감을 갖고 인생을 개척하는 자세를 가지면 좋겠다."며 항상 기회를 잡을 수 있는 준비된 자세를 갖추고 있어야 한다고 충고했다.

그렇다. 성공한 사람들 가운데 대부분이 숱한 실패와 불행을 딛고 지금의 자리에 올랐다. 그래서 그들이 걸어온 길은 수많은 상처와 눈물 자국으로 뒤덮여 있다.

미국의 제16대 대통령 에이브러햄 링컨. 그는 누구보다 실패로 점철된 인생을 살았다. 그의 실패 경력을 들여다보면 좌절과 절망으로 자살하지 않은 것만 해도 대단하다는 생각이 들 정도다.

22세, 사업 실패

23세, 주의원 선거에 낙선

24세, 사업 실패

26세, 연인 사망

29세, 의회의장 선거에 낙선

31세, 대통령 선거에 낙선

34세, 국회의원 선거에 낙선

39세, 국회의원 선거에 낙선

46세, 상원의원 선거에 낙선

47세, 부통령 선거에 낙선

49세, 상원의원 선거에 낙선

그러나 그는 이런 숱한 실패에도 포기하지 않았다. 오히려 언젠가 자신에게 찾아올 성공의 날을 위해 더욱 열심히 노력하며 준비했다. 그 결과 51세에 드디어 미국의 제16대 대통령에 당선되는 기쁨을 안을 수 있었다. 링컨은 "난 준비할 것이다. 그러면 언젠가 기회가 올 것이다."라는 명언을 남겼다.

혹자들은 링컨이 30여 년 가까이 실패를 했다고 생각할지 모르지만 나는 그렇게 생각하지 않는다. 그가 30여 년의 세월 동안 기회를 잡기 위한 준비를 했다고 생각한다. 그가 미국의 대통령이 될 수 있었던 것은 이렇게 오랫동안 준비를 해 왔기 때문이었다.

어떤 상황에 처하더라도 굴하지 말고 최선을 다해야 한다. 그리하여 기회를 잡을 수 있는 준비된 사람이 되어 있어야 한다. 그러기 위해선 평소 자기관리, 자기계발을 통해 부지런히 자신의 능력을 갈고닦아야 한다.

인생을 바꾸는 자기혁명

초판 1쇄 인쇄 2015년 9월 15일
초판 1쇄 발행 2015년 9월 17일

지 은 이 **김태광**
펴 낸 이 **권동희**
펴 낸 곳 **위닝북스**
브 랜 드 **추월차선**
기   획 **김태광**
편   집 **안혜리**
디 자 인 **윤대한**
교정교열 **우정민**
마 케 팅 **이경진 김용준**

출판등록 **제312-2012-000040호**
주   소 **경기도 성남시 분당구 수내동 16-5 오너스타워 407호**
전   화 **070-4024-7286**
이 메 일 **winningbooks@naver.com**
홈페이지 **www.wbooks.co.kr**

ⓒ김태광(저자와 맺은 특약에 따라 검인을 생략합니다)
ISBN 979-11-85421-44-5 (03190)

이 도서의 국립중앙도서관 출판도서목록(CIP)은 서지정보유통지원시스템
홈페이지(http://seoji.nl.go.kr)와 국가자료공동목록시스템(http://www.nl.go.
kr/kolisnet)에서 이용하실 수 있습니다.(CIP제어번호: CIP2015021787)

위닝북스는 독자 여러분의 책에 관한 아이디어와 원고 투고를 설레는
마음으로 기다리고 있습니다. 책으로 엮기를 원하는 아이디어가 있으신 분은
이메일 winningbooks@naver.com으로 간단한 개요와 취지, 연락처
등을 보내주세요. 망설이지 말고 문을 두드리세요. 꿈이 이루어집니다.

추월차선은 위닝북스의 브랜드입니다.